우리는 왜 억울한가

우리는
왜
억울한가

유영근 지음

판사의 눈에 비친 한국인의 억울함
그 복잡하고도 강렬한 정서에 대하여

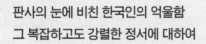

타커스

사회학적 상상력과
법적 균형감각을 가르쳐주신
고마운 분들께

억울함의 근원과 해법에 관한 통찰_____

살다 보면 좋은 일, 힘든 일, 기뻐서 가슴 벅찬 순간, 화나고 폭발해버릴 것 같은 순간들이 교차한다. 그런데 아무리 힘든 일이라도 누구나 겪는다고 생각하면 순순히 받아들이지만, 지극히 작고 사소한 일도 자신에게만 일어난다고 생각하면 참을 수 없고 분노하는 것이 인간이다. '억울하다'는 복잡 미묘한 감정에 사로잡히기 때문이다.

억울함은 누구나 자주 느끼는 정서이고, 특히 우리나라 사람들이 예민하게 느끼는 것 같다. 그런데 심리학, 정신의학뿐만 아니라 여타 사회과학에서도 연구의 필요성을 제대로 간파한 사람이 없었던 것 같다. 이 책의 저자는 사회학을 전공한 판사답게 법정에서 자주 듣는 '억울하다'는 말을 그냥 지나치지 않았다. 억울함의 근원을 깊이 있게 파헤치면서 재판이나 일상생활에서 겪은 사례를 주관적 감정과 객관적 사실의 측면으로 나누어 입체적으로 분석한다.

나는 강단에서 법을 가르치면서 사회학적 상상력의 중요성을 강조해 왔다. 수면 위에서 감지할 수 있는 언어 바로 아래에는 그 언어가 표출되기까지의 거대한 구조가 숨어 있고, 그러한 구조에 대한 이해 없이는 사건의 실체를 제대로 이해할 수 없다. 이 책을 읽으면서 저자의 번뜩이는 사회학적 상상력에 깊은 감명을 받았다. 우리 국민이 내뱉는 '억울하다'는 말을 부정적으로만 인식할 것이 아니라 개인의 권리구제에 대한 적극적인 태도와 사회적 정의 구현에 대한 열망의 표출로 보아야 한다는 통찰에 저절로 고개를 끄덕이게 되었다. 향후 이 책은 억울함을 사회과학적 연구 대상으로 공론화한 최초의 책으로 기록될 것이다.

이 책의 장점은 지난 수년간 굵직한 재판을 담당해온 저자의 경륜을 바탕으로 실제 사례를 알기 쉽게 소개하고, 재판의 생생한 모습을 솔직담백하게 전달한다는 점이다. 인상적인 제목만으로도 관심을 끄는 책이지만, 혹시 '억울함'이라는 단어의 무게감 때문에 읽기를 주저하는 독자가 있다면 '보편적이지만 특별한 정서, 억울함'과 '억울함과 서러움' 부분부터 읽어보기를 권한다. 저자가 직접 경험한 접촉사고나 조기축구 일화를 통해 억울함이라는 복잡 미묘한 감정을 생생하게 전달해 마치 음성지원을 받는 듯한 느낌이었다.

저자는 억울한 일을 겪었을 때, 그 부정적인 심정에서 최대한 빨리, 효과적으로 탈출하라고 제안한다. 억울함의 굴레에 갇히는 것이야말로 가장 나쁜 결말이라는 것이다. 저자가 제시한 억울함의 근원과 해법이 우리 사회에 널리 공유되어 억울함의 긍정적인 측면이 더 힘을 발휘하는 분위기가 형성되었으면 하는 바람이다.

서울대 법학전문대학원 교수
이계정

2016년 여름에 이 책이 출간된 직후 뜻밖에도 '억울하다' 는 말이 정치·사회적 사건들로 인해 널리 쓰이는 현상이 생겼습니다. 책을 낸 지 5년이 지났고, 그동안 우리나라에는 많은 일들이 일어났습니다. 사회적 갈등은 매사에 진영을 나누어 대립하는 양상으로 표출되었고, COVID-19 상황이 길어지면서 속수무책으로 피눈물을 흘리는 사람들이 많이 생겼습니다. 하지만 대기업들은 연이어 최고 실적을 올렸고, 자산가들은 매출이나 소득이 다소 줄어도 부동산이나 주식의 가치가 오르면서 바로 회복하기도 했습니다.

초판에서 쓴 내용 중 현실과 맞지 않는 부분이 나타났습니다. 특히 통계자료를 검토하면서 놀란 점은, 경제적 수치로만 보면 우리나라는 이제 선진국이라고 불러도 무방한 나라가 되었고, 범죄 발생 건수 같은 여러 사회 지표들도 현저히 개선되었다는 것입니다. 하지만 우리나라가 선진국이라고 생각하는 국민들은 많지 않은 것 같고, 자살률이나 노인빈곤율 같은 수치는 OECD 국가 중에서 계속 수위를 달리며, 공권력에 대한 신뢰도 역시 여전히 낮기만 합니다. 심정적 수치나 상대적 수치는 별다르게 개선되지 않았다는 것입니다. 현실에서 우리나라 사람들이 억울함을 느끼는 경우는 분명 줄어들지 않았을 것입니다.

'억울함'은 우리 국민들이 자주 경험하고 공감하는 주제이지만 그간 사회과학계에서 별다르게 이론구성을 한 예가 없었던 것 같습니다. 그 때문인지 신문 기사나 칼럼 등에서 억울함과 관련한 내용을 다룰 때 이 책의 문장들을 인용하곤 했고, 서울대에서 억울함과 유사한 개념인 '울분'을 주제로 공동연구를 진행하면서 제가 심포지엄의 지정토론자로 참가하기도 했습니다. 저는 그 자리에서 이 주제야말로 우리나라 사람들이 가장 감수성이 예민하고, 다양한 사례를 보유하고 있기 때문에 세계적으로 선도적인 연구를 할 수 있는 사회과학계의 신대륙 발견이 될 것이라고 말했습니다.

그 학회의 초청으로 이 책에서도 소개한 '외상 후 울분장애'라는 주제를 발전시킨 독일의 미하엘 린덴(Michael Linden) 교수가 한국에 와서 강연을 했습니다. 정신의학자인 린덴 교수는 울분이 '감정'이라고 정의하면서, 사회적 공정과 정의 관념에 어긋난다고 느끼는 것을 울분의 주요 발생 요인으로 들었습니다. 그러나 제 생각에는 '감정'인데 '사회적'이라는 말은 잘 어울리지 않는 것 같습니다. 사람들이 울분이나 억울함을 느끼는 이유가 그렇게 객관적이고 이성적이지 않은데 학자들은 자꾸 사회적, 공정, 정의라는 사회과학적인 용어를 써서 설명하려 합니다.

억울함은 객관적인 상황에 대한 인식과 주관적인 감정이 복합적으로 작용하는 영역이기 때문에 본질적으로 자기 중심적인 정서입니다. 하지만 객관적인 상황에 대한 나름의 판단을 포함하고 있기 때문에 비이성적인 측면만 있는 것은 아닙니다. 그렇다고 해서 사회적 정의나 공정이 실현되지 못한 데 대한 좌절이나 분노라는 식으로 너무 고상하게 접근해서는 실제 사례와 잘 맞아떨어지지 않습니다.

사람들이 억울함을 느끼는 것은 사안마다 다르고 감수성도 개인별로 제각각입니다. 분명한 것은 어떤 쟁점이든 개인에게 직접적으로 영향을 미쳐야 감수성이 극대화된다는 것입니다. 아무리 큰 사회적 쟁점이라도 나에게 영향이 없으면 별 관심이 없는 반면, '왕따'나 '갑질'처럼 사건 자체는 사소하지만 나에게도 매일 발생하거나 언제든 발생할 수 있는 문제일 때는 분노 수치가 대단히 높아집니다.

저는 억울함이 인간의 '감정'이라고 단정할 수 없고, 몇 가지 요인으로 단순하게 발현되는 것도 아니며, 쉽사리 설득되거나 치유되는 성질도 아니라고 생각합니다. 나아가 개인이 느끼는 억울함이 존중받고, 정당한 권리구제를 받아야 하고,

사회를 위해 바람직하게 작용하는 경우가 있는 반면, 잘못된 판단이나 고집에 기인하고, 사회적으로 해를 끼치는 경우도 있는 것 같습니다.

이 책에서는 그런 여러 가지 경우를 제 나름대로 분류해 억울함의 여러 측면을 설명해보았습니다. 대부분 재판에서 겪은 사례들을 최소한의 각색을 거쳐 사용했기 때문에 모두 실제로 일어날 수 있는 일들입니다.

제 개인적으로는 억울함이라는 주제에 관심을 갖고 글도 쓰면서 새삼 제가 하는 일의 무게와 소중함을 더 느끼게 되었습니다. 제가 재판에서 힘들어하고 부담스러워했던 사건들이 모두 사회적으로 의미 있는 탐구 소재이고, 스쳐 지나쳤던 작은 사건들도 미묘한 차이와 감정의 흐름을 살펴볼 만한 충분한 이유가 있었습니다. 억울하다는 말이 법정에서는 흔하지만 우리 각자에게는 모두 특별한 의미가 있기 마련입니다.

억울함이라는 정서가 개인이나 사회에 꼭 그렇게 부정적으로만 작용하는 것은 아닙니다. 저는 우리 국민들의 억울함에 대한 남다른 감수성이 오늘날 긍정적인 측면에서의 대한민국을 상당 부분 뒷받침해왔다고 생각합니다. 이 책 전체를 살펴보시면 제가 '억울함은 우리의 힘'으로까지 표현하는 이유를 공감하시리라 믿습니다.

실무가인 제 역량의 한계로 억울함이라는 사회과학적 주제에 대한 이론적인 정교함은 다소 떨어질 수 있습니다. 그래도 이 책을 통해 독자들께서 우리가 흔히 경험하는 억울함이라는 정서에 대하여 다소나마 실감하면서 입체적으로 이해할 수 있는 기회가 되었으면 좋겠습니다.

개정판을 내게 되어 영광입니다. 억울함에 대하여 생각을 다시 정리할 기회를 주신 독자 여러분께 깊은 감사의 말씀을 드립니다.

2022년 정초에
유영근

이 책은 제가 법률가로 일하면서 그리고 일상생활 속에서 매번 마주치는 문제인 '억울함'에 대해 업무 외의 방법으로 고민해본 것입니다. 단지 재판 과정에서 다룬 사례들과 소소한 감정을 풀어 놓은 것은 아니고, 법률적인 지식에 대학시절 배웠던 다른 사회과학적인 접근 방법을 최대한 활용해 본 것입니다. 다만 지나치게 전문적이거나 학술적인 내용은 과감히 생략하고 일반 교양서 역할을 하도록 풀어 썼습니다.

여기서 다루는 쟁점들이 법률가들의 고민과 대중의 지적에 대한 명쾌한 답을 제시할 수는 없겠지만, 세상에 흔히 발생하는 억울함의 원인과 타당성 여부를 따져보는 것은 그 자체로 올바른 길을 찾아가는 과정이 될 수 있을 것입니다.

법률가들도 작가처럼 창작의 고통을 겪곤 합니다. 예를 들면 판결문의 '주문'과 '이유'는 판사가 직접 문장을 구성해 한 자 한 자 써야 합니다. 다른 나라처럼 누군가가 써주는 판결문에 서명만 하는 것이 아닙니다. 여기에는 사건의 당사자가 미처 생각하지 못한, 법관들만 고민하는 근본적인 문제도 간혹 포함되곤 합니다. 물론 작가의 창작과는 비교하기 어렵겠지만 글을 쓰는 데에는 늘 고뇌가 따릅니다.

하지만 이 책은 고통스럽게 만들어낸 글이 아니라 묻어버리기엔 아까운 이야기들, 말하지 않고는 견딜 수 없는 생각들을 펼쳐놓은 것입니다. 그러다 보니 간혹 제 마음 깊은 곳에 있는 솔직한 감정까지도 드러난 부분이 있고, 주변 사람들에게도 쉽게 말하기 어려운 사건, 가십거리로 풀기에 적절하지 않은 주제도 들어 있습니다. 그런 까닭에 이 책에 등장하는 재판 사례들은 등장인물의 신분 등에 관해 최소한의 각색을 거친 것들입니다. 실제 있었던 사건을 소개하는 것이 적절한지 의문을 가져오던 중, 요즘 대부분의 판결문이 익명 처리되어 일반에 공개되고 있어 마음의 부담을 덜 수 있었습니다.

많은 사람들이 사회현상에 대해 TV 화면의 캡션 정도의 문구만 가지고 자신의 견해를 형성하곤 합니다. 사회문제에 대해 걱정과 고민이 많은 사람들 역시 그 배경지식이 인터넷 포털사이트를 검색한 내용에 머무르는 경우가 많습니다. 이런 상황에서 법률가가 일반인을 대상으로 업무 외의 글을 쓰는 것은 상당한 용기가 필요한 일입니다. 자칫 오해를 불러올 수 있는 위험을 감수하고 이 책을 내놓는 것은 그만큼 함께 이야기하면서 고민하고 싶었던 내용들이 있었기 때문입니다. 그리고 이왕 용기를 낸 김에 다소 주제넘지만 법률가 하면 떠오르는 편견과 선입견에 대한 약간의 해명과 제 나름의 반성도 적어보았습니다.

특별히 뛰어난 재능을 타고난 것은 아니지만, 운 좋게 바라던 일을 하며 살고 있습니다. 가끔은 훌륭한 법률가란 어떤 사람일까, 상식에 시대정신을 불어넣은 멋진 판결은 무엇일까 욕심을 내보기도 합니다. 하지만 지금 내가 다루는 사건 하나가 사건 당사자에게는 일생의 중요한 결론이구나 하고 마음을 가다듬는 때가 더 많습니다.

독자에 따라서는 이 책의 내용을 매우 예민하게 받아들이는 분들이 있을 것 같아 다음과 같은 점에 특별히 신경 썼습니다. 일단 재판이 확정되지 않은 사건에 대해서는 되도록 언급을 자제하고, 명예훼손의 여지가 있는 사실 적시는 실제 당사자가 특정되지 않도록 했습니다. 견해의 대립이 있을 만한 사건에는 각각의 입장을 구별해 소개했고, 저의 견해를 밝힌 경우에는 이유를 분명히 제시했습니다. 이것은 좌파, 우파, 진보, 보수 등 어느 한쪽의 정치적 입장이나 철학으로부터 비롯된 것이 아니기 때문에 쟁점에 따라 색채는 좀 다를 수 있습니다.

사회적인 쟁점에 관한 저의 기본 입장은 늘 양쪽 측면을 고루 보아야 한다는 것이고, 하나의 정답이 있는 경우는 드물지만 보편적으로 생각하는 오답은 분명히 있다는 것입니다. 그리고 남을 해치지 않는 한 개인의 자유는 최대한 보장되어야 한다는 존 스튜어트 밀의 『자유론』의 핵심 주장에 동의합니다. 따라서 단지 생각이나 행동방식이 다른 것만으로 어떤 사람이나 집단을 비난하지는 않았고, 다만 사회공동체에 해를 가한다는 일반적인 공감대가 형성된 경우에만 최소한의 비판을 가했습니다.

이 책은 호기심 많은 일반인과 청년 법률가 그리고 인문·사회과학에 관심 있는 젊은이들을 위한 것입니다. 세상이 왜 내 생각처럼 돌아가지 않는지 불만을 가진 분들을 위로하고, 법률가들이 생각하고 판단하는 방식을 궁금해하는 분들에게도 도움이 되었으면 합니다.

저의 법률지식과 이 책의 인용 사례들은 공적인 경험으로부터 얻은 것들이 많습니다. 이것을 개인적인 이익으로 돌리는 것은 적절하지 않다고 생각하기 때문에 인세로 인한 수익은 모두 공익을 위해 기부하도록 하겠습니다.

끝으로 이 책을 낼 수 있도록 독려해주시고 조언을 아끼지 않은 타커스의 구길원 선배님께 존경의 말씀을 전하고, 편집, 디자인에 이르기까지 뛰어난 능력을 발휘해주신 탁윤희 편집장님께 마음 깊은 감사의 인사를 드립니다. 또한 이 책의 첫 번째 독자로서 남다른 감각과 통찰력을 발휘해 조언해준 아내 정혜경에게 특별한 고마움을 전합니다. 늘 부족한 저를 믿고 의지해주는 아내와 두 딸, 그리고 형과 여동생에게도 뜨거운 사랑을 보내고, 부모님께도 이 기회를 빌려 큰절 한 번 올립니다. 고맙습니다.

2016년 여름에

유영근

차례

1장
억울함을 보는 시선

살다 보면 다른 사람의 판단이나 대우에 수긍하기 어려운 때가 있다. 특히 자신과 직접 관련된 문제에 대해서는 억울한 경우가 말도 못 하게 많다. 억울함은 인간이라면 느끼는 보편적인 정서이지만 자신에게 발생하는 억울함은 늘 특별하다. 객관적으로 억울할 만한 상황과 개인이 억울함을 느끼는 감정 사이에는 상당한 간극도 존재한다.

억울함의 사전적 정의와 정서적 특성이 무엇이기에 그와 같은 현상이 나타나는가? 심리학과 정신의학에서는 억울함을 어떠한 관점에서 보는가? 법률가와 심리학자, 정신의학자는 각기 억울함의 어떤 측면을 중시하고 그 차이점은 무엇인가? 한국인들이 유난히 억울함을 호소하고 한국 사회에서 억울함이 특히 주목받는 이유는 무엇인가? 억울함이 구제되지 못하고 치유되지 못하면 개인적·사회적으로 어떠한 병리 현상이 나타나는가?

판사들이
가장 많이 듣는 말

"억울합니다!"

대한민국의 판사로 20년 넘게 일하면서 거의 하루도 빠지지 않고 듣는 말이다. 원고도, 피고도, 피해자도, 피고인도 저마다 억울하다고 한다. 반드시 무고하고 선량한 사람들만 억울함을 호소하는 것은 아니다. 심지어 흉악한 살인범이나 언론에서 패륜범, 파렴치범이라고 표현하는 피고인들도 나름의 억울한 사정을 말하곤 한다.

1988년에 몇 명의 탈주범들이 인질극을 벌이면서 '유전무죄(有錢無罪), 무전유죄(無錢有罪)'라는 유명한 말을 남겼다. 상당히 오래전의 일이지만 아직도 우리나라에서 법에 관한 대표적인 이미지로 이 말이 꼽히곤 한다.

이 말에는 범죄자들이 내세우는 자기변명을 넘어서는 울림이 있다. 자세히 살펴보면 그들에게도 쉽사리 외면해서는 안 되는 억울함이 있었다. 주범은 남의 집에 침입해 556만 원을 훔친 죄로 징역 7년과 보호감호 10년을 선고받았다. 그의 불만은 절도범에 불과한 자신을 단지 전과가 많다는 이유로 17년간 감옥에 가두는 것이 공정하지 않다는 것이었다.

당시 사람들은 70억 원 이상을 횡령하고 탈세한 전임 대통령의 동생에 대한 징역 7년 형, 그것도 조만간 감형되고 사면될 것으로 예상되는 사건과 비교하곤 했다. 탈주범 4명 중 2명은 자살하고 주범 역시 자살 시도 끝에 총에 맞아 결국 사망했지만, 항간의 예상대로 대통령의 동생은 3년 만에 가석방되고 곧이어 사면·복권되었다. 대중들이 그들의 말에 공감할 만했다.

세상의 모든 이들이 손가락질하는 사람의 말까지도 결코 가볍게 듣지 않고, 편견과 선입견으로부터 자유로운 태도를 유지하는 것은 말처럼 쉬운 일이 아니다. 법정에서 대립하는 당사자는 매번 말을 다르게 한다. 각자가 주장하는 사실관계도 다르고 그에 대한 해석도 너무 달라 놀랄 때가 많다. 상당히 수양이 되어 있어야만 양쪽의 입장과 변명을 끝까지 들을 수 있다. 끝까지 듣는다 하더라도 진짜로 억울한 경우, 다소 억울하지만 어쩔 수 없는 경우, 아니면 억울하다는 말이 거짓이거나 자기만의 생각에 불과한 경우 등을 구분하기 어렵다.

애써 구분한다고 하더라도 의문은 여전히 남는다. 과연 사건의 당사자가 그 판단에 수긍할 것인가? 이후에도 결코 치유되지 않을 상처와 안타까움은 어찌할 것인가? 지금 이 사회 다수의 사람이 옳다고 생각하는 것들이 진정 정의롭고 도덕적인 것인가? 결론이 항상 칼로 자르듯 명확하게 나뉘는 것은 아니기 때문에 신이 아닌 인간은 늘 고뇌하는 것인지도 모른다.

억울한 사람들이 많은 나라, 대한민국

　모두가 살기 힘들다고 한다. 공부하는 독종이 살아남는다는 학생부터 아프니까 청춘이라는 청년세대, 소리 내 울지도 못하는 장년세대, 고령화가 축복이 아닌 회색 쇼크 세대까지…….

　해방 이후 우리나라는 위기가 아닌 적이 없었다. 정치인도, 경제인도, 법률가도 늘 엉망진창이라고 비판받았다. 내가 어렸을 적부터 돌아보아도 경기가 좋다는 말은 한 번도 들어본 적 없는 것 같고, 서민의 삶은 갈수록 어려워진다.

　그런데 지난 30~40년간이 단군 이래로 가장 융성한 시대이고, 지금의 기성세대가 대한민국 역사상 가장 위대한 발전을 이룬 세대라고 한다. 2020년을 넘어서면서 경제적 수치로는 이미 선진국 수준에 올라섰고, 휴대폰, 반도체, 자동차 같은 공업생산품은 물론 대중음악이나 드라마, 영화 등 한류문화도 세계적인 사랑을 받고 있다. 이제 대한민국은 더 이상 가난하고 위태로운 변방의 나라가 아니라 경제적으로나 문화적으로 선망의 대상으로까지 인식되고 있다. 땀흘려 일하고 묵묵히 자신의 역할을 다하는 사람들이 있었기 때문에 경제가 발전했고, 자신을 희생해 불의에 저항한 사람들이 있었기 때문에 사회도 진보해왔다.

하지만 대한민국은 지금 폭발 직전이다. 사람들은 늘 불만투성이이고, 언제라도 화를 낼 마음의 준비가 되어 있는 듯 상대방의 말끝 하나, 작은 실수 하나를 문제 삼아 버럭 화를 내곤 한다. 우리나라 사람들이 유난히 그런 것은 워낙 살아가기가 각박하기 때문이라고 한다. 대한민국이 살기 피곤한 나라라는 것에는 많은 이들이 동의하는 것 같다. 단지 힘들고 지친 것이라면 휴식을 취하고 위로받기도 하면서 치유할 수 있다. 긍정적인 사람들은 우리나라만큼 역동적이고 재미있는 나라가 없다고 말하기도 한다.

문제는 억울한 사람들이다. 억울함은 기본적으로 잘못된 일에 대한 책임이 자신에게 있지 않다는 것을 전제로 한다. 많은 사람이 늘 억울해하고, 자신의 불만스러운 상황이 자신의 책임이 아니라고 생각하는 것은 단지 개인적인 문제가 아니

며 사회 전체를 놓고도 큰 불안 요인이다. 억울한데도 따질 길
이 없고 하소연할 곳도 마땅하지 않다. 아무 이유 없이 세상
모든 것이 싫고 밉다는 사람도 있다. 세상에 대해 화가 나서
이른바 '묻지 마 범죄'를 저지르기도 하고, 피해의식에 사로잡
혀 괜히 시비를 걸기도 한다.

상대방에 대해 형사고소를 하고 민사소송을 제기할 정도면
이미 억울함이 하늘을 찌르는 상황일 것이다. 민사나 형사 소
송을 당한 사람들도 마찬가지이다. 핑계 없는 무덤이 없듯 돈
을 못 갚거나 상대에게 해를 끼친 데에도 저마다 이유를 댄다.
자신의 잘못 자체를 인정하지 않는 경우가 많지만, 설령 잘못
을 인정하더라도 상대방의 과한 대응이나 세상의 매몰찬 대
우에 불만을 갖는다. 판결이 선고되면 패소한 사람은 물론이
고 이긴 사람도 여전히 억울해하는 경우가 많다. 그래서 억울
함을 가리는 직업은 결코 쉬운 일이 아니다.

법관에 대한 국민의 지지율은 결코 25%를 넘지 못할 것이
라는 말이 있다. 먼저, 소송에서 패소한 절반은 어떤 이유에서
건 법관에 대해 좋은 평가를 하지 않는다. 승소한 사람 중에서
도 절반 정도는 재판이 신속하게 이루어지지 않았다거나 받
을 돈을 온전히 다 받지 못했다는 식의 불만을 갖는다. 판결은
받아들이지만 그 이유를 수긍할 수 없다고 말하는 사람도 꽤
있다. 그래서 판사가 잘했다고 하는 사람은 1/4이 넘지 않는
다고 한다. 얼추 공감할 수 있는 말이다.

그런데 세계은행의 '기업환경평가(Doing Business 2015~2020)'에 따르면, 우리나라는 계약분쟁 해결을 위한 사법제도 부문에서 2015년 이래 계속 세계 1~2위를 차지하는 등 대한민국의 사법체계와 재판의 신뢰도가 세계 최고 수준이라는 평가를 받기도 한다. 그럼에도 불구하고 국민들의 사법 신뢰도는 OECD 국가 중 최하위에 근접하고, 외국에서 한국 사법제도를 상당히 높게 평가한다고 말하면 냉소적인 태도를 보이는 사람이 더 많다.

우리나라도 억울함을 구제하는 제도적인 장치들은 어느 나라에도 뒤지지 않게 마련되어 있고, 오히려 옥상옥(屋上屋)이라는 지적을 받기도 한다. '소송 공화국'이라고 불리듯 재판의 활용도가 높고, 거기에 정부의 민원24 서비스, 국민권익위원회, 국가인권위원회, 각 지방자치단체의 원스톱 민원해결센터 등등 일일이 열거하기도 어려울 만큼 제도적 장치들이 마련되어 있다. 공무원에 대해 욕을 많이 하지만, 소위 선진국이라는 나라에서 공무원의 고압적이고 느려터진 대응을 경험해본 사람들은 그래도 우리나라가 낫다고 한다. 민간 서비스도 마찬가지이다. 외국에서 살다 온 사람들은 민원인에 대한 우리나라의 초고속, 즉각적인 응대와 민원 해결, 신속하고 친절한 애프터서비스 시스템에 놀라워한다. 서비스를 지나치게 강조하다 보니 최근에는 오히려 감정 노동을 하는 서비스직 종사자들의 인권을 보호해야 한다는 여론이 일기도 했다.

소속된 사회에서 합리적인 범위 내에서 억울함을 제도적으로 구제받는 것과 자신의 억울한 심정을 치유받는 것은 서로 다른 차원의 문제인 것 같다. 사람마다 구제받을 수 있는 억울함과 치유받아야 하는 억울함 사이에 상당한 간극도 존재한다. 억울한 사정을 구제받는 것에서 나아가 억울한 심정을 치유할 방법은 사람마다, 개별 사안마다 다를 수밖에 없고, 이는 법률가가 법적인 지식만으로 나서서 논할 만한 문제는 아니다.

주로 법률적인 지식을 바탕으로 다루게 될 이 책의 주제들은 국가 사회의 틀 안에서 어떤 경우가 보편적으로 생각하기에 억울한 경우이고, 공감받을 수 있는 억울함은 어떤 것이며, 개인적인 억울함이 공동체의 가치를 훼손하지 않는 범위 내에서 수용될 수 있는 한계는 어디까지인가에 관한 것들이다.

보편적이지만 특별한 정서,
억울함

　내가 겪은 억울한 일을 하나 이야기해본다. 아파트 지하 주차장에서 접촉사고가 발생했다. 토요일 아침에 주차장 통로를 직진해 나가다가 주차선에서 갑자기 빠져나오는 승용차와 충돌한 것이다. 내 차 운전석 쪽의 앞 범퍼 옆구리 부분과 상대방 차 조수석 쪽의 앞 범퍼 부분이 부딪쳤다. 그 충격으로 상대방 차가 밀리면서 옆에 주차된 차에 닿아 그 차의 옆 부분도 약간 찌그러졌다.

　황급히 뛰쳐나가 상대방 차 안을 살펴보았다. 40대로 보이는 여성이 운전석에 앉아 있고 뒷좌석에는 두 남매가 타고 있었다. 괜찮으냐고 물었다. 놀란 표정의 여성과 두 아이는 모두 괜찮다고 했다. 바로 보험회사에 사고를 신고했다. 여성은 운전석에 가만히 앉아 있었다. 너무 놀라서 경황이 없나 보다 생각하고 그 여성에게 얼른 보험회사에 연락하라고 했다.

그러자 여성이 "제 쪽 보험회사에서도 와야 하나요?" 하고 물었다. 내 잘못이라는 말투였다. 어이가 없었다. 내 생각에는 거의 전적으로 그 여성의 과실인 것 같은데……. 그렇다고 이 상황에서 큰소리를 내거나 윽박지르는 조로 시비를 따지는 것은 신사답지 못한 행동이다. 보험회사에서 알아서 처리할 테니 일단 전화하라고 차분히 이야기했다. 속으로는 기분이 나빠지기 시작했다.

양측 보험회사 직원이 왔다. 그들은 사고 당사자를 안심시키기만 하고 조용히 사진을 찍고 경위에 관한 진술만 받아 적었다. 교통사고 민·형사 사건을 수없이 다루어보았지만, 막상 내가 당사자가 되니 답을 잘 모르겠다. 우리 측 보험회사 직원에게 실무상 이런 경우 누구의 과실로 처리하느냐고 물었다. 주차장 접촉사고의 경우 일방적인 과실은 거의 없다, 통상 쌍방 과실로 처리하는데 이 사건은 내 차가 직진을 했고 상대방 차가 튀어나왔기 때문에 상대방 과실이 더 큰 것 같다, 일단 8 대 2나 7 대 3 정도를 주장해보고 운이 나쁘면 6 대 4까지 되는 경우도 있다고 했다. 내 과실이 도대체 뭐지? 옆에서 갑자기 튀어나오는 차를 어떻게 피하라는 거지? 선뜻 이해하기 힘들었다.

그때 불쑥 상대방이 나에게 한마디 했다. "주차장에서 그렇게 과속을 하시면 어떡해요?" 한바탕 싸우자는 도발 같았다. 즉석에서 시시비비를 따지는 것은 무의미하고 감정만 악화시킨다는 것을 잘 알고 있었지만 가만있기가 어려웠다. 나름 성질 죽이고 한마디 했다. "아주머니, 저는 훨씬 더 억울하거든요. 보험회사 사람들이 밥 먹고 하는 일이 이거니까 알아서 잘 처리해줄 거예요. 당사자끼리는 말 안 하는 걸로 합시다."

하지만 그 말도 안 하는 편이 나았다. 그 여성은 나 들으라는 듯 큰 소리로 보험회사 직원에게 상황을 설명했다. 차선 안에서 나오면서 분명히 오른쪽을 봤는데 시야에 없던 내 차가 갑자기 나타나서 자기 차를 들이받았다는 것이다. 무슨 말이지? 직진으로 50m 이상을 왔는데? 주차장에서 0.5초 만에 50m를 달릴 만큼 과속했다고? 이렇게 되니 사고나 과실비율보다 여자의 태도가 짜증났다.

사소한 사고였지만 그 후 억울한 사정은 수도 없이 이어졌다. 이튿날 아침에 일어나 보니 허리가 좀 아팠다. 별문제 없을 것 같았는데 약간 충격을 받았나 보다. 그래도 이 정도로 병원에 가는 건 너무 치사하다는 생각이 들어서 그냥 참기로 했다. 그런데 보험회사에서 연락이 왔다. 상대 여성이 허리가 아파 병원에 입원했다며 사고로 인한 것임을 인정해달라는 것이다. 그리고 덧붙여 말했다. 이런 상황에서는 아프면 참지 말고 우리 쪽도 병원에 가는 것이 유리하다고…….

뭐야, 병원에 가는 것이 사고 처리에 유리하다고? 그 이유는 며칠 후에야 이해됐다. 사고 당일 현장에서 같은 차종의 렌터카를 가져다주었다. 엉겁결에 렌터카를 하루 사용했다. 보험회사에서 부담하긴 하지만 굳이 렌터카를 계속 쓸 이유가 없어서 다음 날 아침에 바로 반납하고 지하철로 출퇴근했다. 내 차 견적이 80만 원 나왔다. 자기부담금 20만 원을 냈는데 그것도 약간 속이 쓰렸다. 그래도 이 정도면 경미한 사고라고 위안을 삼았다.

그런데 저쪽 사정을 듣고 보니 속이 부글부글 끓었다. 내 차와 부서진 상태는 비슷하고 차종은 나보다 싸지만 수리비 견적이 200만 원 넘게 나왔고, 밀려서 긁힌 제3의 차량이 고급 차라서 수리비 300만 원이 든다고 했다. 강남의 비싸기로 유명한 정비소에 맡겨 견적이 많이 나왔고, 상대방 차는 10년이 넘었는데 이 기회에 완전 새 차가 됐다고 했다. 거기에 렌트비와 인사사고 치료비와 합의금이 추가될 예정이었다.

경미한 접촉사고인 줄 알았는데 비용을 따지면 얼추 1,000만 원 이상 나오게 생겼다. '보험에서 이른바 도덕적 해이 현상이 심하다는데, 바로 이런 경우이구나! 서로 자기 돈으로 처리했다면 합쳐서 얼마나 나왔을까?' 하고 생각하니 참 너무들 하는구나 싶었다. 하지만 이것이 자유시장경제가 돌아가는 방식이다. 나는 이번 사고로 국민소득 증대에 상당히 기여한 셈이었다. 하여간 기분이 씁쓸했다.

보험회사에서 아직 병원에 안 갔느냐고 전화를 해왔다. 우리만 치료비에 합의금까지 물어줘야 하는 상황이고 저쪽 비용이 너무 많이 나와 과실비율 산정에도 불리할 것 같다고 했다. 상대방에게 난 아파도 참고 있는데 그쪽이 인사사고로 처리할 거면 나도 병원에 가겠다고 말하라고 했다. 그랬더니 30분도 안 돼 전화가 왔다. 그냥 치료비는 자비로 부담하고 인사사고로 처리하지 않겠다고 했다. 웃긴다.

우리는 과실비율을 7 대 3으로, 상대방은 5 대 5로 주장해 보험회사에서 분쟁조정위원회에 회부했다고 했다. '모두 내 잘못인 것처럼 뒤집어씌우더니 정작 주장은 왜 5 대 5로 하는 거지? 적어도 자기 과실이 더 크다는 건 인정한다는 취지 아닌가? 그럼 내 앞에서 오버한 건 뭐야?' 또 한 번 기분이 씁쓸했다.

한동안 잊고 있었는데 몇 달 후에 연락이 왔다. 분쟁조정위원회에서 상대방이 내 과속을 주장해 주차장 CCTV까지 가져다 보았지만 과속으로 판단하기는 어려웠다고 한다. 그런데 내 차가 직진하면서 오른쪽 방향으로 가지 않고 왼쪽 방향에 가깝게 갔기 때문에 과실비율을 6 대 4로 결정했다고 한다.

하지만 그 결정의 이유를 수긍하기 어려웠다. 주차장의 그 좁은 길에서 좌우를 구분하는 것이 말이 되나? 설령 구분한다 해도 내 차가 5m 앞에서 우회전해 나가야 하고 전방에 기둥도 있어서 왼쪽에서부터 크게 돌아야 기둥에 닿지 않는데, 현장을 보면 분명 잘못된 판단인데⋯⋯.

보험회사에서는 내가 비용을 부담하는 것도 아니고 10% 차이밖에 안 나니까 이의하지 말고 그냥 이 정도에서 마무리하자고 했다. 나도 상대가 이의를 제기하지 않으면 그냥 끝내자는 데 동의했다. 결국 그렇게 끝났다.

그런데 자려고 드러눕고 보니 너무 화가 났다. 김수영 시인은 '왜 나는 조그마한 일에만 분개하는가'라면서 자신의 옹졸함을 한탄했다. 김수영 시인만 그런 것이 아니고, 나만 그런 것도 아니다. 대부분의 사람들이 이렇게 사소한 일에 억울해한다.

내가 서둘러 운전해가다가 앞을 좀 잘못 살폈을 수 있다. 사회적 틀에서 볼 때 주차장 접촉사고의 경우 6 대 4의 과실비율은 적절한 책임의 배분일 수 있다. 하지만 나는 여전히 과실비율도 억울하고, 상대방의 태도도 얄밉기 그지없고, 고비용 도덕적 해이 현상도 짜증나고, 기계적으로 일을 처리하는 보험회사 직원의 태도와 사안을 더 면밀히 살피지 않는 분쟁조정위원회의 결정 이유에도 화가 났다.

상대방은 평범한 이웃집 아이들의 엄마로 보였고, 인상도 그다지 나빠 보이지 않았다. 하지만 사건의 반대 당사자가 되면 누구나 다 얄밉다. 그런데 태도로 볼 때 상대방은 나보다 더 억울해하고 있을지도 모른다. 비록 자신의 과실비율이 더 큰 것을 수용했지만, 분명 아직도 내 잘못이 더 크다고 생각할 것이다. 그 점을 생각하니 더 억울하고 화가 났다. 비록 그 결과에 승복하기는 했지만 개운하지 않은 감정은 두고두고 남은 셈이다.

억울함이란 것이 이렇다. 명백히 부당하거나 불법적인 대우를 받았을 때 생기는 것은 물론이고, 뭔가 좋지 않은 상황이 외부의 요인으로 생겼을 때 굳이 콕 찍어서 말하긴 어려워도 괜히 짜증나고, 분하고, 미운, 그런 불편한 심정을 통틀어 억울하다고 표현하는지도 모른다. 이처럼 억울함은 누구나 느끼는 보편적인 정서이지만 나 자신에게는 늘 특별하다.

법률가로서 남들의 억울함을 직업적으로 다루고 항상 객관적인 시각을 유지하려고 애쓰지만, 정작 나에게 발생한 사소한 사건에서 그 억울한 심정을 억누르는 것은 쉽지 않았다. 분명 일반인들에게는 이런 현상이 훨씬 더 심하게, 그리고 자주 발생할 것이다.

억울하다는 말,
객관적인 상황과 주관적인 감정[1]

억울하다는 말은 '억누르다'는 뜻의 '억(抑)'과 '막혀서 통하지 않다'는 뜻의 '울(鬱)'이라는 한자가 합쳐진 것이다. 국어사전적 의미는 '아무 잘못 없이 꾸중을 듣거나 벌을 받거나 하여 분하고 답답하다'[2]라는 뜻의 형용사이다. 영어로는 문맥에 따라 달리 옮길 수 있겠지만, 대체로 'feel'과 'unfair'를 넣어서 번역하는 사람들이 많다.

억울하다는 말은 결국 공정하지 못하다, 정당하지 못한 대

---

1 뒤에서 보는 바와 같이 나는 억울함이 객관적인 상황에 대한 인식과 주관적인 감정이 복합적으로 작용하는 영역이기 때문에 순수한 의미의 감정은 아니라고 생각한다. 그러나 여기에서는 객관적인 상황과 대비되는 주관적인 측면을 강조하기 위해 감정이라는 용어를 사용했다.
2 국립국어원 표준국어대사전

우를 받았다는 객관적인 상황과 이에 대한 자신의 주관적인 감정을 이야기하는 것이다. 그런데 그 객관적인 상황과 주관적인 감정 사이에는 상당한 간극이 존재한다. 억울할 만한 상황인데도 불구하고 그러한 감정을 느끼지 않는 사람은 거의 없는 것 같다. 하지만 억울할 만한 상황이 아닌데도 불구하고 억울하다고 느끼는 사람은 아주 많다. 개인이 느끼는 억울함에 비해 객관적으로 받아들여지는 억울함의 범위는 현저히 좁다는 것이다.

객관적으로 억울할 만한 상황인지 아닌지 여부는 궁극적으로 권력을 가진 자가 판단한다. 국가라면 정책 결정권자, 회사라면 경영권을 가진 사람, 재판으로 연결되면 법관이 판단한다. 상황을 정확히 판단하고 합리적인 결정을 해서 억울함을 최소화하기 위해 온갖 제도와 정책이 등장하고 복잡한 법적 절차들이 만들어졌다. 이것이 민주주의가 발전해 온 과정이다.

그럼에도 불구하고 억울하다고 느끼는 사람은 여전히 많다. 그 판단과 결정이 잘못되었다고 생각하기 때문이다. 실제로 객관적인 상황이 잘못 판단되었을 수도 있고, 자신의 감정이 잘못 형성되었을 수도 있다. 하지만 분명한 사실이 하나 있다. 결론에 대해 아무리 합리적인 근거를 들어 설명하더라도, 그리고 그 판단에 어쩔 수 없이 따른다 하더라도 억울하다는 감정 자체는 쉽사리 사라지지 않는다는 것이다.

억울함을 느끼는 범위가 사람마다 다른 것은 당연한 현상
이다. 그리고 억울할 만한 상황인지에 대한 판단 역시 시대나
환경, 판단하는 자가 누구인지에 따라 달라지기도 한다. 당연
히 억울한 감정과 객관적으로 받아들여지는 억울함 사이의
간극이 좁은 나라가 좋은 나라이다. 그런데 우리나라는 예전
에 비해 상당히 괜찮은 나라가 되었다는 안팎의 평가가 있음
에도 불구하고 그 사이의 간극은 여전히 넓기만 하다.

심리학과 정신의학에서 말하는
억울함

　서양의 학문에 연원을 두고 있는 대부분의 심리학과 정신
의학 책에는 억울함이라는 감정에 대한 설명이 없다. 단지 억
울함을 대부분의 병리적 심리현상의 원인 중 하나로 들고 있
을 뿐이다. 억울함이 어떠한 기전으로 발생하고, 억울함의 발
현 형태가 어떠하며, 억울함에 대한 치유가 어떻게 이루어져
야 하는지에 대한 설명을 찾기 어렵다.

　일찍이 '감정의 윤리학자'로 불린 스피노자가 『에티카』에
서 정의한 인간의 마흔여덟 가지나 되는 감정[3]에도 억울함은

---

3 비루함, 자긍심, 경탄, 경쟁심, 야심, 사랑, 대담함, 탐욕, 반감, 박애, 연민, 회한, 당
황, 경멸, 잔혹함, 욕망, 동경, 멸시, 절망, 음주욕, 과대평가, 호의, 환희, 영광, 감사,
겸손, 분노, 질투, 적의, 조롱, 욕정, 탐식, 두려움, 동정, 공손, 미움, 후회, 끌림, 치
욕, 겁, 확신, 희망, 오만, 소심함, 쾌감, 슬픔, 수치심, 복수심:『강신주의 감정수업』
(강신주, 민음사, 2013)에서 재인용한 것으로, 번역 과정에서 의미가 달리 전달되
는 부분이 있을 수 있고, 이 마흔여덟 가지를 모두 순수한 의미에서 인간의 감정이

들어 있지 않다. 하지만 내가 지금껏 법률가로 일하면서, 그리고 가정과 사회생활 속에서 항시 맞닥뜨렸던 감정은 억울함이었다. 내가 생각하기에 억울함은 인간이라면 누구나 느끼는 감정 중에서 몇 손가락 안에 드는 보편적인 감정 같은데, 그것이 인간의 기본 감정에 포함되지 않는다는 것은 좀 이상하다.

그렇다면 혹시 억울함은 한국인만 느끼는 고유한 감정인가? 절대 그렇지 않을 것 같다. 서양인이라고 살면서 억울함을 느끼지 않을 리가 없다. 여러 책을 곰곰이 읽어보면서 깨달은 점은 한국인은 억울함을 감정이라고 생각하지만, 서양 사람들은 이것을 심리학이나 정신의학적인 개념에서의 감정(emotion)으로 다루지 않는다는 것이다.

그들이 생각하기에 억울하다는 것은 부당한 대우나 정당하지 못한 불이익을 받았다는 자기 나름대로의 판단이지 감정 자체가 아닌 것이다. 억울함은 어떠한 감정이 일어나는 원인이 되는 것으로, 그 억울하다는 인식에 따라 슬픔이나 분노 등의 감정이 생긴다는 구조로 이해하면 될 것 같다.

그런데 억울함을 판단 내지 인식으로, 특히 사람의 '이성적인 부분'이 주로 작용한 결과라고 보는 것이 과연 맞는가?

라고 할 수 있는지는 논쟁의 여지가 있다.

최상진 교수의 『한국인의 심리학』이란 책이 이러한 의문을 어느 정도 해소해주었다. 최 교수는 감정이나 마음과 별개로 한국인이 가진 독특한 심리현상으로 '심정'이라는 개념을 도입했다. 심정은 마음을 뜻하는 '심(心)'과 감정을 뜻하는 '정(情)'의 복합어로, 마음으로부터 우러나오는 감정과 감정이 개입된 마음 또는 마음이 개입된 감정을 일컫는다.

꽤 어려운 설명이지만, 내가 이해하는 범위 내에서 정리하면 다음과 같다. 이성적인 생각과 내밀한 감정의 중간 영역 또는 인식이나 판단과 감정이 결합되거나 혼재된 영역에 심정이라는 것이 있다. 이는 특히 한국인에게 도드라지게 나타나는 것으로, 비록 주관적이고 모호한 경험 상태이지만 순수한 감정과는 다르며 실질적으로 영향력이 큰 심리현상이다. 한국인의 심정 담론에서 자주 사용되는 보편적 언어는 '섭섭, 야박, 야속, 정떨어짐, 억울, 분함, 한스러움' 등이다. 심정이라는 말이나 심리현상을 다른 문화권에서도 발견할 수 있지만 그 경험의 구성적 질과 체험 양식, 설명체계로서의 표상 등에서 심정은 한국인들에게 더 특징적으로 나타나는 현상이다. 한국의 TV 연속극은 한마디로 심정의 경연장이요, 민요나 민담에서 다루는 소재나 대중 집회의 발표나 연설도 감정 표출이 아니라 심정 토로 형태로 이루어진다.

나는 억울함을 이러한 심정의 범주에 포함시켜 설명하는 것이 적절하다고 생각한다. 전형적인 의미의 감정은 아니지만 감정적 요소를 다분히 내포하고 있다고 보는 측면에서 억울함을 단지 이성적인 판단이나 인식의 영역에 가깝게 보는 서구의 이론과는 구분되는 설득력 있는 견해라고 생각한다.

최 교수는 억울한 마음을 '자신이 부당한 피해를 당했다는 사실에 대해 수용하기 어려운 마음의 상태'로 정의한다.[4] 그는 억울의 세 가지 요소를 ① 피해 당사자는 자기 자신이며, ② 피해의 성격은 부당하고, ③ 피해의 결과에 대한 마음의 상태는 그 결과를 기정사실로 수용하는 데 대한 거부감으로 본다.

억울한 감정은 피해를 받지 않아야 할 자신이 피해를 받았다는 데서 오는 당사자적 피해심리를 주축으로 한다. 당사자적 피해심리에서 '부당한' 피해의 기준은 객관적이기보다는 주관적이며, 사회정의보다는 심정 논리에 기초하는 경우가 많다는 것이다.

억울 감정을 자신의 입장에 동의할 수 없는 타인이나 사회적 상황에서 토로할 때에는 사회적 정의 기준과 객관적 논리 전개의 양식을 차용하여 자신의 주관적 억울 감정을 정당화하는 경우가 많다. 억울하다고 말할 때 대표적으로 '나는 돈

4 최 교수도 억울함에 대해 '감정', '생각', '마음', '마음의 상태' 등 용어를 섞어서 사용하고 있다. 그러나 기본적으로 '······마음의 상태'라고 정의하고, 억울하다는 생각과 억울의 감정이 동시에 공존한다고 결론 맺는 것으로 볼 때, 억울함을 자신이 앞서 주장한 심정의 한 유형으로 여기는 것은 분명한 것 같다.

없고 빽 없어서 당했다'라고 표현하는 약자 피해심리가 주종을 이룬다. 자신이 힘이 없다는 사실을 일단 인정하면서도, 다른 한편으로는 힘이 약하다는 이유만으로 자신이 피해를 받았다는 사실을 수용할 수 없는 이중심리를 갖는 것이다. 여기서 가해자가 타인이건, 자신의 무능함이나 실수이건 또는 팔자나 운명이건, 심리적 기제는 부당하게 당했다는 자기피해 의식이다.

이처럼 심리학자가 보는 억울함은 법률가가 객관적으로 보고자 하는 억울함과 상당한 차이가 있다. 법률가는 과연 억울해할 만한 상황인지를 주로 따지는 반면, 심리학자는 억울한 감정을 느끼게 되었다는 현상 자체나 주관적으로 억울한 감정을 느끼게 된 원인을 살핀다. 법률가는 억울함이 기본적으로 불공정함, 부당함으로 인해 생긴다고 생각하는 데 비해, 심리학자는 그것뿐만 아니라 자기피해의식이 많이 작용한다고 보는 것이다. 그러다 보니 법률가는 억울해하지 않아야 할 상황에 억울하다고 느끼는 데에는 큰 관심이 없는 반면, 심리학자는 오히려 그런 측면에 더 많은 관심을 기울인다.

정신의학자는 억울함 자체보다는 억울함으로 인해 생기는 제반 병리현상을 연구한다. 하지만 정신의학자도 그런 병리현상을 치유하기 위해 왜 억울한 심정이 되었는지 그 원인을 파고들어 가지 않을 수 없다. 그 경우에는 당연히 법률가보다는 심리학자의 접근방식에 가까울 수밖에 없고, 거기에 유전적·기질적 원인을 추가하고, 치료에 있어서는 약물의 도움을 많이 받는다.

억울함에서 비롯되는
개인적 · 사회적 병리현상

앞에서 살펴보았듯이 억울함은 인식 내지 판단과 감정이
공존하는 영역으로, 특히 한국인에게 주된 심리현상 중 하나
다. 심리학이나 정신의학에서 등장하는 이상심리나 정신장애
의 많은 부분에 억울함이 요인으로 깔려 있다. 전통적으로 알
려진 것으로 우울증, 외상 후 스트레스 장애, 수면장애, 다양
한 종류의 성격장애, 강박장애, 피해의식, 피해망상 등을 들
수 있다.

한편 최근 심리학계나 정신의학계에서 서구 이론과 구분
되는 한국인의 독특한 심리현상이나 정신병리에 주목하고 있
는데, 그중 특히 '한'이나 '원', '화병' 등의 이론에서는 그 주요
발생 원인이자 공통된 심정으로 억울함을 들고 있다.

한(恨)과 원(怨)

최상진 교수는 한(恨)을 '남으로부터 억울한 피해를 당해서, 사람 취급을 못 받는 자기 자신의 처지와 신세에 대해 원망하며 슬퍼하는 감정과 생각'이라고 정의한다.[5] 한과 구분되는 원(怨)은 '자신의 억울한 불행에 대한 원인과 책임이 밖의 사람이나 상황에 있는 것으로 지각하면서, 그 대상이나 상황을 원망하는 것'이다.

타인에 의해 억울하게 피해를 입거나 응당히 받아야 할 것을 못 받았다는 자의식에서 원(怨)이 발생한다. 그런데 힘이 없어 가해자에게 화를 내지 못하거나 원을 풀지 못하고, 더 궁극적으로 부당한 피해를 구제받을 수 없다고 느낄 때, 남을 향했던 화와 원은 자기 자신을 향하는 것으로 바뀌어 한(恨)이 된다.

이어령 교수는 한국의 시가 속에 한이 깊게 서려 있음을 지적하면서 한국의 문화를 '한을 푸는 문화'로 규정한다. 그는 원과 한을 구분하여 원은 직접적 보복의 형태로 풀고, 한은 복수보다는 좌절의 회복 그 자체로 풀 수 있다고 본다. 이규태 작가는 한을 '마음속의 응어리'로, 고은 시인은 '영구적 절망

---

5 이하 '한'과 '원'에 관하여는 최상진의 『한국인의 심리학』(2012), 61쪽 이하를 주로 참조했다.

이 낳은 체념과 비애의 정서'로 표현한다.

그리고 한완상 교수의 민중 사회학적 견해에 따르면, 민중은 지배세력에 의한 정치적 억압, 경제적 착취, 문화적 소외로부터 깊은 좌절감과 분노를 체험하게 되는데, 이를 '한'이라고 풀이한다. 한은 한국 민중의 삶에 가장 널리 그리고 가장 깊게 뿌리내려 마음속에 맺혀 있는 정서로, 억울하고 비참한 고통의 현실 속에서 형성되고 유지되며 표출되는 것이다.[6] 이러한 견해를 종합해보면, 대표적인 한국인의 정서인 원(怨)과 한(恨)에 공통된 원인은 억울함이다. 그 억울함이 사회 제도적인 방법으로 회복되거나 나름의 방법으로 승화되지 못하면 마음속에 한으로 쌓여 자신을 피폐하게 만들거나, 제3자를 향한 원이 되어 보복하고자 함으로써 사회를 불안하게 하는 요인이 된다.

화병

화병(火病)은 한국의 독특한 문화 관련 증후군(culture-related syndrome)이다.[7] 오랫동안 민간에서 사용해온 용어를 그대로

---

6 한완상·김성기, "한에 대한 민중 사회학적 시론," 『한의 이야기』(보리, 1987), 67쪽 이하.
7 이하 화병과 외상 후 격분장애에 관하여는 민성길 등의 『최신정신의학』, 대한한방신경정신과학회 화병연구센터 편의 『화병 100문 100답』, 한성열 등의 『문화심리학』, 최상진의 『한국인의 심리학』을 주로 참조했다.

차용한 것이다. 세계 각국의 정신장애를 설명한 미국 정신의
학회 진단 편람에서는 화병을 분노증후군(anger syndrome)으
로 설명하고 있다.[8]

화병의 원인이 되는 감정은 분노(anger)인데 억울함(feeling
unfair)과 한(恨)도 분노만큼 중요한 화병의 원인이 된다. 분하
다는 말은 스스로 인정하고 수용하기 어려운 불쾌한 사건을
기정사실로 받아들여야 하는 데서 오는 원망스럽고 마음 아
픈 심리 및 감정 상태다. 분한 감정의 발생 조건에는 억울함이
필수적이다.

반복되는 불공평한 사회적 처사 때문에 화가 나는 것, 억울
하고 분한 것, 한스러운 것, 속상한 것, 스트레스, 상처받음 등
분노 복합(anger complex) 감정이 생겨도 사회적 상황이나 원
만한 인간관계를 위해 참다 보니 오랜 시간 '쌓이고 쌓여서'
화병이 되는 것이다. 화병은 분노로 인해 우울증이나 불안장
애 또는 정신병적 장애로 완전히 분화·발달되기 이전의 상태

8 한국에서의 연구 성과를 기초로 세계 정신의학계에 소개된 화병은 발음 그대로
'hwa-byung'으로 표기된다. 『조선왕조실록』에 화병이라는 용어가 나오고, 『동의
보감』에는 나오지 않는 것으로 알 수 있듯 애초에는 의학 용어라기보다는 민간 용
어였다. 한국 의학계에서 화병을 연구한 시점은 1970년대부터이다. 당시 이시형
교수가 화병을 설명하며 재난을 뜻하는 화(禍) 자를 썼는데, 이후 분노를 누르면
서 발생하는 병이라는 점에서 한의학의 화(火)의 개념을 차용하여 화병(火病)으
로 정리되었다.

다. 화병이 나면 다소간의 불안, 우울, 강박, 그리고 반복적인 한숨, 멍함, 열감과 가슴속 치밀어 오름, 응어리, 답답함, 화끈거림, 잡념, 불면 등을 호소한다. 화병에 취약한 계층은 주로 그 사회에서 스트레스를 받는 최후의 사람, 분노를 억제할 수밖에 없는 사회적 약자인 경우가 많다.

화병이 한국인만의 병이 아니라는 것은 더 이상 논쟁거리가 아니다. 억울하고 분한 일이 한국에서만 발생하는 것은 아니기 때문이다. 하지만 한국인이 유난히 화병이라는 증상을 많이 호소해온 것은 분명하다.

그런데 화병을 연구한 학자들에 따르면, 그 원인이 되는 화는 자기 자신이 무시당하거나 부당하게 남으로부터 피해를 받아 생겨나는 '자신에 대한' 억울한 감정이 일차적인 반면, 서구의 분노(anger)는 자신에게 부당한 피해를 유발한 '가해자에 대한' 원망, 증오의 감정이어서 상당한 차이가 있다.

외상 후 울분장애

독일에서 처음 소개된 뒤 전 세계적으로 공감을 얻고 있는 외상 후 울분장애(Post-Traumatic Embitterment Disorder, PTED) 또한 분노가 쌓여 생기는 병이다. 독일 통일 후, 이전의 동독 지역 주민들이 보이기 시작한 이 증상은 anger(분노)와 unfairness(억울함), injustice(정의롭지 않음), embitterment(울분)가 중요한 호소사항인 점에서 화병과 아주 유사하다.

다만 화병과 달리 뚜렷한 원인(trauma, 정신적 충격, 외상)이 있고, 비교적 짧은 시간 내에 발현되고, 단순히 정서적·신체적 증상이 아니라 행동이나 감정 폭발로 결말이 나는 경우가 많다. 충격적인 상황에 놓였을 때 '나한테 왜 이런 일이 일어나는가' 하는 억울한 감정을 제대로 다스리지 못하고 모멸감, 좌절감, 무력감 등이 지속적으로 빈번히 나타나는 부적응 상태에 있다가 결국 방화, 자살, 폭력 등 극단적인 행동을 보이는 것이다.

정신적인 고통을 겪은 특정한 사건 이후, 그 경험에 대한 기억이 주는 부정적인 감정이 스스로 조절할 수 없는 분노로 표출되는 경우 '분노조절장애'라고 진단받기도 한다. 결국 이것도 불행한 상황을 도저히 받아들일 수 없다는 억울함이 기저에 깔려 있고, 극단적인 행동으로 표출되면 그 자체로 범죄가 되는 것이다.

실제로 재판에서 보면 별다른 전과 없이 평범하게 살아오던 사람이 뜻밖에 강력 범죄를 저지르는 경우가 있다. 이런 피고인들은 좋지 않은 일을 겪고 나서 몇 주 내지 몇 달 동안 스트레스가 심한 상태에 있다가 별것 아닌 자극에 이른바 '욱하는 성질'을 순간적으로 참지 못하고 사고를 저질렀다고 말하곤 한다. 이들은 실제로 우울증이나 분노조절장애 또는 격분증후군이라는 진단을 받아오기도 한다.

예를 들면 사회문제가 되는 보복운전 같은 경우가 있다. 한 피의자는 옆에 가던 차가 차선을 바꿔 앞으로 끼어들자 순간 감정이 폭발해 500m 정도 경적을 울리면서 따라갔다고 한다. 터널 안에서 상대방 차를 서너 차례 직진과 후진하면서 들이받아 심한 손괴와 상해를 가했다. 사고를 처리하느라 터널이 막혀 한동안 교통이 마비되었다. 그는 구속영장 심사 과정에서 며칠 전에 너무 억울한 일을 당해 기분이 좋지 않던 중 갑자기 화가 머리끝까지 치밀었다고 했다. 그리고 자신이 왜 그랬는지 스스로도 이해할 수 없다고 했다.

이처럼 억울함이 원인이 되는 한이나 화병은 개인적 병리 현상에 머무를 가능성이 높지만, 원과 외상 후 울분장애는 사회적 불안 요소가 된다. 그런데 한국인의 심성이나 행동도 많이 변하고 있다. 예전에는 억울함이나 분한 마음에서 발생하는 끓어오르는 심정을 속으로 몇 달이고 몇 년이고 참고 참아 가슴에 한이 맺히거나 화병이 생기는 식이었다. 하지만 지금은 분노를 밖으로 바로 드러내거나, 비교적 짧은 시간 동안 쌓아두었다가 작은 자극에도 극단적인 형태로 표출하는 사람들이 많다.

하루가 멀다고 언론을 장식하는 묻지 마 범죄, 아파트 층간 소음으로 인한 살인이나 폭력 사건, 심한 가정폭력과 데이트 폭력, 보복 범죄, 자살, 방화 등이 대부분 분노조절장애 때문에 발생하는 것들이다. 이런 사람들에게 도대체 그렇게까지 화가 나는 이유가 무엇이냐고 물으면, 대부분 과거에 무엇인가 억울하고 부당하게 대우받은 것이 쌓여 있었다고 대답한다.

이러한 억울함이 개인을 넘어서 집단의 억울함으로 인식되면 분노는 더욱 증폭되어 어마어마한 사회문제를 야기한다. 그 극단적인 예가 각종 테러 단체들이 주장하는 억울함이다. 예전의 IRA(아일랜드 공화국군)부터 최근의 IS(이슬람 국가)에 이르기까지 모든 테러 단체는 신념에 차서 분노를 표출시킨다. 다른 나라나 세력으로부터 핍박받고 차별받아 억울한데 힘이 부족해 정규군으로 대항하지 못하니 목숨을 내던져테러 행위를 하는 것이라고 주장한다. 극단적인 공포를 조장해 세상의 주목을 받고 자신들의 억울함과 정당함을 널리 알리겠다는 것이다.

정치학자나 역사학자들은 가난이 심각해도 그 자체만으로는 간헐적인 폭동만 일어날 뿐이라고 한다. 그런데 거기에 집단적인 차별이나 불공정, 억울함이 더해지면 체제를 뒤엎을 만한 명분이 생겨 조직적인 민란, 나아가 혁명으로 연결된다고 한다. 우리나라 역사를 살펴보아도 굵직한 민란이나 봉기, 혁명은 먹고살기 힘든 상황뿐만 아니라 지역이나 계층, 신분에 대한 차별이나 부당한 대우가 분노로 연결되어 일어난 것들이다.

결국 개인의 억울함은 각자의 삶을 불행하게 만드는 데에서 나아가 심각한 범죄를 야기하기도 하고, 결과에 수긍하지 못하는 사회, 정의가 실현되었다고 믿지 않는 사회 분위기를 형성한다. 그리고 집단의 억울함은 사회를 극단적인 갈등으로 몰고 가 국가를 분열시키고, 심하면 체제를 붕괴시키는 요인이 되기도 한다.

2장
과연 억울한가?

사람들은 외부적 요인이 작용해서 좋지 않은 일이 생겼을 때 억울하다는 표현을 널리 사용한다. 그러나 그 쓰임새가 억울하다는 말의 본래 의미와 일치하지 않는 경우도 꽤 있다. 개인의 억울함이 사회 구성원으로부터 공감받기 위해서는 객관적으로 억울한 상황이라는 점을 인정받아야 한다. 그러면 억울한 상황인지 아닌지 여부를 판단하는 기준은 어떻게 형성되는가? 그리고 그 기준은 과연 명확한가? 가치관이 혼재된 사회에서 견해의 대립과 입장의 차이를 어떻게 다룰 것인가? 죄에 대한 벌은 어느 정도의 범위 내에서 가해져야 하는가? 법과 현실이 일치하지 않는 경우 용인할 수 있는 한계는 어디까지인가?

억울함과
서러움

나는 축구를 좋아한다. 그다지 재능이 있는 편은 아니지만 열정만큼은 누구에게도 뒤지지 않는다. 축구는 발로 하는 것이 아니라 머리로 하는 것이라고 말하는 사람들이 많다. 하지만 그건 선수들에게 해당하는 이야기이고, 실상 우리 사이에서는 축구를 입으로 하는 사람들이 더 많다. 온갖 전략과 전술을 외우고 있고, 내 몸은 잘 안 따르지만 남의 플레이에 대한 논평은 전문가 수준이다. 조기축구인으로서 나도 그런 축에 속한다. 어쩌다 골이라도 하나 넣으면 동네방네 자랑하고, 그 장면을 수십 번씩 회상하면서 혼자 즐거워하곤 한다. 우리들 서로 간에도 공만 보면 정신을 못 차린다고 해서 '공치산자'라고 놀려대기도 한다. 예전에 쓰던 민법 용어인 금치산자, 한정치산자를 응용한 말이다.

　내 인생의 재미있는 에피소드나 허풍 중에 절반 이상은 축구에서 나온다. 예를 들면 '백골사단에서 백 골 넣고 제대했다'라는 식이다. 유명한 우스갯소리로 여자가 남자로부터 듣기 싫어하는 말 3위가 축구, 2위가 군대, 1위가 군대에서 축구한 이야기라는 말이 있다. 돌이켜보면 나는 군대에서 축구한 이야기를 날마다 하고도 결혼에 성공했으니 운이 꽤 좋은 편이다. 지금도 주말에 한나절은 축구 하러 가는 것이 인생의 커다란 낙이다. 가족들도 그 열정에 길들여졌는지 요즘은 별다르게 불만을 표시하지 않는다.

　동호인끼리 팀을 만들어 즐기는 축구를 흔히 조기축구라고 부른다. 한자로 '이를 조(早)'에 '일어날 기(起)'를 쓰는 것으로 보아 예전에 주로 학교운동장 같은 데서 새벽에 모여 공을 찼기 때문에 그런 이름이 붙은 것 같다. 요즘엔 꼭 아침에 축구를 하지 않아도 일반인들의 축구 동호회를 통칭해서 조기축구회라고 부른다. 그런데 사실 축구 하는 사람들은 조기축구라는 말을 그다지 좋아하지 않는다. 뭔가 아저씨 같은 외양 또는 어설프고 주먹구구인 행정이나 실력을 빗대어 '조기축구(팀, 선수) 같다'고 표현하는 경우가 많기 때문이다.

　그래도 조기축구의 파워는 대단하다. 한 인터넷 포털 사이트의 축구 전문 카페[1]에 가입한 회원 수가 100만 명 이상에 이르고, 정확한 통계는 없지만 지역, 직장, 학교 등에서 나름 팀을 만들어 유니폼을 갖춰 입고 축구를 즐기는 사람이 최소 200만 명은 될 것으로 추정된다. 게다가 조기축구 회원들은 사시사철 자발적으로 모이는 사람들이라서 결속력이 대단하다. 그래서인지 국회의원이나 지방의원, 시장, 군수 등이 지역구를 방문할 때 빠지지 않고 챙기는 곳이 지역 조기축구회이다. 이렇게 많은 축구팀이 있다 보니 대도시에서는 운동장 차지하기 경쟁이 아주 치열하다. 서울 시내에서 주말에 정기적으로 운동장을 사용하는 팀은 대단한 전통과 지역사회에 영향력을 가진 팀이다.

우리도 고등학교 동창 선후배들이 모여 축구회를 하나 만들었다. 축구회가 예상 외로 호응이 좋아 회원이 순식간에 50명을 넘어섰고, 운 좋게 서울 시내 노른자위 학교 운동장과 정기계약을 체결한 A팀에게 초청을 받게 되었다. 처음에는 한 달에 한 번씩 초청을 받다 두 번, 세 번까지 늘어났다. A팀과의 관계도 좋았고, 거의 매주 토요일 오후마다 함께 축구 하면서 '우리는 형제다'를 외치곤 했다. 동문 사이에 소문이 퍼져 회원이 어느새 100명을 돌파했고, 유니폼도 프로와 동일한 브

1 DAUM 카페 'I Love Soccer,' http://cafe.daum.net/WorldcupLove

랜드로 새로 맞췄다. 조직과 자금도 안정되고, 축구 실력도 많이 늘어 경기마다 20~30명씩 나와 A팀과 거의 대등한 수준의 경기를 하게 되었다. 그렇게 6년이 흘렀다.

그런데 돌연 좋지 않은 소식이 흘러나왔다. 학교 측에서 일요일에 강당과 운동장을 어느 교회에 임대한다는 것이다. 그 바람에 일요일 오전에 운동장을 쓰던 두 팀이 토요일로 옮겨 오면서 우리를 초청한 A팀과 함께 세 팀이 토요일 오후에 운동장을 쓰는 것으로 조정되었다. 우리 팀에 직격탄이 날아왔다. 갑작스럽게 세 들어 살던 방을 뺄 수밖에 없는 형편이 된 것이다.

별다르게 할 말이 없었다. 애초에 초청을 받은 것이라 우리가 특별히 주장할 만한 권리가 있는 것이 아니었다. A팀에서도 대단히 난감해하고 곤혹스러워했다. 서로 이별을 아쉬워하면서 마지막 경기를 마쳤다. 우리는 팀을 해체할 수는 없고 당분간 서울이나 경기도 일대를 떠돌아다니면서 차차 정착할 곳을 찾자고 했다. 운동장을 나서는데 왠지 모를 서글픔에 모두들 말이 없었다.

운동장 옆 단골 식당에서 저녁을 먹었다. 그동안 세 들어 살면서 대책 없이 내 집인 양 안주하면서 지냈다고 반성했다. 모두 힘을 모아 빨리 정착할 곳을 찾자고 결의를 모으기도 했다. 그러던 중 한 후배가 소주잔을 돌리면서 말했다.

"정말 힘없고 빽 없으니 억울하네요!"

그 억울하다는 말이 귀에 들어왔다.

"억울하다고? 억울하다는 말을 이럴 때 쓰는 것이 맞냐?"

"하루아침에 쫓겨났으니까 억울하죠. 셋방 살다 쫓겨나는 사람들의 심정을 알 것 같아요."

"억울하다는 건 누군가에게 부당한 대우를 받았을 때 쓰는 말 아니냐? 근데 우리가 뭐 특별히 부당한 대우를 받은 것이 있냐?"

"학교에서 갑자기 교회에 운동장 내주면서 전에 있던 팀들 다 내보내면 부당한 행위 아니에요? 그 사람들도 다들 십 년 넘게 그 학교에서 공 찼다고 하던데……."

"사립학교가 운동장을 누구에게 빌려주든 그건 자유 아니냐? 꼭 조기축구회에 빌려줄 의무가 있는 것도 아니지. 게다가 그 팀들하고 계약 안 해준 걸 우리가 뭐라고 할 권한이 있냐?"

"뭐, 그럴 권리야 없지만, 하여간 우린 억울하게 됐잖아요."

"야, 인마! 그건 억울하다고 하는 게 아니야. 그냥 힘이 없어서 서럽다고 하는 거지!"

"억울한 거하고 서러운 게 달라요?"

"많이 다르지. 억울한 건 남 탓을 하는 거고, 서러운 건 단지 자기 신세가 처량한 것뿐이지."

"아, 거 되게 빡빡하게 구네. 그냥 애들이 억울하다면 억울한 거지!" 한 선배가 말했다.

이처럼 억울하다는 말은 매우 넓은 의미로 쓰인다. 뭔가 자신에게 좋지 않은 일이 생겼는데, 외부적 요인이 주로 작용했다고 생각될 때 우리는 그냥 억울하다는 표현을 사용한다. 남으로부터 부당하거나 공정하지 못한 대우를 받은 것과 단지 객관적인 사정이나 자신의 능력 때문에 그런 처지가 되는 것을 가리지 않고 억울하다는 말을 쓰는 셈이다. 법률가 입장에서 이는 억울함이라는 말의 적절하지 않은 사용례라고 생각한다.

단지 일이 잘 안 풀려 처지가 딱한 것인데도 남을 탓하고 억울하다고 생각하는 것은 말하자면 피해의식이다. 이런 것이 심해지면 피해망상이 되기도 한다. 피해망상(被害妄想, persecutory delusion)은 다른 사람이 나에게 피해를 준 적이 없음에도 피해를 준다고 생각하는 정신질환 중 하나다. 예를 들면 아주 사소한 일이라도 자신이 아주 큰 피해를 입었다고 생각하거나, 자신이 누군가에게 시달리고 있거나 속았거나 괴롭힘당하고 있다고 생각하는 것이다. 법정에 오는 사람 중에 피해의식으로 가득 찬 당사자는 아주 흔하고, 피해망상이 의심되는 사람도 더러 있다.

하지만 누군가가 억울하다고 하소연하는데 이를 단지 개인적 상황에 불과하다는 식으로 말하는 것은 당사자에게는 대단히 서운한 처신이다. 나아가 '그것은 당신의 피해의식 때문이다'고 말한다면 격분을 불러일으킬 수도 있다. 대부분의 사람들은 억울하다고 말할 때 그것을 평가해주기를 원하는 것이 아니라 그냥 공감해주기를 바라는 것이다. 그런데 법률가들은 나름 객관적으로 조언한답시고 가끔 반대 당사자나 할 법한 주장이나 행동을 해서 주변의 지탄을 받곤 한다.

그런데 사실 요즘 들어 억울한 상황과 단지 서러운 상황을 구분하기 어려운 경우가 많아지고 있다. 사적자치(私的自治)와 계약자유(契約自由)의 원칙을 제한하는 각종 복지, 사회보장 관련 입법 때문이다. 이러한 법의 규율 영역 내로 들어오면, 기존에는 단지 돈 없고 힘이 없어서 권리로 주장하지 못했던 부분들이 법적인 권리로 보장받게 된다.

주택 임대차를 예로 들어보자. 자유시장경제 원칙과 민법의 법리에 따르면, 임대차계약을 체결하면서 그 기간과 보증금이나 월세를 정하는 것은 당사자 간 합의에 따라 얼마든지 자유롭게 할 수 있어야 한다.

그리고 집이 경매라도 될 경우 저당권 등기 같은 것을 마쳐 놓은 사람은 그렇지 않은 사람보다 당연히 우선 순위이고, 또한 다른 일반 채권자와는 비율에 따라 평등하게 배당받아야 한다. 그러나 주택이 부족한 상황에서 집 없는 서민들이 지나치게 서러움을 겪고 그런 것이 보편적인 사회현상이 되다 보니, 국가가 나서서 이를 구제할 방법을 찾게 되었다.

현재 주택임대차보호법은 임차인에게 2년의 임대차 기간을 보장하고, 그 기간이 끝나기 6개월에서 1개월 전까지 별다른 말이 없으면 같은 조건으로 연장된 것으로 본다. 또한 임대인이 실제 거주하려는 경우 외에는 임차인의 2년 동안의 갱신 요구를 거절하지 못하도록 하여 4년간의 임대차 기간을 보장한다. 주택을 인도받고 주민등록을 마치면 다음 날부터 제3자에게도 대항할 수 있고, 동사무소에서 확정일자만 받아두면 그 후에 저당권 등기를 한 사람이나 일반 채권자보다 우선하여 보증금을 돌려받을 수 있다. 심지어 일정 금액 이하의 보증금은 확정일자에 앞선 사람보다도 최우선 변제를 받을 수 있다. 그리고 차임을 올릴 때도 1/20을 초과할 수 없고 1년 이내에 다시 올리지 못하도록 되어 있다.[2]

근로자의 임금 같은 경우도 마찬가지이다. 사용자와 노동자가 자유로운 계약에 의해 임금을 정하는 것이 원칙이겠지만, 최저임금법에 의해 그 최소한을 국가가 정한다. 2022년 최저임금은 시간당 9,160원, 1일 8시간 근무하면 73,280원, 주 40시간 근무하면 월 1,914,440(월 209시간 기준)원, 주 44시간 근무하면 월 2,070,160(월 226시간 기준)원이다.

종업원이 사장에게 빌린 돈을 갚지 못해도 심하게 거짓말

---

2 주택임대차보호법(1981년 제정, 2020. 6. 9. 일부 개정) 제3조, 제3조의2, 제4조, 제6조, 제6조의 3, 제7조, 제8조, 주택임대차보호법 시행령 제8조, 제10조, 제11조 등

해서 사기죄가 성립되지 않는 한 형사처벌을 받진 않는다. 하지만 사장이 종업원의 임금을 지급하지 못하면 근로기준법 등에 의해 각종 제재를 받고, 특히 종업원의 퇴직 후 14일 이내에 임금과 퇴직금을 지급하지 않으면 형사처벌도 받는다.

그리고 회사가 문을 닫아도 근로자의 임금채권은 조세, 공과금이나 다른 채권에 우선하여 변제받을 수 있다.[3] 또한 봉급, 상여금, 퇴직금, 연금 등 임금의 성질을 가지는 것은 근로자의 채권자가 1/2 범위 내에서만 압류할 수 있다.[4] 임금은 근로자의 유일한 생활자원이라는 점을 고려한 규정들이다.

이와 같이 예전에는 단지 가지지 못한 자의 서러움에 머물렀던 부분들이 최근에는 정당한 권리로 전환되는 경우가 많다. 법으로 보호되는 영역이 되었기에 보장받지 못하면 정당하게 주장할 수 있는 억울함이 되는 것이다. 그런 점에서 법률가의 능력은 당사자가 억울하다고 주장하는 복잡한 사실관계 중에서 법률로써 보호받을 수 있는 영역을 요령 있게 간추려 법적으로 의미 있게 재구성하는 것이다.

어쨌든 결국 법률가가 관심을 갖는 억울함의 영역은 주로 법으로 보호되는 한계 내에서 수긍할 수 없는 불이익을 받았

3 근로기준법 제36조, 제38조, 제109조 등
4 민사집행법 제246조 제1항 제4호, 제5호

는가 하는 부분이다. 이것을 넘어서는 이른바 돈 없고 힘이 없어서 어쩔 수 없었다는 영역은, 그 서러움을 국가적인 차원에서 구제해줄 만큼 공감대가 형성된다면 정치가들이 법과 제도를 마련해 해결해야 하고, 그마저도 여의치 못하면 단지 개인이 감수해야 할 영역인 것이다.

다시 우리 축구팀 이야기로 돌아가 보자. 내가 가진 지식이나 양심의 한도 내에서 우리 팀의 문제는 법의 영역에서 상대 팀이나 학교, 교회를 상대로 억울함을 주장해볼 만한 사안이 아니다. 그렇다고 정치의 영역에서 가지지 못한 자의 서러움을 호소하고 제도의 변화를 이끌어서 해결할 만한 문제도 아니다. 실력이나 영향력을 키워 학교 측과 좋은 조건을 내세워 협상하고 다른 팀과 원활한 관계를 형성해감으로써 해결할 수 있는 문제인 것이다.

나뿐만 아니라 우리 팀 대부분이 그런 사정을 잘 알고 있다. 그럼에도 불구하고 소주잔을 주고받으면서 억울하다는 둥 서럽다는 둥 그냥 투덜거려보는 것이다. 이러한 상황에서 사회성 있는 사람이 할 행동방식은 후배들이 억울하다고 하면 같이 욕하고 억울해하면서 동지 의식을 느껴야 하는 것인지도 모른다.

사회과학의 매력,
대립하는 견해의 공존

신념을 위해 목숨을 바친 사람을 우리는 영웅이나 위인으로 부른다. 주변에서도 자신의 주장을 확신에 차서 펼치고 추진하는 사람은 멋있어 보인다. 주인공의 힘 있는 독백은 드라마나 영화의 클라이맥스를 장식하고 짜릿한 전율을 느끼게 한다. 다만 그가 명백히 선의 편에 서 있거나 내가 그의 주장에 동의할 경우의 이야기이다.

반대로 우리가 테러리스트라고 부르는 사람들의 동영상 같은 것을 보면 그 주장이 섬뜩하기 그지없다. 탈북자들은 북한을 대표하는 여자 아나운서의 웅변조 방송이 지긋지긋했다고 한다. 정치인의 연설이나 TV 토론 프로그램 출연자의 견해도 나와 같은 의견이면 귀에 잘 들어오지만, 다르면 들을수록 화가 날 뿐이다.

　무엇인가를 옳다고 굳게 믿는 사람에 대한 평가도 마찬가지이다. 그 믿음에 동의할 경우에는 그를 신념이 강한 사람이라고 하지만, 그렇지 않을 경우에는 고집이 센 사람이라고 한다. 신념이 강한 사람은 선망의 대상이 되지만, 고집이 센 사람은 주변을 힘들게 할 뿐이다.

　특히 권력자의 비합리적인 고집과 정권 유지를 위한 욕심은 종종 강한 신념으로 포장된다. 그러나 역사를 통해 알 수 있듯이 권력을 등에 업은 어마어마한 대량살상과 법의 탈을 쓴 흉악한 범죄는 그릇된 신념을 가진 사람들에 의해 저질러졌다. 그래서인지 정치적인 영역에서 비타협적인 신념은 오히려 독재를 연상시키고 많은 억울한 사람을 양산하는 위험한 문구가 되어버렸다.

　자유민주주의 사회의 존립 근거이자 가장 큰 경쟁력은 다양한 견해를 수용한다는 것이다. 그 견해들이 자유로운 경쟁을 펼쳐 다수의 지지를 얻는 쪽이 정책으로 연결되어야 한다. 국론 통일과 일치단결을 내세워 효율성을 추구하는 것은 결론이 내려진 이후의 일이다. 자유로운 경쟁이 보장되지 않고 애초부터 정해진 하나의 답만 강요하는 것은 억울한 사람을 양산할 뿐만 아니라 그 자체로 경쟁력도 없고 자발적인 협조도 얻을 수 없다.

개인도 마찬가지이다. 세상이 돌아가는 데 늘 하나의 옳은 답이 있다고 고집하는 태도는 그 견해를 관철시키는 경우 주변에 원한을 가진 사람을 만들어내고, 반대로 견해를 인정받지 못한 경우 스스로 억울한 심정을 자초하게 된다.

그런데 우리는 어려서부터 하나의 옳은 답이 있다고 지나치게 믿고 살아왔다. 시험에서도 항상 하나의 정답을 찾아야 했다. 생각이 다른 사람을 보면 비난하고 사회 부적응자로 치부하는 경우가 너무 많았다. "나는 당신의 의견에는 동의하지 않지만, 당신의 말할 권리를 위해 죽을 때까지 싸우겠다"[5]는 유명한 말은 너무 먼 나라 이야기이다. 이러한 사회적 분위기 때문에 우리나라에서 유독 억울한 사람이 많이 생기고, 스스로 억울하다고 느끼는 사람도 많아진다고 생각한다.

대학의 인문계 학과에 들어가서 가장 적응하기 어려웠던 점은 대부분의 주어진 문제에 정답이 없다는 것이었다. 자기 자신의 주장과 논리를 어떻게 전개하느냐, 그리고 그 배경지식이 어느 정도냐에 따라 실력을 인정받을 뿐 답은 관건이 아닌 경우가 많았다. 정답을 맞히도록 훈련받아온 학력고사 세

---

5 프랑스의 철학자 볼테르가 한 말로 알려져 있으나, Evelyn Hall이라는 영국 작가가『The Friends of Voltaire』라는 책에서, Helvetius가 쓴 『정신론(De l'esprit)』에 대한 볼테르의 태도를 이렇게 표현한 것이다. 영어 원문은 "I disapprove of what you say, but I will defend to the death your right to say it."이다. 영국 작가가 쓴 것이기 때문에 영어 원문이 있을 뿐 프랑스어 원문은 없다.

대에게 정해진 답이 없다는 것은 매우 당혹스러운 일이었다. 수업 시간에도 가장 개운하지 못한 것이 교수님들이 매번 기존의 일반적인 이론이나 대립되는 견해에 여러 가지로 문제 제기만 해놓고 결론을 내려주지 않는다는 것이었다. 그래서 학생들이 결론이 어떻게 되느냐 정답이 무엇이냐 하고 질문하면, 교수님들은 논리와 정당성을 따져 고민하지 않고 그냥 답을 찾아 외우려고만 한다며 꾸짖기도 했다. 그리고 문제에 대해 답이 하나가 아니라는 사실을 깨달아가면서 사회과학도가 되는 것이라고 덧붙이시곤 했다.

우리나라에서 130만 권 이상이 팔렸다는 『정의란 무엇인가』라는 책이 있다.[6] 하버드대학에서 인기 있는 강의로 꼽혀온 마이클 샌델 교수의 '정의(justice)'라는 강의 내용을 책으로 엮은 것이다. 인문학 서적이 그해 베스트셀러 1위에 오른 것은 가장 유명한 서점에서 베스트셀러를 집계한 지 30년 만에 처음 일어난 일이라고 한다. 이 책은 아리스토텔레스부터 제러미 벤담, J.S. 밀, 임마누엘 칸트, 존 롤스에 이르기까지 고대부터 근현대 정치철학의 핵심 이론을 넘나들면서 정의의 본질을 설명하고 있다.

---

6 이 책은 미국에서 10만 부 정도 판매되어 베스트셀러 중 상위권은 아니었고, 그 외 다른 나라에서도 번역되었지만 크게 주목받지 못했다. 마이클 샌델 교수는 원래 공동체주의 정치철학에 관한 대단한 이론가 중 한 명이지만, 이 책이 초특급 베스트셀러가 된 경우는 한국이 유일하다. 책 출간 이후 샌델 교수는 수차례 한국을 방문해 강연하기도 했다.

그런데 나는 이 책을 끝까지 읽었어도 정의가 무엇인지 도무지 알 수가 없다. 다양한 사례와 학자들의 견해, 그리고 저자의 문제의식이 나열되어 있을 뿐 그중 어느 주제에도 명확한 답이 없는 것 같다. 그 책에서 인상적으로 기억에 남는 것이 있다면 저자가 공리주의를 비판한 것과 제러미 벤담의 시신이 방부 처리되어 런던대학 유니버시티 칼리지의 유리 안에 앉아 있다는 사실 정도이다. 이 어렵고도 결론이 명쾌하지 않은 책을 그렇게 많은 사람들이 샀다는 것을 이해할 수 없고, 그중 몇 명이나 끝까지 읽었을지도 의문이다.

사회과학이라는 것이 이렇다. 그렇다고 사회과학의 기본이 되는 철학이나 인문학이 현실과는 동떨어진 사변적인 논쟁과 지적인 유희만 즐기고 있는 것일까? 결론을 말하자면, 결코 그런 것 같지는 않다. 『정의란 무엇인가』라는 책은 이미 그 제목 하나만으로도 수많은 한국 사람을 매료시켰다. 이 책의 제목과 목차만을 훑고 지나갔던 사람들도 기존에 간과하거나 의문 없이 받아들였던 문제들에 대해 '사회적인 틀에서 과연 정의로운가?'라는, 말하자면 한 차원 높은 단계의 고민을 가끔 할 것이다.

그리고 그 책을 조금이라도 읽은 사람이라면 어떤 사안에 대해 항상 답이 하나만 있는 것은 아니라는 것을 이해하게 될 것이다. 생각하기에 따라 그 견해가 옳을 수도 있고 그를 수도 있고, 쟁점에 대한 정답이 있을 수도 있고 없을 수도 있다는 것을 인식하는 것은 그 자체로 의미가 크다. 그 정도로도 이 책은 효용을 충분히 발휘한 것이니, 특급 베스트셀러가 된 현상을 단지 냉소적인 눈으로 바라볼 일은 아니다.

아리스토텔레스나 칸트의 이론이 중요한 것이 아니라 생각의 틀, 쟁점에 접근하는 태도, 그리고 다양한 결론이 있을 수 있다는 점을 깨닫는 것이 이 책에서 결국 얻어야 할 것이라고 믿는다. 대학을 졸업할 무렵 교수님들이 그간 배운 이론은 모두 잊히고 결국 평생에 걸쳐 남는 것은 사회학적 상상력과 사회과학의 방법론이 될 것이라고 말씀하신 것도 그런 맥락이었던 것 같다.

사회과학으로서의 법학도 마찬가지이다. 항상 정해진 하나의 답만 있는 것이 아니다. 법학 교과서 역시 법조문과 이를 둘러싼 수많은 학설 간 대립으로 구성되어 있다. 통설과 판례, 다수설과 소수설 등의 법리를 설명하고 비판하는 것이 책의 대부분을 차지한다. 시험문제도 늘 사례나 쟁점을 제시한 뒤 이를 비판하고 자신의 견해를 제시하라는 식으로 나온다. 객관식 시험에서는 통설과 다수설, 소수설 식으로 구분하는 것이 불분명하기 때문에 대부분 대법원 판례의 태도를 묻거나 법조문을 분석하는 유형의 문제가 나온다.

재판에서도 결론이 명백한 경우는 생각보다 많지 않다. 대립되는 여러 가지 견해가 있을 수 있고 저마다 논리와 정당성이 있다. 견해는 자신이 처한 입장에 따라 주로 구분되지만, 평소에 가진 사상이나 취향에 따라 달라지기도 한다. 대법원이나 헌법재판소에서도 치열한 논쟁을 거쳐 다수를 차지하는 견해가 판결의 주문을 구성한다. 간혹 이유의 끝부분에 제시된 소수설이 논리적으로 더 정치(精緻)하고, 학자들이나 여론에서는 그것이 더 옳다고 주장하는 경우도 있다.

재판이 학문과 다른 점은 각각의 정당성을 가진 견해가 대립할 때 단지 그 장단점을 지적하는 것이 아니라 반드시 그 사건에 대한 결론을 내주어야 한다는 것이다. 이 경우 어지간히 설득력 있는 판결이 아니고서는 반대 견해를 가진 사람을 승복시키지 못한다. 간혹 재판부의 판단을 겸허히 받아들이겠다고 말하는 사람이 있기도 하지만, 대부분은 여러 가지 이유를 들어 억울함을 거두지 않는다.

그런데 재판에서 옳고 그름에 대한 판단이 절대적인 것이 아니라고 해서 잘못된 주장과 판단이 쉽게 합리화될 수 있다는 것은 아니다. 이는 사회과학에서 절대적인 진리를 찾기는 어렵지만 그 사회를 구성하는 일반인들이 보편적으로 생각하는 진리는 분명히 있다고 말하는 것과 같은 맥락이다. 다만 애초에 정해진 답이 하나만 있는 것은 아니라는 것이다.

예를 들면 도둑질을 하거나 사람을 죽인 사람은 당연히 벌을 받아야 한다. 이것은 보편적인 진리이다. 하지만 그 사람이 어느 정도의 벌을 받아야 하는지에 대해 정해진 답은 없다. 그렇다고 해서 돈 1만 원을 훔친 사람에게 징역 5년을 선고하거나, 묻지 마 살인을 한 사람에게 집행유예를 선고한다면 대부분의 사람들이 납득하지 못할 것이다. 보편적인 상식에 어긋나기 때문이다. 그래서 판결에 정답은 없지만 허용될 수 있는 재량과 정당성의 한계는 있고, 그 기준은 보편적인 상식이라고 할 수 있다.

민주 사회에서 견해의 대립이 있을 수 있다는 것은 모든 판단의 기본 전제가 되어야 한다. 따라서 생각과 행동방식이 다수의 사람들과 다르다는 이유만으로 불이익을 받아서는 안 되고, 개인의 자유는 공동체에 해를 끼치지 않는 한 최대한 보장되어야 한다. 이것이 다원화된 사회에서 소수자의 억울함을 최소로 줄이는 길이다.

자유에 관하여 가장 대표적인 견해인 존 스튜어트 밀이 『자유론』에서 밝힌 핵심 주장은, 사람들은 남에게 해를 끼치지 않는 한 원하는 것은 무엇이든 자유롭게 할 수 있어야 한다는 것이다(이른바 'Harm Principle'). 여기에서 민주 사회가 용인할 수 있는 자유의 한계가 자연스럽게 도출된다. 바로 남에게 해를 끼치지 말아야 한다는 것이다.

재판에서 역시 견해의 대립, 입장의 차이, 행동방식의 차이가 있다는 이유만으로 불이익을 받거나 가혹한 처벌을 받아서는 안 된다. 남과 다른 생각을 하게 된 근거, 구별되는 행동을 하게 된 이유, 그러한 행동을 할 수밖에 없었던 배경과 환경 등이 소상하고 공정하게 검토되어야 한다.

물론 견해의 대립으로 포장되는 사악함이 결코 자유라는 이름으로 정당화될 수는 없다. 사상과 행동의 자유와 처벌받아야 할 범죄의 경계는 결국 보편적인 상식에 비추어보았을 때 정당한 이유 없이 남에게 해를 끼쳤는지 여부라고 할 수 있다.

이런 것들을 논리적으로 설명하고 체계화한 것이 법리이기 때문에 법은 한 시대가 지닌 상식이라고도 한다. 그리고 법리는 살아 움직이는 것이기 때문에 시대 상황과 구성원들의 정서에 따라 다수설과 소수설은 언제든지 뒤바뀔 수 있고, 보편적인 상식 역시 영원한 것은 아니다.

그래서 견해의 대립이 있을 만한 사건에서는 판단하는 사람의 열린 시각이 기본 전제가 되지만, 그에 못지않게 중요한 것이 당사자가 얼마나 성의 있는 자세와 설득력 있는 논리로 자신의 억울함을 정확하게 설명하는지 여부이다.

넘을 수 없는 벽,
입장의 차이

사건의 직접 당사자가 되면 객관적인 판단력을 상실한다. 자신이나 가족의 사건을 이야기할 때 모든 사람에게 공통된 현상이 있다. 평소에 대단히 점잖은 사람도, 논리적인 사람도, 모두 나보다는 남 탓을 먼저 하고, 몇 번이고 했던 말을 또 하기를 반복하고, 별 관계 없는 사정을 나열하면서 내 사건은 일반적인 경우와 다르다고 말한다.

법률가들도 마찬가지이다. 평소에 수없이 다루어봤던 유형의 사건도 자기 자신 또는 주변 사람의 문제가 되면 판단이 흐려진다. 비교적 단순한 사례도 내 문제가 되면 뭔가 특별히 고려해야 할 사유가 있는 것 같고, 반대로 중대한 사건도 가까운 사람이 연루되면 억울하게 부풀려진 것처럼 생각된다. 의사들도 이른바 'VIP 신드롬'이라고 해서 친인척이나 특별히 관심을 기울인 환자에게 뜻밖의 실수를 하는 경우가 있다고 한다.

그런데 그간의 경험에 비추어 볼 때, 친구나 가족들이 법률적 조언을 구해오면 오히려 단순명료하게 통상의 결론은 이렇게 되고 일반적인 대응 방식은 이렇다고 말해주는 편이 낫다. 하지만 주변 사람들에게 단순명료한 답을 해주면 대부분은 서운함을 감추지 못한다. 내심 뭔가 특별한 해결책을 바라면서 묻는 경우가 많은데 정작 그런 것은 제시해주지 않고, 온갖 많은 사연이 담겨 있는 사건을 성의 없이 단순화시킨다고 생각한다.

입장에 따라 생각이 달라지는 현상은 판사들도 가끔 겪는다. 판결을 쓰는 과정까지 고심에 고심을 거듭하는 사건인데도 판결문을 완성해놓고 보면 내가 왜 그런 고민을 했는지 의심스러울 만큼 내 판단이 맞는 것 같고, 항소심에서도 웬만해서는 뒤집힐 것 같지 않다. 결론을 내리기 전까지는 객관적 입장이었지만 어느 쪽의 손을 들어준 다음에는 더 이상 객관성을 유지하기 어려운 것이다.

검사들도 일반 형사부 사건에서 기소나 불기소 결정을 할 때는 고소인의 주장이나 경찰의 수사 결과에 대해 객관적인 판단자 역할을 한다. 그런데 특수나 공안 사건 같이 검사가 사건을 발굴해내는 사건이나 사회적 이목이 집중되는 사건을 다룰 때는 수사의 성패에 자신의 명운을 걸기 때문에 일반 형사사건만큼의 객관성을 기대하긴 어렵다. 법정에서 피고인이나 변호인이, 수사과정에서 무죄가 될 만한 증거가 나왔는데도 검사가 불리한 증거만 골라서 제출했다고 주장하는 경우가 종종 있고, 실제로 수사기록에서 피고인에게 유리한 증거를 뒤늦게 찾아내는 경우도 있다.

사람이 자신이 처해 있는 입장에 따라 사뭇 다른 사고와 판단을 하는 것은 인지상정(人之常情)이다. 제아무리 훌륭한 인격을 갖추고 논리적인 사고력을 가진 사람도 절대로 예외가 아니다. 남녀간의 입장 차이는 '화성에서 온 남자, 금성에서 온 여자'라는 표현이 관용어가 될 만큼 심하다. 국가 안에서 진보와 보수의 입장 차이가 얼마나 큰지는 지난 탄핵 정국 이후 수년 동안 벌어진 일련의 사태를 통해 온 국민이 실감할 수 있었다.

국가 간의 이권 다툼이나 힘겨루기 양상은 역사적인 사실마저 왜곡할 때가 많다. 그 밖에 종교 간, 인종 간, 계급 간, 지역 간, 세대 간 대립으로 대표되는 사회세력 간의 입장의 차이는 애초에 논리적으로는 설득이 불가능한 부분인지도 모른다. 아무리 합리적인 이유를 가져다 대고, 이건 입장의 차이의 문제가 아니라 옳고 그름의 문제라고 설득해도 좀처럼 어느 한쪽이 수긍하려 들지 않는다. 이처럼 입장의 차이는 객관적인 사실관계와 합리적인 논리를 뛰어넘는 무서운 함정이다.

여기서 어떠한 갈등상황이 발생했을 때 객관적이고 합리적인 판단을 하기 위한 필요조건이 나온다. 바로 판단하는 사람이 어느 한쪽의 입장에 서면 절대 안 된다는 것이다. 그래서 공직을 맡은 사람들에게는 대통령부터 지방직 공무원에 이르기까지 모두 객관의무가 반드시 요구되는 것이고, 법관의 경우 사건 당사자와 일정한 관계가 있을 때 직무집행에서 당연히 배제되는 제척(除斥) 규정, 당사자가 법관에게 공정한 재판을 기대하기 어려운 사정이 있을 때 하는 기피(忌避)신청, 그런 사유가 있을 때 법관이 스스로 회피(回避)하는 제도 같은 것들이 있다.[7]

그런데 사회문제 중에서는 판단자 역할을 해 줄 객관적인 사람들이 있을 수 없는 쟁점들이 있다. 예를 들면, 남녀간의 대립 같은 것들이다. 이런 문제는 누구든 어느 한쪽에 속해 있기 때문에 객관적인 판단을 해 줄 사람이 애초에 없는 것이다.

이런 맥락에서 어떤 사회문제가 발생했을 때 사회세력을 이분법적으로 나누어 옳고 그름을 따지려고 하는 것은 본질적으로 원만한 해결책을 찾고자 하는 태도가 아니다.

---

7 민사소송법 제41조 내지 제49조, 형사소송법 제17조 내지 제24조

예를 들면, 경제 문제를 항상 부자와 가난한 사람의 대립으로 단순화하고, 부동산 관련 이슈를 유주택자와 무주택자 입장으로만 양분하고, 노동이나 고용 문제를 다룰 때도 노동자와 사용자, 정규직과 비정규직의 갈등으로 일도양단(一刀兩斷)하는 방식 같은 것들이다.

대부분의 사회문제에서 원인과 해결책이 그렇게 단순하게 정리되는 것이 아닐 뿐만 아니라 그런 식으로 문제에 접근하면 중간에서 판단자 역할을 할 사람들이 사라져버리기 때문에 양측이 수긍할 만한 해결책은 결코 나올 수 없는 구도가 된다.

여기서 사회세력간 대립하고 갈등할 여지가 있는 사회문제가 발생했을 때 원만하고 합리적으로 해결하기 위한 바람직한 방향도 하나 도출할 수 있다. 갈등관계에 있는 사회세력을 되도록 이분법적으로 나누지 말고 중간지대를 남겨놓아야 한다는 것이다. 사회에 대하여 다소라도 책임감을 가진 사람이라면 마땅히 이런 노력을 해야 한다.

물론 사회문제에 따라서는 원만하고 합리적인 해결이 미봉책(彌縫策)에 불과한 때가 있고, 가히 혁명이라고 불릴 만큼의 근본적인 변화가 필요한 시점에서는 이런 양자택일이 불가피할 수 있다. 그러나 그 효용 역시 해체의 이데올로기로서 작용할 때에 한정되고, 재구성 단계에서는 역기능을 할 뿐이다.

국가나 사회에서 발생하는 여러 종류의 갈등에 대하여 일관된 하나의 입장에 서서 옳고 그름을 재단하려는 사람들이 많다. 특히 정치적 견해를 보수냐 진보냐 택일하라고 요구하는 사람들이 많고, 놀랍게도 많은 사람들이 남들은 어떤 일관된 정치적 성향을 가지고 있다고 믿거나 가져야 한다고 생각한다. 그런데 과연 얼마나 많은 사람들이 그렇게 뚜렷한 정치적 성향을 가지고 행동하는지 의문일 뿐만 아니라, 그런 식으로 행동하는 것이 바람직한지도 의문이다. 오히려 개별 쟁점에 따라 구체적인 타당성을 가려 객관적인 판단을 하는 사람들이 더 필요하고, 그런 역할을 할 수 있는 사람들의 폭이 넓은 사회가 성숙한 사회라고 믿는다.

　　한편 입장에 따른 견해의 차이와 옳고 그름의 문제를 명백히 구분하기 어려운 경우가 점점 늘고 있다. 가치관이 혼재된 시대가 되었고, 쟁점에 따라 옳고 그름을 쉽사리 하나의 잣대로 재기 어려운 경우도 많아졌고, 개인이나 사회세력의 개성을 상당 부분 포용하는 사회가 되었기 때문이다. 그런데 이런 현상을 지나치게 강조하다 보면 모든 가치가 상대주의로 흐르고, 그 와중을 틈타 분명히 옳고 그름의 문제인데도 마치 입장의 차이인 것처럼 포장하여 쟁점을 희석시키려는 사람들이 생긴다.

　　명백한 범죄와 불합리한 관행, 차별과 불평등, 편견과 선입

견 등의 문제를 마치 남녀 간의 차이, 지역 간의 대립, 계층 간
의 갈등, 정치적 견해로 인한 선택의 문제로 바꿔서 주장하는
것은 분명 잘못된 것이고, 그런 불순한 시도를 하는 사람들은
훨씬 더 심각한 비판과 응징을 받아야 한다.

누가
더 억울한가?

재판에서 일방적으로 어느 한쪽이 옳고 어느 한쪽이 그른 경우는 많지 않다. 명백해 보이는 사건이라도 깊이 파고들어 갈수록 저마다 억울한 구석이 분명히 있다. 원고의 소장을 읽어보면 피고가 아주 파렴치한 사람인 것처럼 생각되지만, 피고의 답변서를 읽어보면 원고가 완전히 거짓말쟁이인 것처럼 여겨지기도 한다. 다시 원고의 주장을 들어보면 피고가 엉뚱한 것을 가져다가 변명하는 것 같고, 피고의 항변을 들어보면 원고가 별것 아닌 것을 가지고 침소봉대한 것이 아닌가 하는 생각이 들기도 한다.

그래서 재판은 살아 움직이는 것이라고 한다. 이렇게 수차례 서면을 주고받고 법정에서 공방을 벌이고 제3자의 증언도

들어보고 해야 비로소 사건의 가닥을 잡을 수 있다. 한쪽의 말만 듣고 사건이 이런 것이려니 하고 지레짐작하는 것이야말로 법률가가 가장 경계해야 할 함정이다.

재판에서 입장의 차이를 단적으로 느낄 수 있고 견해의 대립이 있을 수 있는 민사와 형사 사례를 하나씩 살펴보겠다.[8]

A(女)가 직장 동료 B(男)의 부인인 C(女)를 상대로 접근 및 방해금지 가처분을 신청했다. C가 별다른 근거 없이 A와 B가 불륜관계라고 주장하면서 가족과 함께 있는 A의 집으로 찾아와 A를 폭행하고, 회사에도 찾아와 동료들이 보는 앞에서 망신을 주어 명예를 훼손했다는 것이다. A는 C가 당장이라도 다시 찾아올 기세이니 시급히 가처분으로써 접근을 금지하고 평온한 사생활을 방해하는 행위를 금지해달라는 것이다.

가처분이란 본안소송의 판결이 나기 전에 한쪽의 소명자료를 보고 긴급하게 현상을 보전하거나 임시로 법률상의 지위를 정하는 것을 말한다. 이런 가처분을 '인용(신청인의 주장을 받아들이는 결정)'하면 통상 이를 강제하기 위해 위반행위 1회당 돈 얼마를 지급하라는 식의 '주문(主文. 선고할 때 읽는 판결의

---

8 실제 재판 사례를 그대로 쓰는 것은 적절하지 않으므로 쟁점의 본질에 어긋나지 않는 부분을 다소 각색했다.

결론으로, 강제력을 갖는 부분)'이 나간다.

그런데 법정에 출석한 부인 C가 하는 말은 전혀 다르다. C는 남편 B와 A는 불륜관계가 명백하다고 하면서 남편과 이혼소송에 제출한 증거들을 내밀었다.

먼저 남편 B가 모텔에서 10여 차례 카드로 결제한 내역을 제시했다. 이에 대해 A는 모텔에 자기와 같이 갔다는 증거가 있느냐고 따졌다. 다음으로 연인들 사이에서나 주고받을 법한 문자 메시지가 다수 나왔다. 이에 대하여도 A는 그것이 어떻게 부정행위가 되느냐고 다투었다.

그리고 몇 개월간의 통화내역도 제시했다. 거의 날마다 A와 남편은 통화했고, 하루에도 여러 번, 몇 시간씩 통화한 내역이 다수 나왔다. 또다시 A는 친한 사이라면 그 정도의 통화는 할 수 있는 것 아니냐고 했다.

간통죄[9]가 있던 시절의 형사재판에서라면 불륜의 정도를 넘는 간통행위를 했는지 여부는 죄의 성립 여부를 좌우하는 중요한 문제이므로 A가 끝까지 다투어볼 수는 있겠다. 하지만 카드 결제 시각 무렵에 집중적으로 통화내역이 나오는 것 등

9 구 형법상의 간통죄[제241조(간통) ① 배우자 있는 자가 간통한 때에는 2년 이하의 징역에 처한다. 그와 상간한 자도 같다]는 헌법재판소의 2015년 위헌 결정 [2015. 2. 26. 2009헌바17 등(병합)결정]에 따라 2016년 1월 6일 형법에서 삭제되었다. 간통죄는 단순히 불륜이나 부정행위가 아니라 성교행위를 요건으로 하고, 개별 성교행위마다 1개의 죄가 성립되기 때문에 실제 그 행위가 있었는지 여부는 간통죄의 중요한 쟁점이었다.

C가 제출한 증거를 모아서 보면 적어도 A와 B가 불륜관계라는 점은 부정하기 어려운 사안이다.

그렇다고 불륜녀의 집에 찾아가 부모가 보는 앞에서 그녀를 폭행하고, 직장에도 찾아가 망신을 주는 것이 정당한 행위인가? 일반적인 감정에 비추어보면 바람난 남편의 부인이 불륜녀를 찾아가 머리끄덩이를 잡는 것이 심하게 비난받을 만한 행동은 아니다. 하지만 법적인 견지에서 그러한 행위를 계속 방치할 수는 없는 것이다. 만약 C가 계속해서 A를 찾아갈 듯한 태도를 보인다면 당연히 금지시켜야 한다. 그리고 나머지는 정당한 법적 절차에 따라 해결할 문제이다. 실제로 C는 A를 상대로 손해배상 청구 소송을 냈고, A는 C를 상대로 폭행과 명예훼손 등 형사고소를 했다.

C에게 다시 찾아갈 생각이 있느냐고 물었다. C는 그 당시에 화를 주체할 수 없어 찾아갔지만 지금 와서는 다시 찾아갈 이유가 없다고 했다.

이에 C가 찾아가지 않겠다는 마당에 굳이 가처분 결정을 받을 이유가 있느냐고 A에게 물었다. 하지만 A는 C가 말은 저렇게 하지만 너무 불안해서 살 수가 없으니 일단 가처분 결정을 해달라고 했다.

C에게 당신은 이왕 찾아가지 않겠다는 입장이니까 위반 행위 시 10만 원 정도로만 해서 접근 및 방해금지를 받아들이면 어떻겠느냐고 물었다. C는 이혼소송을 냈다가 본인은 취하했

는데 남편 B가 오히려 부동의해서 계속 진행 중이고, 손해배상 소송에서도 불리하게 작용할 것 같으니 그건 수용할 수 없다고 했다.

그럼 사안의 성질상 어느 한편의 손을 들어주기 곤란하니, 혹시 서로 접근하지 않는 것으로 조정하면 어떻겠느냐고 물었다. A가 왜 상대방이 신청도 하지 않은 내용을 결부시키느냐, 자기는 찾아간 적도 없으니 신청된 내용에 대해서만 시급하게 결정해달라고 했다.

어쩔 수 없이 누군가의 손을 들어줄 수밖에 없는 사건이다. 법적인 용어로 설명하자면 A에게 평온한 사생활을 보호받을 피보전 권리[10]는 일단 있어 보였다. 쟁점은 결국 시급히 그 행위를 금지시켜야 하는가, 즉 가처분으로써 보전해야 할 필요성이 있는가였다. A가 얄밉기는 하지만 나름 억울한 구석과 보호받을 법익이 있고, C가 다시 찾아가거나 연락할 가능성을 완전히 배제할 수 없었다. 반면 C가 한 행동이 과한 측면이 있지만, 그 분한 심정에 동조할 수 있고, 재발 가능성은 높지 않을 것 같다. 이럴 때 어떤 결정을 해야 하는가?

---

10 본안소송에서 주장할 수 있는 실체적인 권리로, 가처분으로 보전해야 할 권리를 가리킨다. 가처분에서는 피보전 권리뿐만 아니라, 본안소송 이전에 시급히 보전해야 할 필요성이 있어야 하는데, 이를 '보전의 필요성'이라고 한다. 통상 가처분 신청 사건에서는 이 두 가지 요건을 심사하여 가처분 발령 여부를 결정한다.

다음은 벌금 50만 원의 약식명령에 대해 피고인이 이의를 하여 무죄를 다투는 사건이다. '약식명령'이란 공판 절차 없이 서면 심사만으로 벌금, 과료, 몰수에 처하는 약식절차에서 판사가 형을 정해 고지하는 명령을 말한다. 검사가 원하는 형을 기재하여 약식으로 기소하면서 기록과 함께 제출하면 판사가 서면으로만 심사해 약식명령을 발령하고, 검사나 피고인이 고지받은 후 7일 이내에 이의하지 않으면 확정되어 판결과 동일한 효력이 있다.

이 사건은 피고인과 피해자의 태도도 비타협적이고, 판단도 고민스러운 경우이다. 피고인은 40대 남성 종교인이고, 피해자는 30대 여성이다. 공소사실의 요지는 다음과 같다.

피고인이 종교시설 부설 공부방 교사로 취업하기 위해 찾아온 피해자(女)와 면담하던 중 "악령이 붙었으니 치료해주겠다"고 했다. 그녀가 이를 거부하고 "화장실로 가겠다"고 하면서 나가려고 하자, 피고인은 화장실 앞까지 따라가 "화장실 문 앞에 서 있겠다"고 말했다. "그만 보내줘요" 하고 말하는 그녀에게 "안 돼, 들어가"라고 소리를 치는 등 약 3분간 피해자를 밖으로 나가지 못하게 했다. 피해자가 엘리베이터를 타고 가려 하자 피고인은 엘리베이터 앞에 서서 버튼을 눌러 엘리베이터가 내려가지 못하게 하는 방법으로 약 7분간 엘리베이터 밖으로 나가지 못하게 했다. 이로써 약 10분간 피해자를 감금하였다.

　피고인의 주장은 이렇다. "피해자를 감금하고자 하는 의도
는 전혀 없었다. 종교인으로서 직업적 양심상 악령이 붙은 피
해자를 그냥 보낼 수 없고 영적인 치료를 해야 한다고 생각
했다. 이런 행동이 죄가 되리라고는 생각하지 못했기 때문에
112에 신고하는 것을 말리지 않았다. 피해자를 잡아둔 시간
은 10분 정도에 불과해 감금이라고 하기도 어려운 짧은 시간
이다"라고 했다. 이를 법적인 용어로 정리하면, 감금의 고의가
없었고, 위법성의 인식도 없었으며, 직업상의 정당행위이거나
사회상규에 어긋나지 않는 경미한 행위라는 것이다.[11]
　하지만 피해자의 말은 다르다. "종교적 목적으로 상담하러
간 것이 아니라 단지 취업을 위해 면접 보러 갔다. 피고인이
처음부터 공부방 교사 면접과 상관없는 개인적인 사항이나
사생활에 관해 집요하게 캐물어서 피해자는 여성으로서 수치
심을 느꼈다. 평소 정신적으로 아무런 문제가 없었고, 약간의
스트레스를 받는 일이 있었을 뿐 악령이 붙었다는 것은 터무
니없는 말이다. 피고인의 태도나 말에 너무 겁이 나서 명시적
으로 거부하고 집에 가겠다는 의사를 여러 차례 표시했다. 심

---

11 형법 제20조(정당행위) 법령에 의한 행위 또는 업무로 인한 행위 기타 사회상규
에 위배되지 아니하는 행위는 벌하지 아니한다.

지어 112에 신고하는 순간까지도 피고인이 보내주지 않았고, 실제로는 10분이 훨씬 넘는 시간 동안 나가지 못하게 했다"고 했다.

감금죄[12]는 사람의 신체적 행동의 자유를 보호하기 위해 범죄로 규정한 것이다. 자유를 박탈하는 것은 전면적일 필요는 없고, 사람을 특정한 구역에서 나가는 것을 불가능하게 하거나 또는 심히 곤란하게 하는 유형력뿐만 아니라 무형의 억압이 있을 때에도 성립한다. 신체적 거동의 자유를 완전히 침해하여 가두는 것이 아니라 이 사건과 같이 일정한 장소에서 상당한 시간 동안 나가지 못하게 강요해도 감금죄의 구성요건에 해당한다.

그런데 형사처벌이 기본적으로 비난받을 만한 행동에 대한 제재라는 측면에서 보면, 피고인이 종교인의 소명의식에서 그와 같은 행위를 했다면 유죄로 판단하는 데에는 무리가 있을 수 있다. 하지만 정신질환이 명백하지 않은 피해자가 명시적으로 거부하는데도 10여 분간 이러한 행위를 한 것에 대해 과연 면죄부를 줄 수 있는가?

이 두 가지 민·형사 사례에 관해 주변 사람들에게 어떤 결

---

12 형법 제276조(체포, 감금) ① 사람을 체포 또는 감금한 자는 5년 이하의 징역 또는 700만 원 이하의 벌금에 처한다.

론을 내려야 할 것인지 의견을 물어보았다. 두 사건 모두 법률가가 아닌 사람들은 거의 반반으로 의견이 갈렸다. 법률가 중 2/3 정도는 나와 의견이 같았지만, 반대로 결론 내리겠다고 하는 사람도 1 /3 정도는 되었다.

결국 이런 경우 법관이 어떠한 결론을 내리든 딱히 비난받을 만한 판결은 아니라고 할 수 있다. 반면, 불리한 결과를 받아 든 사람은 쉽사리 수긍하지 않을 것이니 법관의 고민은 더 커질 수밖에 없다.

이 사건들에서 어떤 점들에 더욱 주목해 결론을 내렸는지는 이 책에서 제시하는 여러 가지 쟁점들에 관해 두루 살펴본 후 마지막 장에서 밝히기로 하겠다.

비례의 원칙,
징역 7년이 정당한가?

장발장(Jean Valjean)은 굶주린 조카들을 위해 빵 한 조각을 훔친 죄로 19년 동안 노역형을 살았다. 상식적으로 납득이 되지 않는 한 인간의 불행을 배경으로 명작 『레미제라블(Les Misérables)』이 탄생했다.

비록 소설 속 이야기이지만, 절도범 장발장에 대해 그 정도의 형을 부과하는 것이 정당한가 하는 문제의식을 법률적으로는 '비례의 원칙' 또는 '과잉금지의 원칙'이라고 하고, 사회과학에서는 '합당한 정의의 실현인가?'라고 한다.

물론 죄를 지은 사람이 자신의 형량이 합당하다고 겸허하게 받아들이는 경우는 많지 않다. 그래서 법관이 피고인까지 승복하는 판결을 하기는 어렵고, 항상 그런 판결을 하려고 하는 태도도 바람직하지 않다. 반대의 경우 피해자가 억울해하고 사회 구성원들의 의사에 반하기 때문이다. 결국 법관은 죄에 대해 법률로써 정해진 범위 내에서 그 사회의 일반인이 생각하기에 가장 수긍할 수 있는 벌을 정해야 한다.

그런데 겉보기에 비슷한 범죄라고 하더라도 죄를 저지른 사람의 됨됨이나 사건의 배경과 죄질은 제각각이다. 그리고 그것을 평가하는 법관의 성향에도 차이가 있기 때문에 유사한 범죄라도 형량에는 다소 폭이 있을 수밖에 없다. 그 범위를 되도록 좁히기 위해 범죄를 여러 측면에서 세분화해 데이터베이스를 만들기도 하고 권고형의 범위를 양형 기준으로 정해놓기도 한다.

이렇듯 잘못을 저지른 사람이라고 해도 그에 합당한 벌을 가하는 것은 본질적으로 쉬운 일이 아니다. 그뿐만 아니라 가끔은 구조적으로 어려운 재판도 있다. 자주 발생하는 사건 중 법률가들이 매우 곤혹스러워하는 강도상해죄의 예를 통해 살펴보겠다.

피고인 A는 주점에서 취하도록 술을 마셨고 술값이 27만 원 나왔다. 술집 주인이 술값을 현금으로만 받겠다고 했다. A는 주인과 함께 인근 현금인출기 쪽으로 걸어가다가 갑자기 술집 주인을 주먹으로 때리고 발로 차서 2주간 치료가 필요한 염좌상 등을 입히고 도망갔다.

검사는 피고인 A가 폭행으로 27만 원 상당의 재산상 이익을 취득하여 강도에 해당하고 그 과정에 상해까지 가했다는 이유로 강도상해죄로 A를 기소했다. 피고인 A는 가족과 함께 살면서 직장생활을 하는 50대 남자이고, 벌금형 3회와 10여 년 전 집행유예 전과가 1회 있다.

피고인 B는 동네 슈퍼마켓에서 담배 4포 18만 원 상당을 쇼핑백에 담아 훔쳤다. CCTV를 통해 피고인의 절도를 확인한 슈퍼마켓 주인은 그의 행방을 찾다가 200m 정도 떨어진 아파트 앞에서 피고인을 발견했다. 주인이 피고인의 멱살을 잡고 "이 도둑놈아!" 하고 소리치자, 피고인이 주인을 벽 쪽으로 세게 밀어 부딪혀 넘어지게 하고 도망갔다. 피해자인 슈퍼 주인은 4주간 치료기 필요한 찰과상과 염좌상을 입었다.

검사는 피고인 B가 절도한 물건을 빼앗기지 않고 도망가기 위해 폭행하여 준강도[13]에 해당하고, 그 과정에서 상해를 가했다는 이유로 강도상해죄로 기소했다. 피고인 B는 갓 스무살인데, 6개월쯤 전에 절도죄로 징역 1년에 집행유예 2년을 받아 집행유예 기간 중이고, 미성년 시절 소년보호 전과가 몇

---

13 형법 제335조(준강도) 절도가 재물의 탈환을 항거하거나 체포를 면탈하거나 죄적을 인멸할 목적으로 폭행 또는 협박을 가한 때에는 전2조(강도, 특수강도)의 예에 의한다.
형법 제333조(강도) 폭행 또는 협박으로 타인의 재물을 강취하거나 기타 재산상의 이익을 취득하거나 제삼자로 하여금 이를 취득하게 한 자는 3년 이상의 유기징역에 처한다.

차례 있다.

형법 제337조에 의하면, 강도상해죄는 무기 또는 7년 이상
의 징역에 처하게 되어 있다. 과연 피고인 A에게 징역 7년 이
상, 피고인 B에게 집행유예가 취소되는 징역 1년까지 포함해
징역 8년 이상을 살게 하는 것이 정당한가? 이 사건들은 모두
과장이 아니다. 우리나라 판사들이 대부분 경험해본 적이 있
는 재판 사례들이다.

일단 법관이 정상 참작할 만한 사유가 있는 때에는 형을
1/2까지 작량감경(酌量減輕)[14]할 수는 있다. 이에 따르면 피고
인 A와 B에 대한 형의 하한은 징역 3년 6월이 된다. 징역 3년
을 초과하는 경우 집행유예는 불가능하다.[15] 그럼 최하한으로
잡아도 피고인 A에게 징역 3년 6월, 피고인 B에게 징역 4년 6월
이 되는데, 이를 과연 수긍할 수 있겠는가?

어떻게 해도 형이 과중하다면 그건 기본적으로 강도상해죄
에 대한 형의 하한을 징역 7년으로 정한 것이 지나치다는 것
이다. 특히 살인죄의 하한이 징역 5년인 점과 비교해보면 더
욱 그렇다. 이에 관해 헌법재판소에서 위헌이라고 몇 차례 다

---

14 판사가 형량을 정할 때 정상에 참작할 만한 사유가 있다고 여기면 그 형을 감경
할 수 있다(형법 제53조). 이를 '작량감경'이라고 한다.
15 3년 이하의 징역이나 금고 또는 500만 원 이하의 벌금형을 선고할 경우에 정상
참작 사유가 있을 때 1년 이상 5년 이하의 기간 동안 형의 집행을 유예할 수 있다
(형법 제62조).

투어진 적이 있다. 하지만 2011년에도 재판관 전원의 일치된 의견으로 형법 제337조가 헌법 제37조 제2항의 과잉금지 원칙 및 헌법상 평등의 원칙에 위배되지 않는다고 결정했다.[16] 재판관 중 단 한 명도 이 조항을 위헌이라고 생각하지 않았다는 점이 좀 의외였다. 아마도 각종 형사특별법에서 형량을 이보다 높게 정한 경우가 많아서 강도상해죄의 징역 7년을 섣사리 위헌이라고 판단하기 어려웠던 것이 아닌가 생각한다.

어쨌든 이 두 가지 사건을 최대한 합리적으로 해결해야 한다. 일단 피고인 A의 경우 술에 취해 있었던 것은 분명하다. 피해자인 술집 주인이 증인으로 나와 피고인이 술이 많이 취해 제정신이 아닌 것 같았다고 진술했다. 술에 취해 사물을 변별하거나 의사를 결정할 능력이 미약한 상태였다고 인정했

16 헌법재판소 2011. 9. 29. 2010헌바346 결정. 이 결정 이유의 요지는 다음과 같다. 살인죄의 경우 범행의 동기 등 정상에 참작할 만한 사유가 충분히 있는 경우도 흔히 있고 그 행위 태양이 다양함에도 불구하고 단일 조항으로 처단하고 있어 형 선택의 폭을 비교적 넓게 규정한 것은 수긍할 만한 합리적 이유가 있고, 그와 비교할 때 강도상해죄는 행위태양이나 동기도 비교적 단순하여 죄질과 정상의 폭이 넓지 않고 일반적으로 행위자의 책임에 대한 비난 가능성도 크다고 할 것이므로, 강도상해죄의 법정형의 하한이 살인죄의 그것보다 높다고 해서 합리성과 비례성 원칙을 위배하였다거나 평등 원칙에 위반된다고 볼 수 없다. 그리고 어떤 범죄에 대한 법정형의 종류와 범위를 정하는 것은 기본적으로 입법자의 형성의 자유에 속하는 사항으로서, 강도상해의 범행을 저지른 자에 대하여는 법률상 다른 형의 감경 사유가 있다는 등 특단의 사정이 없는 한 장기간 사회에서 격리시키도록 한 입법자의 판단은 기본적으로 존중되어야 하므로, 이 사건 법률 조항은 형벌 체계상의 정당성과 균형성을 잃은 것이라 할 수 없다.

다. 심신미약[17] 감경을 하고 재차 작량감경을 하니 형의 하한이 1년 9개월이 되었다. 결국 피고인 A는 징역 3년에 집행유예 4년과 사회봉사명령 80시간을 선고받았다. 생각하기에 따라서는 이것도 가벼운 형은 아닐 수 있지만, 피고인 A는 실형을 면한 것만으로도 안도하고 항소하지 않았다.

사실 피고인이 술에 취해 있었다는 이유로 심신미약 감경을 하는 방법은 법에 정해진 형이 지나치게 높은 경우 그 하한을 줄이기 위해 실무상 주로 사용해온 방법이다. 이에 대해 형법상 심신장애 규정이 원래의 취지와는 달리 사용되고 있다는 비판이 있었다. 2009년에 J씨의 아동성폭력 사건이 큰 사회적 이슈가 되었다. 그때 1심 재판부가 피고인이 술에 취해 있었다는 이유로 심신미약 감경을 한 것이 뒤늦게 알려지면서 여론의 거센 비난을 받았다. 특히 그 사건 이후 법관들은 음주로 인한 심신미약을 예전처럼 폭넓게 인정하지 않는 경향이 있다.

하지만 앞의 사건에서는 실제로 피고인 A가 주점에서 술을 마신 것에서 사건이 시작되었고, 술에 취해 있었던 것도 분명한 데다 형을 감경할 이유도 충분했다. 심신미약 감경이 법의 취지에 맞아떨어지는 경우이고 필요한 기능을 한 것이라고

17 형법 제10조(심신장애인) ① 심신장애로 인하여 사물을 변별할 능력이 없거나 의사를 결정할 능력이 없는 자의 행위는 벌하지 아니한다. ② 심신장애로 인하여 전항의 능력이 미약한 자의 행위는 형을 감경한다.

할 수 있다.

　피고인 B는 좀 더 난감한 경우이다. 이제는 미성년자[18]도 아니고, 심신미약을 주장해볼 여지도 없고, 자수하거나 미수범도 아니어서 죄가 인정되면 법률상 감경을 받을 방법이 없다.

　피고인 B는 국민참여재판을 신청했다. 변호인은 피고인이 절도를 하면서 상해를 가한 것이 아니고 절도가 끝난 후 벌어진 일이기 때문에 준강도가 아니어서 강도상해죄가 되지 않는다고 다투었다. 피해자가 CCTV를 확인하여 비로소 피고인이 범인임을 알게 된 점, 절도 후 15분가량 지난 후에 200m 정도 떨어진 지점에서 피고인을 발견한 점에 비추어 사회통념상 절도행위는 완료되었다고 볼 여지가 충분히 있었다.[19] 배심원들은 9인 전원 일치로 강도상해죄는 무죄이고, 절도죄와 상해죄만 유죄라는 의견을 제시했다. 재판부도 이를 받아들여 절도죄 및 상해죄만 적용해 피고인을 징역 1년에 처했다.[20]

---

18 19세 미만의 자는 민법상 미성년자이자 소년법에서 정한 '소년'으로 형을 감경할 수 있고, 부정기형을 선고할 수 있다(민법 제4조, 소년법 제2조, 제60조).
19 형법 제335조 준강도죄는 절도범인이 절도의 기회에 재물 탈환, 항거 등의 목적으로 폭행 또는 협박을 가함으로써 성립되는 것이므로, 그 폭행 또는 협박은 절도의 실행에 착수하여 그 실행 중이거나 그 실행 직후 또는 실행의 범의를 포기한 직후로서 사회통념상 범죄행위가 완료되지 아니하였다고 인정될 만한 단계에서 행하여짐을 요한다(대법원1 999. 2. 26. 선고 98도3321 판결).
20 단순 절도죄와 상해죄는 형량의 상한만 정해져 있을 뿐 하한의 제한은 없다.

물론 이것도 적은 형은 아니다. 피고인은 결국 담배 4포 18만 원어치를 훔치고, 피해자에게 4주 상해를 가한 죄로 집행유예까지 취소되면 징역 2년을 살아야 한다. 하지만 집행유예 기간 중이어서 실형은 면할 수 없는 상황이고, 강도상해죄로 인정되는 경우와는 현저하게 차이가 나는 것이니 내심 가혹하다고 생각하겠지만 형량이 크게 잘못되었다고 할 수는 없을 것 같다.

그런데 만약 피해자가 즉시 피고인 B를 발견하고 추격하다가 맞아서 상해를 입었다면 어떻게 해야 할까? 절도가 완료되지 않은 상태에서 폭행했으니 준강도에 해당하고 상해까지 가했으므로 강도상해가 된다. 그런 사소한 차이 때문에 피고인 B를 결국 강도상해죄로 처벌할 수밖에 없다면 그것은 과연 정당한가?

그래서인지 실제 재판에서는 강도로 평가할 만큼의 폭행·협박[21]이라고 볼 수 없다고 하여 절도죄로만 처벌하는 예, 자

---

21 준강도죄의 구성요건인 폭행, 협박은 일반 강도죄와의 균형상 사람의 반항을 억압할 정도의 것임을 요하므로 일반적, 객관적으로 체포 또는 재물 탈환을 하려는 자의 체포 의사나 탈환 의사를 제압할 정도라고 인정될 만한 폭행, 협박이 있어야만 준강도죄가 성립한다(대법원 1990. 4. 24. 선고 90도193 판결 등). 예를 들면 절도범이 체포를 면탈할 목적으로 자기의 멱살을 잡는 피해자의 얼굴을 주먹으로 때려 넘어뜨린 경우에는 준강도죄의 폭행에 해당하는 데 반하여(대법원 1986. 11. 12. 선고 85도2115 판결), 절도범이 옷을 잡히자 체포를 면하려고 잡은 손을 뿌리치는 것만으로는 준강도죄의 폭행에 해당한다고 할 수 없다(대법원1985. 5. 14. 선고 85도619 판결).

연 치유되는 정도에 불과하여 상해로 볼 수 없다고 준강도로만 처벌해서 형량을 줄이는 예 등이 자주 생긴다. 이런 것까지 따져도 형을 낮출 근거가 없다면 그것은 강도상해죄를 피해갈 수 없는, 현행법상 적어도 징역 3년 6월은 받아야 하는 죄를 지은 것이니 그 형을 감수하는 수밖에 없다.

이런 현상은 꼭 강도상해죄에서만 일어나는 일이 아니다. 법에 정해진 형이 실제 느껴지는 죄질과 잘 맞아떨어지지 않는 때가 꽤 있다. 그래도 위헌으로까지 결정되는 경우는 많지 않기 때문에 법률가들은 구체적 타당성을 확보하기 위해 여러 가지 법률적인 방법을 모색하곤 한다. 가끔은 그것이 본질적인 방법이 아니라는 비판을 받기도 하고, 간혹 무리한 법 해석을 하다가 여론의 질타를 받기도 한다.

하지만 그 내막을 들여다보면 이 두 사건처럼 지나치게 높게 선고되는 형을 피하기 위해 부득이하게 그런 방법을 고려하는 경우가 많다. 실제로 누범,[22] 상습법이나 각종 특별법 규정 등 지나치게 높은 형의 범죄로 기소되면 재판정에서 본말이 전도되어 피고인의 죄상보다는 억울함이 더 부각되곤 한다. 앞에서처럼 일반인으로 구성된 배심원들도 비슷한 의견

---

22 형법 제35조(누범)는 금고 이상의 형을 받은 사람이 그 집행이 종료되거나 면제를 받은 후 3년 이내에 금고 이상에 해당하는 죄를 범한 경우를 말하며, 누범의 형은 그 죄에 정한 형의 장기의 2배까지 가중한다.

을 내는 것을 보면 법관이 형량을 정할 때 근거 없는 온정주의에 빠지거나 특정한 피고인을 봐주기 위해 무리한 방법을 쓰는 것이 아니라는 것을 알 수 있다.

범죄에 비례하는 형을 정하는 데에는 단지 배경지식과 법률적인 논리뿐만 아니라 인간적인 고뇌와 번민이 포함되어야 한다. 형을 정하는 것처럼 법관의 양심에 따른 합리적인 판단을 기대해야 하는 영역에서 법관을 믿지 못하고 재량을 지나치게 제한하면 억울한 사람이 다수 생길 수 있다.

그런데 우리나라에서 형량을 대폭 높인 형사특별법들이 자꾸 생기는 것은 국민의 공분을 사는 범죄가 많이 증가했기 때문이기도 하지만, 법관들이 솜방망이 처벌을 남발해 국민들로부터 신뢰받지 못한 업보라고 말하는 사람들도 있다. 하지만 앞서 든 두 가지 예에서 보듯 법관이 피고인들에 대한 기본적인 사실관계와 죄질을 좀 더 깊이 있게 살피지 않고 단지 공소장의 범죄 사실과 강도상해죄 법 조항이 맞아떨어질 수 있다고 하여 단호하게 징역 7년(작량감경하더라도 징역 3년 6월)이란 형량을 선고하는 것은 결코 정의로운 판단이 아니라고 생각한다.

사람은 누구나 잘못을 하고 산다. 잘못에 대하여는 적정한 제재를 가해야 하고, 범죄가 되는 잘못에 대한 형벌 역시 위법과 비례해야 한다. 그렇지 않으면 죄를 지은 사람이 반성하기는커녕 오히려 억울해하면서 세상에 대해 불만을 갖는다. 이러한 불만은 드물게 언론의 주목을 받기도 한다. 통상 지나치게 가벼운 처벌을 받았다고 여겨지는 몇몇 사건이 생길 때 형량이 높다는 반대 사례로 거론되면서 법관들의 판단을 비웃고 사법부 전체를 불신하는 분위기를 불러오는 것이다.

사형을
선고해야 하는가?

　역사상 살인으로 죽은 사람보다 국가에 의해 사형당한 사람이 더 많다는 말이 있다. 구체적으로 통계를 낼 순 없지만 전쟁을 빼고라도 나라마다 각종 정치적 격변기에 수많은 사람이 사형당했던 것을 생각해보면 일리 있는 말이라고 생각한다. 특히 억울한 사형수는 대부분 정치적 이유와 결부되었을 때 생기고, 통상 대량으로 발생한다. 개인이 아니라 세력끼리 부딪치고 승리한 세력은 반대파의 재기를 막고자 대부분 사형을 선택하기 때문이다. 재판 없이 즉결로 처형하는 경우가 더 많았다.

해방 후의 통계[23]를 보면 1997년까지 우리나라에서는 총 920명이 사형을 당했는데 그중 살인죄로 사형선고를 받은 사람이 562명으로 절반 이상을 차지했다. 국가보안법, 반공법, 긴급조치 위반 등으로 사형을 당한 사상·정치범도 254명이나 됐다. 그중 상당수는 최근 들어 법원에서 재심을 통해 무죄를 선고받기도 했다. 억울한 죽임을 당한 사람들이 많이 있었다는 것이다.

간첩죄로 사형에 처해진 사람도 43명이 있었는데, 1986년 이후로는 사상범이나 정치범이 사형에 처해진 경우는 없다고 한다.

이런 통계는 일반 법원의 사형선고와 집행에 관한 통계이고, 정부 수립 이후 군사법원에서 사형이 선고되어 집행된 수를 포함하면 1,634명에 이른다.[24] 그런데 솔직히 말하면 이보다 훨씬 심각한 수치가 숨어 있다. 6·25전쟁을 제외하고도 해방 후 한동안 1년에 수천 명에서 1만 명 이상의 국민이 좌익과 우익 양측 세력에 의해 살해되었다. 대부분 반대편에 가담했다는 이유였고 형식상 인민재판이나 군사재판 형식을 취한 경우도 있었지만 재판 없이 즉시 처형되는 경우가 더 많았다.[25] 이데올로기의 대립 속에서 1년에 처형당한 사람의 수가

23 2009년 법무부 국정감사 자료를 기초로 했다.
24 홍완식, 『법과 사회』, 건국대학교출판부, 2013, 257쪽.
25 대표적으로 1948년을 전후한 제주 4·3사건과 여수순천사건을 들 수 있다. 4·3사

2장 과연 억울한가?

105

해방 후 지금까지 정식재판을 받고 사형당한 사람의 수보다 훨씬 많다는 것은 시사하는 바가 매우 크다.

역사적으로 숱한 우여곡절을 겪었지만 어쨌든 우리나라에서는 1997년을 마지막으로 사형을 집행하지 않고 있다. 2020년 6월 기준으로 사형이 확정되고도 집행되지 않은 사람이 60명이다. 오랫동안 사형을 집행하지 않아 국제사면위원회(Amnesty International)에서는 우리나라를 사실상 사형폐지국으로 분류하고 있다.

어차피 사형을 집행하지 않을 거라면, 사형제도를 아예 폐지하는 편이 낫지 않을까? 하지만 그건 그렇게 간단한 문제가 아니다. 학계나 종교계를 중심으로 사형제 폐지를 주장하는 목소리가 높은 것 같지만, 막상 국민의 법 감정은 그렇지 않다. 우리나라에는 아직도 극악무도한 범죄자는 사형에 처해야 한다고 생각하는 사람들이 훨씬 더 많다.

시기에 따라 다르긴 하지만 여론조사를 해보면 대체로 60~70%의 사람들이 사형제도에 찬성한다. 가끔 흉악한 범죄

건의 희생자는 2만 5,000~3만 명으로 추정되고(제주 4·3사건 진상조사위원회의 진상보고 결과), 여수순천사건 희생자는 2,500명으로 추정된다. 물론 상당수의 사람들이 반란 세력에 의해 희생되기도 했지만, 당시 국가권력에 의해 법적 절차를 따르지 않은 처형 등 민간인 희생이 매우 컸다는 점에서 이 두 사건은 우리나라에서 대표적인 국가범죄로 꼽힌다(이재승, 『국가범죄』, 앨피, 2010년, 333쪽 이하 참조).

자가 나오면 90% 넘게 사형제에 찬성하기도 한다. 그래서인지 사형제 폐지 법안이 매번 국회에 제출되지만 통과되지 못하고 있다. 헌법재판소에서도 재판관들 사이에 견해가 나뉘긴 하지만 1996년과 2010년 두 번 모두 사형제가 합헌이라고 판단했다.[26]

주요 국가 중에서도 사형제를 유지하는 나라가 꽤 있다. 미국의 여러 주와 일본은 사형을 실제로 집행하고 있다. 중국은 정확한 통계가 없지만 한 해 수천 명씩 사형에 처하고 있다고 한다. 반면 유럽에서는 벨라루스 한 나라를 빼고 전부 사형제를 폐지했다.[27]

국제사면위원회에 따르면, 2014년 말 기준 세계 198개국 중에서 140개국이 사형폐지국으로 분류되고 있다. 98개 나라

---

26 1996년 결정(1996. 11. 28. 95헌바1 결정) 당시 합헌의견 7, 위헌의견 2였고, 2010년 결정(2010. 2. 25. 2008헌가23 결정) 당시 합헌의견 5, 위헌의견 4였다. 위헌의견의 주요 논거는 사형이 헌법에서 보장한 생명권 및 인간의 존엄과 가치의 본질적인 침해이며, 비례의 원칙에 반한다는 것이다.
합헌 판시 내용의 요지는 다음과 같다. "사형제도는 우리 헌법이 스스로 예상하고 있는 형벌의 한 종류로 사형을 통한 생명보호, 정의실현 및 사회방위를 위한 공익이 극악한 범죄를 저지른 자의 생명권 박탈이라는 사익보다 결코 작다고 볼 수 없다. 사형이 다수의 무고한 인명을 잔혹하게 살해하는 등의 극악한 범죄에 한정적으로 선고되는 한, 인간의 존엄과 가치를 규정한 헌법 제10조에 위배된다고 볼 수 없다. 헌법 제37조 제2항에서는 국민의 모든 자유와 권리를 국가 안전보장·질서유지 또는 공공복리를 위하여 필요한 경우에 한하여 법률로써 제한하고 있는 바, 매우 중대한 공익을 지키기 위하여 불가피한 경우에는 생명에 대한 법적 평가가 예외적으로 허용될 수 있다."
27 유럽에서 일반 형법에 사형을 명시한 국가는 러시아와 벨라루스 두 곳뿐이지만, 러시아는 실질적 사형폐지국이라 집행을 하지 않고 있다.

가 사형제를 완전 폐지했고, 7개 나라가 전쟁범죄 같은 예외적인 경우를 빼고는 사형제를 없앴고, 35개 나라가 법으로는 사형제가 있지만 10년 이상 집행하지 않고 있다. 반면, 58개 나라에서는 아직도 사형을 집행하고 있다.[28]

한 치의 양보도 없는 설전이 꼬리에 꼬리를 물고 벌어질 수 있는 주제가 사형제도 존폐론이다. 정의란 과연 무엇인가로부터 시작해서 극악한 범죄를 주로 개인의 잘못으로 보느냐 아니면 국가나 사회에 상당한 책임이 있다고 보느냐, 국가의 본질을 어떻게 보고 그 힘을 어디까지 인정할 것인가, 그리고 인권과 사람의 생명에 대한 근원적인 고민이 섞인 종교적인 쟁점까지 복잡하게 얽혀 있는 어려운 문제이다.

그런데 사형제 폐지론에는 한 가지 딜레마가 있다. 정치적이고 인권적인 차원에서 사형제 폐지가 필요한 나라에서는 정작 폐지론이 힘을 발휘하지 못하고, 사형제 폐지가 그다지 필요하지 않은 나라에서는 오히려 폐지론의 목소리가 높다는 것이다.

그렇다면 법관은 어떤 고민을 거쳐 사형을 선고할까?

실제로 사형을 선고한 경험이 있다. 물론 선고하기 전에 깊

28 미국 사형정보제공센터
http://www.deathpenaltyinfo.org/abolitionist-and-retentionistcountries

이 고심했다. 유사한 기존 사례를 모두 찾아보고 기록도 샅샅이 뒤졌다. 사형을 선고하는 것이 맞는지 객관적으로 살폈다. 지극히 객관적으로.

그런데 뒤늦게 단지 너무 이성적으로만 따진 것이 아닌가 하는 죄책감이 들었다. 사형선고를 앞두고 한 번쯤 해봄직한 생각들, 즉 내가 피고인이라면 어떤 심정일까, 과연 국가는 저 사람을 죽일 권한이 있는가, 그가 세상에서 사라지기까지 얼마나 큰 고통을 겪게 될 것인가 하는 고민들을 진지하게 하지 않은 것은 아닌지…….

2000년대 초반에 아는 검사로부터 1990년대에 사형집행을 직접 지휘한 경험에 대해 들은 적이 있다. 하루에 두 사람을 차례로 집행했다고 한다. 첫 번째 사람은 상기된 표정으로 입회 교도관들과 일일이 악수하면서 "교도관님, 저 먼저 갑니다. 그동안 고마웠습니다"라고 말했다. 잘못도 뉘우치는 것처럼 보였고 죽는다는 현실도 편히 받아들이는 것처럼 보였다. 그 검사는 이런 사람을 이제 와서 왜 죽이나 하는 심한 마음의 고통을 느꼈다고 한다.

그런데 두 번째 사람은 억울하게 죄를 뒤집어썼다고 주장했다. 처절하게 소리를 지르며 필사적으로 저항했다. 인간에 대한 연민이나 고통을 느낄 겨를도 없이 사형이 서둘러 집행되었다. 판결문을 다시 읽어보아도 유죄의 증거가 너무 명백했다고 한다. 그 후 검사는 한동안 두 사람의 모습이 번갈아

떠오르면서 인위적으로 사람을 죽였다는 자책감으로 괴로워
했다고 한다.

당시 그 이야기를 듣는 것만으로도 모골이 송연해졌고, 집
행 장면을 거듭 상상하면서 사형제에 대해 심각하게 고민했
다. 그런데 정작 내가 직접 사형을 선고할 때는 마음의 부담이
그다지 크지 않았다. 그 이유는 무엇인가?

일주일쯤 후에 그 해답을 찾았다. 내가 사형을 선고해도 피
고인이 죽지 않을 것을 이미 알고 있었기 때문이다. 그래서 난
이 사안에 대해 기존의 판례에 비추어 사형을 선고할 만한 요
건에 해당하는가, 즉 고등법원이나 대법원에서 파기되지 않
을 것인가 여부만 살폈을 뿐, 그 밖의 다른 인간적이고 철학적
인 고민은 접어두었던 것이다.

법으로 사형제도를 채택하고 있고 법원에서 사형이 선고되
고 있는데도 불구하고 실제로 집행하지 않는 것은 법과 현실
이 일치되지 않는 대표적인 경우이다. 법과 현실이 다른 것은
당연히 잘못된 것이다. 이로 인해 억울한 사람도 생기기 마련
이다. 그렇다면 누가 억울한가?

사형 판결이 확정된 사람에 대해서는 언제라도 법무부장관
의 명령이 있으면 사형을 집행할 수 있다(형사소송법 463조). 사
형수들은 지금 당장이라도 죽을 수 있다는 고통 속에서 살게
된다. 언제 죽을지 몰라 고통스러운 마음으로 계속 살아야 하

는 사형수들은 당장 죽는 것보다 더 괴로울 수도 있다. 하지만 괴로움은 사형이 현실적으로 집행될 때의 이야기이다. 이미 사형이 집행되지 않은 지 20년이 넘은 마당에 사형수들이 그러한 고통을 심각하게 겪을 것으로 생각하긴 어렵다. 다만 사회에서 흉악한 사건이 발생해 사형을 부활해야 한다는 여론이 높아질 때마다 그들이 바짝 긴장하기는 할 것 같다.

1990년대 이후의 판례를 보면 대체로 두 사람 이상을 잔인한 방법으로 살해하고 동기나 범행 후 정황도 좋지 않아 정상 참작의 여지가 거의 없을 때 사형을 선고했다.[29] 2020년 6월

---

29 사형은 인간의 생명 자체를 영원히 박탈하는 냉엄한 궁극의 형벌로서 문명국가의 이성적인 사법제도가 상정할 수 있는 극히 예외적인 형벌이라는 점을 고려할 때, 사형의 선고는 범행에 대한 책임의 정도와 형벌의 목적에 비추어 그것이 정당화될 수 있는 특별한 사정이 있다고 누구라도 인정할 만한 객관적인 사정이 분명히 있는 경우에만 허용되어야 한다. 따라서 사형을 선고함에 있어서는 형법 제51조가 규정한 사항을 중심으로 한 범인의 연령, 직업과 경력, 성행, 지능, 교육 정도, 성장과정, 가족관계, 전과의 유무, 피해자와의 관계, 범행의 동기, 사전계획의 유무, 준비의 정도, 수단과 방법, 잔인하고 포악한 정도, 결과의 중대성, 피해자의 수와 피해감정, 범행 후의 심정과 태도, 반성과 가책의 유무, 피해회복의 정도, 재범의 우려 등 양형의 조건이 되는 모든 사항을 철저히 심리하여 위와 같은 특별한 사정이 있음을 명확하게 밝힌 후 비로소 사형의 선택 여부를 결정하여야 할 것이다. 이를 위하여 법원으로서는 마땅히 기록에 나타난 양형 조건들을 평면적으로만 참작하는 것에서 더 나아가, 피고인의 주관적인 양형 요소인 성행과 환경, 지능, 재범의 위험성, 개선교화 가능성 등을 심사할 수 있는 객관적인 자료를 확보하여 이를 통하여 사형 선택 여부를 심사하여야 할 것은 물론이고, 피고인이 범행을 결의하고 준비하며 실행할 당시를 전후한 피고인의 정신상태나 심리상태의 변화 등에 대하여서도 정신의학이나 심리학 등 관련 분야의 전문적인 의견을 들어보는 등 깊이 있는 심리를 하여 본 다음에 그 결과를 종합하여 양형에 나아가야 한다(대법원 2003. 6. 13. 선고 2003도924 판결, 대법원 2009. 2. 26. 선고 2008도9867 판결).

기준 사형이 확정되고도 집행되지 않은 60명의 사형수가 살해한 사람은 211명이다.[30] 그 흉악한 범죄에 비춰보았을 때 사형수들이 집행되지도 않을 사형 판결을 선고받아 고통이 가중되니 억울하다는 식으로 표현하는 것은 설득력이 없어 보인다.

그렇다면 집행되지도 않을 판결을 두고 온갖 고뇌를 해야 하는 법관들이 억울한가? 실제로 판사들 사이에서는 그런 말들을 하기도 한다. 그러면 도대체 판사는 집행되지도 않을 판결을 왜 선고하는가? 이건 답이 의외로 간단하다. 법관은 법에 사형이 규정되어 있고, 사회 구성원의 법감정에 비추어 볼 때 사형을 선고해야 할 죄를 지었다고 생각한다면 마땅히 사형을 선고해야 한다. 물론 그 기준은 기존의 판례나 양형 기준 등을 통해 상당 부분 가이드라인이 정해져 있다.

입법, 사법, 행정의 3권이 엄격하게 분리되어 있고, 형의 집행은 행정부에서 담당한다. 실제로 사형을 집행할 것인지 여부는 사회적·정치적 고려를 포함한 형사정책의 영역이지 법관의 영역이 아니다. 단적으로 행정부에서 당장 견해를 바꿔 사형을 집행하더라도, 입법부에서 장차 사형제도 자체를 폐지하더라도, 이는 법관이 간여할 문제가 아니다. 법관은 오늘의 법에 따라 고민해야 할 의무가 있을 뿐이다. 물론 그 고민

30 한국일보, 매일경제, 한국경제신문 2020. 6. 30. 각 기사

의 강도가 높기는 하지만 그래도 사건의 직접 당사자가 아닌 판사들이 억울하다고까지 이야기하는 건 너무 과한 것 같다.

당연히 억울하고도 억울한 것은 피해자와 그 가족들이다. 형벌의 최우선 목적은 죄에 대한 응보(應報)이고, 아무리 시대가 변했다 해도 복수심을 충족시키는 것이 형벌의 기본 기능이다. 기원전 1700년경 고대 함무라비 법전에 '눈에는 눈, 이에는 이'[31]라고 씌어 있고, 고조선의 팔조법금(八條法禁)에도 '사람을 죽인 자는 사형에 처한다'라고 되어 있다. 문명화된 시대에 고대에 그랬던 것처럼 똑같은 정도의 보복을 가해서는 안 되겠지만, 그 시대가 보편적으로 옳다고 생각하는 정의는 실현되어야 한다.

법관은 사형을 선고함으로써 합당한 정의가 무엇인지 이미 판단했다. 그런데 그 정의가 실현되지 않으면 피해자는 억울하다. 그리고 넓은 의미의 피해자인 그 사회 구성원들도 정의를 구현하지 못한 것이다. 이건 더 나아가 사형제를 존치할 것이냐 폐지할 것이냐 하는 것 하고는 다른 차원의 문제이다.

그럼 판사가 사형 존치론자인가 사형 폐지론자인가에 따라

---

31 '어떤 사람이 다른 사람의 눈을 멀게 했다면 그 사람의 눈알을 뺄 것이다.' '그가 다른 사람의 이빨을 부러뜨렸다면 그의 이도 부러뜨릴 것이다.' '그가 다른 사람의 뼈를 부러뜨렸다면 그의 뼈도 부러뜨릴 것이다.' 이를 동해보복(同害報復), 탈리오 법칙(lex talionis)이라고 부른다.

판결이 달라지는가? 당연히 그렇게 되어서는 안 된다. 어떤 판사를 만나느냐에 따라 죽고 사는 것이 갈린다면 그건 옳지 않은 일이다. 헌법 제103조에 의하면, 법관은 헌법과 법률에 의하여 그 양심에 따라 독립하여 심판한다고 되어 있다. 여기에서 양심은 개인적인 양심이나 신념을 말하는 것이 아니라 직업적 양심을 말한다. 지금 이 시대 일반인의 법 감정과 범죄자의 죄질에 비추어볼 때 사형을 선고해야 하는 경우라면 설령 본인이 사형제를 반대한다 하더라도 사형을 선고해야 하는 것이 법관의 소명이다.

사형제 존폐론은 법학뿐만 아니라 인문·사회과학에서 가장 대표적인 논쟁거리이다. 중학교 시험부터 국가고시에 이르기까지 학생들의 지식과 철학을 묻고 논리 전개 능력을 테스트하는 문제로 흔히 출제되는 주제이기도 하다. 그런데 우리나라에서는 법으로는 사형제를 유지하면서도 현실에서는 집행하지 않는, 법과 현실이 불일치하는 어정쩡한 상태가 20년 이상 지속되고 있다. 누구도 책임 있는 해결책을 내놓지 않는 현재 한국의 사형제도 운영 형태는 공권력의 낭비와 불신을 불러오고, 어쩌면 새로운 형태의 억울함을 창출하고 있는지도 모른다.

법과 현실 사이,
당신이 연예인이야?

법과 현실이 따로 움직이는 경우가 또 있다. 흔한 경우가 명의신탁[32]이다. 아주 단순화하면, 실질적으로는 A의 소유인데 대외적 명의만 B의 소유로 해놓는 것이다. 당연히 뭔가 이익이 있기 때문에 이런 방법을 쓰는 것이고, 그 이익은 대부분 불법적인 것이다. 부동산 투기, 탈세, 재산은닉, 책임회피 등 온갖 탈법이 명의신탁 뒤에 숨어 있다. 부동산이나 예금, 주식뿐만 아니라 심지어 회사도 명의만 빌리는 이른바 바지사장

---

32 명의신탁약정이란 부동산에 관한 소유권이나 그 밖의 물권을 보유한 자 또는 사실상 취득하거나 취득하려고 하는 자[실권리자]가 타인과의 사이에서 대내적으로는 실권리자가 부동산에 관한 물권을 보유하거나 보유하기로 하고 그에 관한 등기는 그 타인의 명의로 하기로 하는 약정을 말한다(부동산 실권리자 명의 등기에 관한 법률 제2조).

이 많고, 이는 여러 가지 법률적·사회적 문제를 야기한다.

국가 전체에 만연한 이러한 부조리를 개선하기 위해 정부에서 특단의 조치를 취했다. 1993년 8월 12일, 대통령 긴급재정경제명령 제16호를 발동하여 그날 오후 8시를 기해 "금융실명제 및 비밀보장을 위한 법률(약칭 금융실명법)"을 전격적으로 실시했다. 혼란과 부작용을 피하고 극적인 효과를 거두기 위한 조치였다. 뒤이어 1995년 7월 1일부터 "부동산실권리자명의 등기에 관한 법률(약칭 부동산실명법)"을 시행하여 부동산의 명의신탁을 금지하고, 그를 위반하는 거래는 무효로 하고 형사처벌까지 하고 있다. 그 후 특히 금융과 부동산 거래에서 남의 명의를 빌리는 일은 많이 사라졌고, 이는 김영삼 대통령의 주요 치적으로 거론된다.

하지만 우리나라에는 아직도 남의 이름으로 경제활동을 하는 경우가 종종 있다. 남의 이름을 빌리거나 빌려주는 것이 얼마나 위험하고 위법한 것인지를 거래 당시에는 당사자들도 잘 모른다. 실제로 분쟁이 생겨야만 그것이 생각보다 훨씬 심각한 문제였음을 깨닫게 된다. 처음 명의를 빌려준 시점에서 분쟁이 발생한 시점까지 두 사람 사이에는 많은 일들이 생기고 관계가 예전 같지 않게 된다. 그리고 실제로 명의신탁인지 아닌지 명백히 구분하는 것이 애매한 때도 상당히 있다. 서로 돈이 섞이고, 거래관계가 얽힌 경우도 많기 때문이다.

이럴 경우 명의신탁을 한 두 당사자가 주장하는 사실관계도, 그에 대한 해석도 서로 다르고, 실질적으로 한쪽의 소유라고 밝혀졌다고 해도 법리상 그 사람이 소송에서 이긴다는 보장이 없다. 왜냐하면 법 자체가 위법을 행하는 사실상의 소유자의 손을 들어주지 않겠다는 취지에서 만들어졌기 때문이다. 회사의 경우 회사가 망하면 명의상 사장은 회사의 온갖 비리와 부채에 대해 책임을 져야 한다. 자신은 아무것도 몰랐다고 변명하겠지만, 그것만으로 법적 책임을 피해갈 수 없다. 여러 가지 측면에서 억울한 일이 발생하겠지만 실상 명의 대여자가 모두 자초한 일이다.

2000년대 중반, IMF 위기를 극복하고 부동산 가격이 치솟던 시절이었다. 남자는 50대 초반의 작은 회사 사장이었고, 여자는 40대 초반의 이른바 '직장맘'이었다. 남자는 아내와 사별하고 장성한 아이들과는 따로 살았다. 여자는 이혼하고 청소년기 딸이 하나 있었다. 두 남녀는 3년 전쯤 만나 2년 전부터 함께 살았다. 혼인신고는 하지 않은 사실혼 관계였다.

이들이 같이 살기 시작한 지 6개월 무렵에 5억 원 정도를 들여 여자 명의로 꽤 큰 평수의 아파트를 사서 옮겼다. 그렇게 세 식구가 사는데 청소년기 딸이 자주 분란을 일으켰다. 딸과 새아버지의 사이도 별로 좋지 않았다. 부부간에도 자주 다투다가 결국 헤어지기로 했다. 문제는 여자 명의의 아파트였다. 1년 6개월 만에 가격이 폭등해 시가가 9억 원 이상 되었다.

남자는 여자를 상대로 명의신탁 해지를 이유로 부동산소유권이전등기를 청구하는 소송을 제기했다. 애초에 남자의 돈으로 집을 산 점은 별다르게 다투지 않았다. 다만 여자는 남자가 자기와 살고 싶어서 집을 사준 것이라고 주장했다. 증여받은 재산일 뿐 명의신탁 재산이 아니라는 것이다. 같이 살아주는 조건으로 50평대 집 한 채를 사주었다는 것은 흔치 않은 일이다. 더구나 계속 산 것도 아니고 2년 정도만 살았다면 형평의 관점에서는 남자한테 다시 돌려주는 것이 맞을 것 같다. 그런데 법리는 그렇지 않다.

부동산실명법이 적용되는 명의신탁의 경우 사안마다 법률관계가 다르고 매우 복잡하다. 판사들도 관련 논문이나 판례를 스크랩해놓고 사실관계를 표로 그려서 파악해야 하는 경우가 많다. 이 사건은 제3자에게 집을 살 때 여자 명의를 빌린 이른바 계약명의신탁이다. 이 경우 집을 판 사람이 실제 소유자가 남자임을 알았는지 몰랐는지에 따라 법률관계가 달라지지만, 이 사건은 남자와 여자 사이에만 문제되는 경우이므로 일단 몰랐던 경우라고 하자.

결론만 말하자면 이 경우 여자의 소유권이 유효하게 인정된다. 다만 남자는 처음에 댄 5억 원만 부당이득으로 돌려받을 수 있다. 여자는 남자와 함께 2년 살고 4억 원 이상의 이익을 얻은 것이다. 판결까지 가면 이런 결론이 나올 가능성이 높다. 이렇게 되면 남자가 억울하게 생각할 것은 뻔하다. 하지만 명의신탁을 하려면 이 정도의 억울함까지도 감수하라는 것이 이 법의 취지이다. 과연 여자는 이 정도 이득까지 기대했을까?

이 사건은 담당 판사가 직접 진행하는 조정에 회부하기로 했다. 남자에게는 아파트 소유권을 이전해주되, 여자에게는 적절한 금액의 돈을 주는 것으로 하자고 했다. 양쪽 모두 기본 방침에는 동의했다. 먼저 남자에게 얼마를 줄 수 있겠느냐고 물었다. 그간 살아온 정을 생각해서 2,000만 원 정도를 주겠다고 했다. 여자에게 얼마를 받고 싶은지 물었다. 그동안 집값이 4억 원 올랐으니 그 절반인 2억 원 정도는 받아야 한다고 했다. 그 말을 듣자 남자가 흥분해서 소리를 질렀다.

"아니, 당신이 무슨 연예인이야? 2년 같이 살고 2억 원을 달라고 하게?"

순간 생각이 하나 스쳐 지나갔다. 여자에게 잠깐 밖에 나가 있으라고 하고 남자에게 말했다.

"연예인처럼 예쁜 여자하고 살았으니까, 2억 원쯤은 주셔도 될 것 같은데요."

남자가 잠깐 어리둥절해하다가 껄껄껄 웃으면서 대답했다.

"아니, 이 와중에 왜 이러십니까?"

그러면서 긴장하고 앉아 있던 남자의 자세가 사장님 자세처럼 바뀌었다. 남자들은 이렇다. 비록 헤어지는 여자이지만 그 여자가 예쁘다고 하면 좋아한다. 여자가 아직도 좋아서가 아니라, 그만큼 예쁜 여자와 같이 살 정도로 능력 있는 남자라는 것을 남이 알아주는 것 같아 기분이 좋아진 것이다. 돈을 줄 능력만 되면, 명분과 체면을 살려주면 작은 분쟁은 쉽게 해결되는 경우가 많다. 이런 것이 안 통하면 그 사람은 진짜 구두쇠이거나 인간미가 없는 냉철한 사업가이다.

"그러게요. 인물이 기대 이상이네요." 옆에 점잖게 앉아 있던 원고의 변호사가 뜻밖에 한마디 거들었다.

폭소를 터뜨릴 뻔했지만, 나는 조용히 웃으면서 말했다.

"사실 여자분이 너무 예뻐서 같이 사는 조건으로 집 한 채 사준다고 했다는 주장을 믿을 수도 있겠습니다. 그러니 조금 양보한다 생각하시고 방안을 찾아보시죠."

"아무리 그래도, 양도세가 1억 3,000만 원이나 나오는데, 무슨 4억을 이득 봤다고 절반을 달라고 해요?"

아아, 양도소득세! 3년 이내에 전매하는 경우 양도세가 중과되어 그렇게 나온다고 했다.

"그럼, 여자 이름으로 3년 이상 보유해 양도세를 줄입시다."

"확실히 등기를 이전해준다는 약속만 하면 그건 상관없습니다."

"오케이, 그럼 조정 조서로 2년 후에 소유권 이전을 약속하면 강제집행도 가능하니, 양도세 1억 3,000만 원 아낀 것하고 아까 주겠다고 한 2,000만 원 합쳐서 1억 5,000만 원으로 하고, 사실혼 관계 해소로 인한 재산분할이나 위자료 같은 소송을 일체 안 한다는 전제로 1,000만 원 더해서 총 1억 6,000만 원으로 합시다. 일단 2,000만 원은 당장 주고, 나머지 1억 4,000만 원은 소유권 이전할 때 동시 이행하는 걸로 정해드릴게요."

"그 정도 조건이면 받아들일 수 있습니다. 다만 법적 문제가 생길 수 있으니 여자가 나가더라도 주민등록은 2년간 그곳에 유지해주어야 합니다."

여자 측을 들어오라고 해서 1억 6,000만 원으로 하자고 하면서 세부 내용을 설명했다. 순순히 응했다.

"두 분 모두 불행한 일을 겪었지만, 내가 보기에 모두 인성은 좋아 보이는 분들이니까 앞으로 더 행복하게 사실 것으로 믿습니다."

남자가 나가면서, "아휴, 진짜 화끈하시네!" 하면서 악수를 청해왔다.

여자는 조용히 인사만 서너 번 하고 나갔다.

공직자에게는 직무상 염결성(廉潔性)이 요구되지만, 법률가가 모든 일반인에게 도덕적 결벽을 기대해서는 안 된다. 평균적인 도덕 관념을 가진 사람들이 보았을 때 어느 정도 용인되는 행위를 지나치게 백안시하면 분쟁이 당사자들이 의도하고 기대했던 방향과는 다른 방향으로 흘러가고, 오히려 사건이 복잡하게 꼬이는 경우가 많다.

이 사건도 마찬가지이다. 엄밀하게 말하자면 이 남자와 여자에게도 의심하거나 흠잡을 점이 몇 가지 있다. 하지만 그런 식으로 다 따지다 보면 애초에 형사소송뿐만 아니라 민사소송을 하는 사람들마저도 죄 없는 사람이 누가 있겠는가? 재판을 하면서 작은 흠집이라도 발견되면 그 사람에게 반드시 불이익을 주어야 하는가? 꼭 그런 건 아닌 것 같다. 그렇다고 법률가가 명백한 불법에 동조하고 적극 가담할 수는 없지만 말이다.

결국 이 사안은 보통사람들이 가끔 저지르는 탈법에 해당하지만 처벌해야 할 불법이라고 보기에는 조금 부족한 경우라고 할 수 있겠다. 이때 서로에게 도움이 되는 방향으로 분쟁을 해결해줄 것인가, 아니면 엄격한 법적 잣대로만 판단할 것인가 하는 문제는 법률가에게도 쉬운 결정이 아니다.

이 남자와 여자가 도덕적으로 존경받을 만한 사람들인지는 잘 모르겠지만, 재판에 임하는 태도나 지금껏 살아온 행적으로 보아서 인격을 비난받을 만한 사람들은 아닌 것 같았다. 각기 헤어지지만 행복하게 살기를 바랐다. 일단 분쟁은 원만하게 해결되었다.

그런데 한동안 이 사건을 생각할 때마다 혼자서 고개를 갸우뚱거리곤 했다. 내가 찾은 방법이 과연 정의로운 것인가?

양도소득세 안 내게 되는 건 탈세가 아니고 절세라고 할 수 있겠지? 소송 당사자가 명의신탁한 것이 의심된다면 수사기관이나 세무서에 고발해야 하나? 그런데 부동산실명법에 딱 맞아떨어지는 명의신탁은 맞는가? 혹시 주민등록법 위반이 되는 것은 아닌가? 앞으로 아파트 가격이 떨어지면 합의사항이 제대로 이행될까?

참 이상한 일이다. 분명 뭔가 불법이나 탈법이 있으면 그 해결 과정에서 억울한 사람이 있긴 있어야 하는데……. 결국 이 사건은 국가가 세금을 못 받고 정의를 구현하지 못해 억울한 사안인가?

3장
진실과 거짓, 그리고 오해

진실이란 무엇인가? 객관적 사실과 법률적 사실 그리고 역
사적 사실은 어떻게 다른가? 사실은 왜 재구성되고 어떻게
왜곡되는가? 객관적 사실을 모으면 모두 진실이 될 수 있는
가?

사람들은 대개 자신이 억울하다고 목소리 높여 주장할 때 매
우 진실해 보인다. 그러나 제3자가 그 주장을 좀 더 귀 기울
여 듣고 객관적인 자료와 대조해보면 실망스러운 때가 많다.
억울하다고 주장하는 기본적인 사실관계가 거짓말이거나
스스로 유리한 부분만 뽑아내 주장하는 경우가 꽤 있기 때문
이다. 꼭 그렇게 허위 주장을 하는 것이 아니라도 법률문제
나 발생한 사실을 오해해 사뭇 진지하게 억울함을 주장하는
사람들도 있다. 이렇게 거짓말을 하거나 사건을 오해하는 이
유는 무엇이고, 그 기저에 깔린 심리는 무엇일까? 법관은 실
제 재판에서 거짓과 오해를 어떻게 밝혀내고, 그 판단의 정
당성을 어떤 식으로 논증하고 설득하는가?

진실이란
무엇인가?

모두가 '진실(眞實)'을 추구한다고 말한다. 여기서 진실은 단순히 사실을 말하는 경우도 있고, 어느 정도의 가치판단을 포함한 개념일 수도 있다.

예를 들면 "이 사건의 진실은 살인입니다", "이 사건의 진실은 침략행위라는 것입니다", "이 사건의 진실은 정의가 승리했다는 것입니다"라고 말했을 때 그중 일부는 가치판단을 포함한 말이기 때문에 진실인지 아닌지 판단하기가 쉽지 않다.

진실이라는 것은 다분히 추상적인 개념이 될 수 있고, 이 세상에 진실이 꼭 하나만 존재하는 것이 아닐 수도 있다. 하지만 진실이 되기 위한 최소한의 조건은 있다. 바로 객관적 사실과 일치해야 한다는 것이다.

객관적 사실 vs 법률적 사실 vs 역사적 사실

"객관적 사실이란 것이 과연 존재하느냐?"라고 반문하는 사람들이 꽤 있다. 사실이라는 것이 결코 객관적일 수 없고, 수집하거나 평가하는 사람의 시각에 따라 달리 구성되거나 해석될 수 있다는 것이다. 이 논의에 답하기 위해 우선 '사실'이라는 것이 그렇게 단순하게 정의할 수 있는 것이 아니고, 다층적으로 구성될 수 있다는 점부터 짚고 넘어가자.

예를 들면, A가 B를 칼로 찌르고 B가 죽는 장면이 방범용 CCTV에 찍혔다. 이 정도 증거가 있으면 A가 B를 죽였다는 것은 객관적 사실이다. 그런데 A가 B를 죽일 생각은 없었고 단지 혼내주고 싶어서 칼로 살짝 찌른 것뿐이라고 변명하면, 법률적 사실은 A의 의도에 따라 살인이 될 수도 있고, 상해치사가 될 수도 있다.[1]

그런데 CCTV를 보니 A가 B의 복부와 목 부위를 여러 차례 찌르는 장면이 나왔다. 이것은 사회통념에 비추어 볼 때 살인의 의도를 추단할 수 있는 행동이 분명하다. 객관적 행위와 내

---

1 형법 제250조(살인) ① 사람을 살해한 자는 사형, 무기 또는 5년 이상의 징역에 처한다.
형법 제259조(상해치사) ① 사람의 신체를 상해하여 사망에 이르게 한 자는 3년 이상의 유기징역에 처한다.

심의 의사인 고의를 합쳐 법률적 사실은 살인이 된다. 이처럼 법률적 사실은 단순히 객관적 사실만으로 구성되는 경우보다 그 안에 이미 행위나 가치에 대한 법률적 판단이 포함되는 경우가 많다.

한편 역사적 사실이라는 것은 단순히 하나의 객관적 사실만을 지칭하는 경우는 드물고 어느 한 시기에 있었던 일련의 사실들을 총합해서 포괄적으로 명명되곤 한다. 구체적인 범위가 명확하지 않고, 그 명칭이나 정의에는 대부분 가치판단이 포함되어 있다. 특히 역사적 사실에서 중요한 점은 역사를 서술하거나 해석하는 사람의 필요에 따라 과거에 발생한 수많은 사실들 중 역사적으로 의미 있는 사건들이 취사선택될 수밖에 없다는 것이다.

우리나라의 3·1운동, 영국의 명예혁명, 프랑스대혁명, 미국의 독립전쟁, 중국 왕조들의 천하통일, 제1, 2차 세계대전 등등 대부분의 용어에 이미 가치판단이 들어 있고, 하나의 사실 안에도 이를 구성하는 개개의 사실과 판단이 수없이 포함되어 있다. 그래서인지 영국의 역사가 배러클러프 같은 사람은 '우리가 배우는 역사는, 비록 사실에 기초하고 있다고 해도, 엄격히 말하면 결코 사실 그것이 아니라 널리 승인된 일련의

판단들이다'라고 말하기까지 했다.[2]

사실은 왜 재구성되는가?

과거는 계속 흘러가는 것이고, 과거에 발생한 수많은 일 중에서 어떤 사실이 파악되어야 하는 것은 현재의 필요에 의해서이다. 법률적 사실을 인정하는 것은 현재의 법적인 권리와 의무를 확정하기 위한 것이고, 역사적 사실을 파악하는 것은 그것을 해석하고 평가해 현재나 미래에 활용하기 위한 것이다.

그런데 예컨대 동영상으로 녹화된 장면처럼 과거의 사실과 일치하는 자료가 있을 때는 그 자체를 객관적 사실로 받아들일 수 있겠지만, 그렇지 않은 대부분의 경우 과거는 어떤 방식으로든 재구성될 수밖에 없다. 그것은 기본적으로 사람의 인식의 종합인데, 객관적 사실의 나열일 수도 있고 추정과 판단이 혼재된 것일 수도 있다.

법률적 사실의 경우, 과거를 재구성하는 방식은 당사자가 자신이 원하거나 옳다고 생각하는 결론을 뒷받침할 만한 가설을 세우고 이것을 논증하는 형태로 이루어진다.

2 E. H. 카, 『역사란 무엇인가』, 도서출판 까치, 2021, p.25에서 재인용.

민사사건의 경우, A가 B에게 100만 원을 빌려줬다고 주장하면서 그 반환을 구하는 경우, B가 그것을 인정하면 바로 대여사실이 확정된다. 반면 B가 돈 빌린 적 없다고 다투게 되면 A는 우선 송금내역 같은 증거부터 제출해야 한다. 다시 B가 그것은 대여가 아니고 증여라고 주장하는 경우 A와 B는 각기 그간의 거래내역이나 증인 등을 내세워 과거에 있었던 수많은 사실들 중에서 자기 주장을 뒷받침할 만한 근거를 든다.

이처럼 단순히 대여사실 또는 증여사실이라고 하지만 과거는 당사자에 의해 선택되어 재구성되는 것이고, 이것은 그 주장을 받아들이는 판사에 의해서도 다시 재구성된다. 판사는 우선 증거로 뒷받침되는 사실들을 인정하고, 그것들을 취사선택하고 종합해서 A가 B에게 100만 원을 빌려준 것인지 그냥 준 것인지 판단하여 법률적 성질을 대여 또는 증여로 인정한다.

어느 단계이든 과거 사실의 재구성 안에는 대부분 객관적 사실뿐만 아니라 추정과 판단이 포함된다. 비교적 객관적 사실이 많은 비중을 차지하는 형사사건도 마찬가지다. 앞에서 본 살인사건의 경우도 짧은 순간이지만 그 사이 벌어진 일들 중에서 칼로 찌른 사실들이 선택되고, 그 행동들을 두고 고의를 추정하는 판단이 더해져 살인이라는 하나의 법률적 사실이 인정된 것이다.

역사적 사실의 경우, 서술하고 해석하는 사람의 입장이나 필요에 따라 훨씬 심하게 취사선택되어 과거가 재구성된다는 것은 앞에서 본 바와 같다. 문제는 우리가 진실을 찾는 대부분의 경우가 인용하는 사람이 무엇인가 의미 부여를 하고 싶은 역사적 사실이라는 것이다. 과거 사실이 어떤 식으로 다르게 재구성되는지 쉽게 알아볼 수 있는 예가 언론의 보도이다.

기자나 아나운서가 보도를 할 때 객관적인 사실만을 나열하는 경우는 거의 없다. 대부분 자신들이 중요하다고 생각하는 사실을 발췌해 적시한 다음 그 사건이 개인이나 사회에 대하여 갖는 의미를 설명한다. 그런데 그 적시되는 사실들은 엄격한 증거로 뒷받침되는 법률적 사실보다 훨씬 완화된 근거에 의해 뒷받침되고, 일련의 사실들 사이의 연결고리는 느슨한 형태의 추정이나 주관적인 판단으로 채우게 된다.

과거의 사실을 발췌해 사건을 재구성하는 방식은 물론이고 그 의미에 대한 코멘트도 언론사의 입장에 따라 천차만별이다. 하나의 사건을 두고 언론사마다 해석이 다른 것은 당연한 현상일 수 있다. 그런데 사건의 내용 자체에 관한 브리핑이 신문이나 방송마다 어쩌면 저렇게까지 다를 수 있을까 싶어 놀랄 때가 많다. 불과 하루 이틀 전에 벌어진 사건임에도 불구하고 언론마다 사실의 취사선택과 연결되는 맥락이 전혀 다른 것들을 여럿 발견할 수 있다.

이를 받아들이는 독자나 시청자 역시 마찬가지이다. 대부분의 사람들은 신문기사 제목이나 TV 화면의 캡션 정도의 문구만 가지고 기본적인 사실관계를 받아들이고, 나머지는 자기 경험이나 기존의 통념 또는 상상력을 동원해 각자의 머릿속에서 사건을 재구성하곤 한다. 어쩌면 과거 사실은 그것을 인용하고 받아들이는 사람의 수만큼 각기 다르게 재구성되고 있는지도 모른다.

사실은 어떻게 왜곡되는가?

사실이나 역사를 왜곡하거나 오인하는 현상은 자주 벌어진다. 여기서 '왜곡(歪曲)'이란 "사실과 다르게 해석하거나 그릇되게 한다"[3]는 뜻으로, 뭔가 의도를 가지고 진실과 다른 방향으로 유도한다는 뉘앙스이다. 그와 달리 단지 실수나 착오로 사실을 잘못 파악한 경우는 '오해(誤解)' 또는 '오인(誤認)'이라는 식으로 표현한다. 어느 나라가 '역사를 왜곡한다'고 하는 것은 의도적으로 그릇되게 말한다는 비난의 의미를 포함하기 때문에 '역사를 오해했다' 또는 '역사를 오인했다'라고 말하지 않는다.

재판을 예로 들어보면, 당사자가 의도적으로 실제와 다르게 주장한다 싶을 때 상대방은 '사실왜곡'이라고 공격하는 반

---

3 국립국어원 표준국어대사전

면, 법관이 증거의 가치를 오해해 사실을 잘못 파악한 경우 상
급심에서는 '사실오인'이라고 해서 파기한다. 가끔은 판결문
이 사실을 왜곡했다고 비난하는 사람들이 있는데, 이것은 판
사가 고의로 편향된 재판을 한 것으로 의심한다는 전제가 깔
린 말이다.

사건의 본질을 파악하는 데 기본 중의 기본은 객관적인 사
실을 실제 일어난 그대로 인식하는 것이다. 객관적인 사실 자
체를 잘못 인식하면 이를 바탕으로 연결되는 사실의 취사선
택, 합리적인 추정, 공정한 판단 등 모든 것이 다 틀어진다. 그
래서 객관적 사실을 다르게 인식하는 것이야말로 진실을 파
악하는 데 가장 심각한 오류라고 할 수 있다.

객관적인 사실을 원래의 사실과 다르게 말하는 것은 잘못
된 정보에 의해 착오를 일으킨 경우와 명백한 거짓말을 하는
경우로 나눌 수 있겠지만, 어떤 경우이든 전제가 되는 기본 사
실부터 틀어지는 것이기 때문에 그 이후의 모든 것들이 소모
적이거나 정의롭지 못하게 된다.

다음으로 법률적 사실처럼 객관적인 사실에 내심의 의사
에 대한 추정이나 법적 성질에 대한 판단이 가미되는 경우, 추
정이나 판단 부분에서 오류나 견해의 차이가 더해질 수 있다.
그리고 역사적 사실처럼 다수의 사실이 취사선택되어 일련의

사실관계를 이루는 경우 의미 있는 사실의 취사선택이나 연결의 개연성 등에서 주관적인 부분이 들어갈 수 있다.

앞에서 말한 살인이나 대여금의 사례에서 칼로 찌른 사실, 돈 100만 원을 보낸 사실 자체를 부인하는 것은 명백한 거짓말이거나 기억의 오류로 잘못된 것이라고 쉽게 말할 수 있다. 하지만 그것이 살인이 아니라거나 빌려준 돈이 아니라고 하는 것은 꼭 잘못된 것이 아닐 수 있다. 살인의 고의는 내심의 의사이고, 돈 100만 원을 그냥 준 것인지 빌려준 것인지 역시 당사자 간 의사의 합치라는 주관적 요소가 들어 있다. 따라서 그 의사를 달리 주장하는 것은 거짓말이나 기억의 오류가 아닐 수 있다는 말이다. 이런 세밀한 부분을 하나하나 따져 진실을 밝혀야 하는 것이 재판이니 당연히 어려울 수밖에 없다.

그런 측면에서 과거에 일어난 여러 가지 일 중에서 의미 있는 사실을 취사선택해 일련의 역사적 사실을 말할 때도, 나열하는 객관적 사실 하나하나에 오류가 없다면 전반적으로 수긍하기 어렵다고 해도 쉽사리 거짓을 말한다고 할 수 없다. 그런데 나열하는 객관적 사실 자체에는 별다른 오류가 없음에도 불구하고 사실이나 역사를 왜곡하거나 오인했다고 말할 수 있는 경우가 종종 있다.

그중 대표적인 것은 별다른 인과성이 없는 사실관계를 자신의 의도에 따라 임의로 취사선택해 마치 관련성이 있는 것처럼 재구성하는 것이다. 이것은 교묘하고 교활한 형태의 사실 왜곡이거나 편견과 선입견에 사로잡혀 잘못된 추정이나 상상을 채워 넣은 결과이다. 이런 식의 사실 왜곡이 상대방이나 사회에 미치는 해악은 단지 객관적 사실을 잘못 말하는 경우보다 더 클 수도 있다.

거짓말하는 심리,
두 얼굴의 피고인

  사람의 인상과 표정과 태도는 중요하다. 베테랑 수사관들은 피의자의 인상, 표정, 태도를 보면 진범인지 아닌지 바로 감(感)이 온다고 한다. 하지만 이는 경찰이나 검찰 단계에서의 이야기인 것 같다. 몇 개월이 지난 후 진행되는 재판 과정에서는 이런 것들이 오히려 판사들이 빠지기 쉬운 함정이 된다. 피고인이 범행 당시와는 너무 다른 모습으로 나타나기 때문이다.

  폭력 성향이 있거나 전과가 많은 피고인들 중에는 구속된 후 얼굴이 오히려 좋아지는 사람이 많다. 술을 마시지 않고, 밥도 거르지 않고, 규칙적인 생활을 하기 때문인 것 같다. 화이트칼라 범죄자들이 구속되면 인생을 비관하면서 힘들어하는 것과는 많이 다르다. 범행 당시 거친 얼굴과 달리 뽀얘지고 윤기도 흐르는 경우가 종종 있다. 아주 해맑고 순진한 표정을 짓는 피고인도 있다. 그런데 그가 저지른 사건의 내막을 들여다보면 그런 표정과 달라서 배신감이 느껴질 때가 많다. 증거로 올라오는 사진들은 너무 잔인한 장면이어서 차마 다시 보기 힘들어 한동안 집게로 집어놓기까지 한다.

이 피고인도 그랬다. 고사성어를 섞어가면서 말을 아주 잘하고, 표정과 태도도 당당하고 진실해 보였다. 단단해 보이는 마라도나형(形)의 체격이었지만 그런 무서운 죄를 지은 사람으로는 보이지 않았다. 초등학생 아이에게 평생 남을 상해를 가한, 입에 담기도 어려운 흉악한 범죄를 저지른 범인으로는……

그는 1심에서 유죄로 징역 10년 이상을 선고받고 항소했고, 검찰은 항소하지 않았다. 피고인만 항소한 사건은 불이익 변경 금지⁴ 원칙 때문에 형량을 높일 수 없다. 이 건은 죄질에 비추어 형을 낮추는 것은 고려 대상이 아니었고, 오직 유죄냐 무죄냐가 문제 되는 사건이었다.

범인 식별 절차에서 피해자가 여덟 장의 사진 중 피고인을

4 형사소송법 제368조(불이익 변경의 금지) 피고인이 항소한 사건과 피고인을 위하여 항소한 사건에 대하여는 원심판결의 형보다 중한 형을 선고하지 못한다.

정확히 지명했고, 피고인이 범행 직후 집에 돌아와 아내에게 사고를 쳤다고 말하기도 했으며, 피고인의 운동화와 양말에서 피해자의 혈흔이 검출되고, 범행현장에서 피고인의 지문도 채취되었다.

그런데 피고인은 강력히 무죄를 주장했다. 아침 운동을 하다가 소변을 보기 위해 화장실에 들어갔는데 문이 열리면서 어떤 남자가 나왔고, 그 남자가 나온 문을 열어보니 피해자가 쓰러져 있었다. 일으켜 세웠으나 피해자는 도로 주저앉았다. 문득 자신의 유사한 실형 전과가 생각나 범인으로 의심받을까 봐 그냥 밖으로 나와 집으로 갔다고 했다.

피고인의 주장은 그다지 설득력이 없어 보였다. 하지만 열 명의 범인을 놓치더라도 한 명의 죄 없는 자를 벌해서는 안 된다는 것이 형사소송의 기본 원칙이다. 만에 하나 다른 범인이 있다면 얼마나 억울할 것인가. 피해자와 그 아버지를 증인으로 불러 원격 화상으로 증인신문을 했다. 피해자는 하마터면 목숨까지 잃을 뻔한 상해를 입었지만, 다행히 범행 당시를 기억하고 있었다.

피고인은 피해자가 기억한 것 중 특히 두 가지가 맞지 않다고 지적했다. 피해자는 범인이 안경을 쓰지 않았고 머리가 까만색이었다고 했지만 자신은 그렇지 않다는 것이다. 실제 2심 재판 당시 57세의 피고인은 평소 안경을 쓰지 않으면 아무것도 보이지 않는다고 말했고, 머리는 거의 백발이었다. 피해자에게 여러 번 반복해서 물었지만 머리는 분명히 까만색으로 기억한다고 했다. 이럴 때 판사들은 괴롭다.

안경 문제는 다음 재판 기일에서 해결되었다. 피고인이 마치 돋보기 낀 듯 안경 너머로 사람들을 쳐다보는 것이었다. 안경을 달라고 해서 살펴보니 돋보기였다. 재판받으면서 급하게 구해 계속 쓰고 나온 것 같았다. 그는 선천적으로 원시여서 돋보기를 껴야 한다고 했지만 안경을 낀다는 말은 거짓말이란 확신이 들었다. 문제는 검은 머리였다. 변호인은 최후 변론에서 열변을 토했다. 자신이 지금껏 봐온 어떤 피고인보다 진실하고 억울해 보인다며 무죄를 확신한다고 말했다.

1심에서 유죄의 증거로 제시된 것들만으로 범인이 까만 머리라는 피해자의 진술을 무시하고 유죄를 선고할 수 있을까? 머리를 완전히 비우고 증거를 하나하나 다시 검토해보기로 했다. 이 사건은 내가 주심이 아니어도 더불어 긴장되는 사건이었다.

무거운 마음으로 새벽에 출근하는데 옆방에서 부장님이 큰 소리로 기도하는 목소리가 들렸다. "하나님 아버지, 제게 지혜를 주시옵고……." 잠시 후 부장님은, 기도하면서 문득 피고인이 염색했을 수 있겠다는 생각이 떠올랐다고 했다.

기록을 다시 뒤져보니 1심에서는 피고인이 검은 머리, 흰

머리에 관한 주장을 한 적이 없었다. 그동안 6개월 정도 지나면서 흰머리가 길어 나오니까 이제 와서 그 주장을 하는 것이구나!

통상 이런 강력 사건은 수사 과정을 녹화한다. 변론을 재개해 법정에서 초기 수사 당시 녹화해놓은 CD를 검증했다. 피고인은 완전히 검은 머리였다. 변호인은 당황해서 말을 제대로 이어가지 못했다. 피고인은 염색 사실을 인정했다. 하지만 최후 진술에서 "제가 어찌 인간의 탈을 쓰고 그런 천인공노할 짓을 할 수 있단 말입니까?"라고 했다.

판결을 선고했다. "피고인이 자신의 말대로 인간의 탈을 쓰고 천인공노할 짓을 했다고 판단합니다. 형량이 너무 무겁다는 주장을 함께 하고 있지만, 죄질에 비추어 결코 무거운 형이 아닙니다. 피고인만 항소한 사건이라서 그 이상의 형을 선고하지 못할 뿐입니다." 그리고 이렇게 덧붙이고 싶었다. '당신이 억울하다고 하는 것은 새빨간 거짓말입니다.'

피고인은 여전히 사실 오인과 양형의 부당함을 들어 대법원에 상고했다. 상고는 기각되어 그대로 확정되었다.

피고인은 억울함을 주장할 권리가 있다. 법관은 당사자의 주장과 호소를 결코 간과하지 않도록 숙련되어 있다. 법률가가 되고 나서 가장 중요하게 배우는 것이 남의 말을 듣는 것이다. 반박과 변명에 대해 단지 사건이 좀 복잡해지고 까다로워진다고 화를 내거나 짜증을 내는 경우는 많지 않다. 그러나 이런 사건을 대하면 설령 겉으로는 차분한 태도를 보이고 있더라도 속으로는 화가 치밀어 참기가 몹시 어렵다.

법률가의 기술 중 첫째는 법률 지식이나 판단 능력이 아니라 남의 말을 평정심을 유지하면서 끝까지 듣는 능력일 것이다. 재판을 하다 보면 명백히 거짓말하는 피고인이나 앞뒤가 맞지 않는 말을 하는 당사자나 증인을 자주 보게 된다. 그래도 법관들은 일단 끝까지 듣고 담담하게 판결로만 말하는 경우가 많다. 통상 법정에서 소리를 높일 때보다 조용히 판결로써 말할 때 결론은 훨씬 가혹하게 나온다. 소리를 높이는 경우는 논쟁을 유도해 반박과 변명의 여지를 주는 것이고, 조용히 듣기만 하는 경우는 더 이상 반박과 변명이 무의미하다고 생각하기 때문이다.

나중에 우연히 앞 사건의 피고인이 감옥에서 쓴 편지에 대해 듣게 되었다. 검사가 전과자라는 이유로 자신을 부당하게 기소했다. 그때 술을 많이 마셨고 그런 일을 한 기억이 없다. 그런 짓을 했다면 나 자신을 용서하지 못할 것이라고 했다고 한다.

거짓말을 계속해서 하다 보면 스스로 그 거짓말에 도취되어 자신도 진실로 믿게 되는 심리적 현상을 리플리 증후군(Ripley Syndrome)[5] 또는 뮌히하우젠 증후군(Münchhausen

Syndrom)[6]이라고 한다. 피고인들 중에서도 명백히 거짓말을 하는데도 불구하고 자신이 한 행위가 아니라고 굳게 믿는 것처럼 보이는 사람들이 있다. 심지어 변호인들도 처음에는 피고인의 말이 터무니없다고 생각하다 자꾸 그 주장을 듣다 보면 자신도 모르게 피고인의 말에 빠져들어 법정에서 같은 주장을 하는 경우가 있다고 한다.

이 피고인도 수사 단계부터 재판에 이르기까지 계속 거짓말을 하다 보니 나중에는 그 거짓말에 도취되어 진짜로 자신이 무고하다고 믿는 심리상태가 된 것은 아닐까 생각도 해보았다. 하지만 분명한 사실은 그가 한 행동은 용서하기 어려운 나쁜 짓이고, 법정에서도 교활한 거짓말을 했다는 것이다.

인격장애를 뜻하는 용어이다. 미국 소설가 패트리샤 하이스미스의 『재능 있는 리플리 씨』(1955)라는 소설에서 유래했다.

6 병적으로 거짓말을 하고, 그럴 듯하게 이야기를 지어내고, 마침내 자기도 그 이야기에 도취해버리는 증상을 말한다. 독일 출신인 뮌히하우젠은 군인으로, 사냥꾼으로, 스포츠맨으로 자기가 했던 일들을 거짓말로 꾸며 사람들에게 들려주었다. 나중에 그 이야기들이 각색되어 나온 책 『뮌히하우젠 남작의 모험』(1793)에서 유래했다.

명백한 증거,
CCTV와 살인 장면

　사람의 행위가 문제 되는 재판의 경우 고전적인 방식은 당사자 및 증인의 말이나 다른 간접증거를 종합해서 사건을 재구성해 살펴보는 것이다. 하지만 사람의 기억은 불확실하고, 증인은 거짓말하는 경우가 많고, 간접증거에는 생각지도 못했던 다른 요인이 숨어 있는 경우가 늘 있기 때문에 구체적인 행위의 모습을 밝혀 잘잘못을 가리기란 쉽지 않다.

　혈액이나 지문, DNA 검사, 휴대폰 통화내역, 문자나 이메일, 위치추적, 신용카드 사용내역, 계좌추적 등 온갖 과학적인 증거가 등장하지만, 이런 객관적인 증거도 모두 간접증거에 불과한 경우가 많다.

　그런데 최근 들어 수사기관이나 법관이 범행현장을 직

3장 진실과 거짓, 그리고 오해

접 볼 수 있는 경우가 가끔 있다. 휴대폰 동영상이나 방범용 CCTV, 자동차에 장착된 블랙박스 덕분이다. 이런 증거가 나타나면 온갖 종류의 거짓말이나 불확실성을 일거에 해소할 수 있다.

CCTV(closed-circuit television)는 직역하면 폐쇄회로 텔레비전이라는 뜻으로, 특정 수신자에게 특정 장소의 영상을 전송하는 시스템이다. 주로 산업용·교육용·의료용·교통관제용, 감시·방재용 및 사내 화상정보 전달용 등으로 사용된다. 특히 보안용 CCTV는 범죄 예방뿐만 아니라 수사 및 재판에서 범인 검거와 범행 장면에 대한 증거로 적극 활용되고 있다.

곳곳에 워낙 CCTV가 많이 설치되어 있기 때문에 도시에서 생활을 하다 보면 하루에 수백 번씩 카메라에 찍힌다는 말이 과언이 아니다. 특히 CCTV 덕분에 도심 테러 같은 사건이 발생한 경우 수사·정보기관에서 범인을 찾는 것은 그다지 어렵지 않게 되었다. 하지만 사건 발생 후 추적하기는 쉽지만 지나치게 많은 정보 때문에 테러를 사전에 방지하는 데에는 큰 도움이 되지 않는다고도 한다.

증거로 제출된 CCTV 녹화 화면으로 실제 살인 장면을 본 적이 있다.

살인 혐의로 두 명이 기소되었는데 피고인 중 한 명인 A가 골목길에서 부엌칼로 피해자의 온몸을 여러 차례 찌르더니 마지막에는 목덜미 부근을 푹 찍어 내리고 칼을 꽂아둔 채로 도망갔다. 골목길에 설치된 방범용 CCTV에 살인 장면이 그대로 찍힌 것이다. 영화도 아니고 이런 엄청난 범행 장면을 재생해서 보는 것은 정서적으로 힘든 일이다.

A, B 두 명의 피고인이 살인죄 공동정범으로 기소되었는데, 이 중 피고인 B가 무죄를 주장했다. 범행을 말리기만 했을 뿐 공모하거나 가담하지 않았다는 취지였다.

피해자는 이미 죽어서 말이 없고, 찌르거나 때린 자국은 한 사람이 한 것만 남아 있고, 피고인 A는 자신이 혼자서 했을 뿐 B가 가담한 것은 아니라고 진술했다. 범행을 말린 목격자 C도 함께 있었는데 B가 범행에 가담한 것 같진 않다고 진술했다. 이런 경우 CCTV가 없다면 B는 무죄가 될 가능성이 높고, C는 함께 살인했다고 무고하게 의심받을 수도 있다.

이런 사건 재판에서 더 어려워지는 때는 피고인들이 수사 초기에 했던 진술과 다른 말을 하는 경우이다. 두 사람 중 한 사람이라도 함께 범행했다고 진술하다가 나중에 말을 뒤집는 경우나, 재판 진행 중에 공범이 자신을 잘 대우해주지 않는 것에 불만을 품고 말을 바꾸어 함께 범행하거나 공범이 지시해서 했을 뿐이라고 진술하는 경우이다. 이런 때는 경위를 묻고 또 묻고 실낱같은 증거라도 모두 맞추어보면서 누가 언제 한 말이 참말이고 거짓말인지 잘 가려야 한다. 고민에 고민을 거듭하다가 결국 유죄의 확신이 서지 않으면 무죄를 선고할 수밖에 없다.

이 사건은 증거로 제출된 CCTV 영상을 재생해보니 B가 범행에 가담했다는 것을 확신할 수 있었고, C는 가담하지 않은 것이 분명했다. 사망한 피해자를 포함해 넷이 함께 술을 마시고 A의 집 앞 골목길로 다 함께 와서 B가 피해자와 말다툼을 했다. 그 도중에 B는 A의 집에 쇠파이프를 숨겨놓고 나와 골목길에서 다시 함께 술을 마시다 피해자와 다시 다투었다. 이것을 보던 A가 자기 집에 들어가 부엌칼을 들고 나왔다. A가 피해자에게 칼을 겨누면서 뭐라고 하니, B가 그 칼을 빼앗아 피해자를 찌를 듯이 위협했다. 피해자는 B에게 계속 대들면서 어디엔가 전화를 했고, A가 B로부터 칼을 넘겨받았다. C가 싸움을 말리며 피해자를 다른 쪽으로 데리고 가는데 A가 칼을 휘둘렀고 피해자는 도망가다 넘어졌다. A가 피해자의 얼굴과 몸통을 칼로 수차례 찌르자 C는 말리다 말고 도망갔다. B는 A가 칼로 찌르는 것을 쳐다보면서 손가락질을 하기도 하다가 집 안에 둔 쇠파이프를 가지고 뛰쳐나왔다. 그 후 A가 칼로 피해자의 뒷목 부분을 내리 찔렀다. 피해자가 움직이지 않자 B는 쇠파이프를 다시 A의 집에 가져다 두고 A를 쳐다보면서 가자는 식의 손짓을 한 후 함께 현장을 떠났다.

비록 피고인 B 스스로 피해자를 가격한 것은 아니지만, 이 정도면 피고인들 사이에 묵시적·암묵적으로 통하여 피해자를 살해하고자 하는 의사합치가 있었다고 볼 수 있기 때문에 공동정범[7]으로 인정하는 것이 맞다. 피고인 B가 살인 범행에 가담하지 않고 말리기만 했다는 주장은 거짓말이다.

이런 경우 가끔 변호인들이 B가 방조범[8]에 불과하다고 주장하기도 하지만 받아들이기 어렵다. B는 공모 여부를 끝까지 다투었지만 대법원에서도 유죄로 확정 지었다. 다만 범행을 직접 실행한 A와 옆에서 가담한 B의 형량에는 차이가 있었다. 만약 이런 사건에서 CCTV 영상 없이 당사자들의 진술과 간접 증거로만 판단했다면 과연 이런 판결을 할 수 있었을까?

요새 웬만한 차량마다 부착되어 있는 블랙박스도 사고의 책임을 가리는 데 절대적인 역할을 한다. 교통사고에서 과실이나 신호위반 여부 등을 가릴 수 있을 뿐만 아니라 가끔은 주차되어 있는 차량 안의 블랙박스에 다른 범행 장면이나 범인의 움직임이 찍히는 경우가 있어 수사에 큰 도움이 된다.

블랙박스는 원래 비행 중의 상황을 재현할 수 있도록 비행상태, 조종석 안의 목소리나 교신을 기록하기 위해서 여객기 등에 탑재되어 있는 비행기록장치(FDR), 비행영상저장장치

---

7 형법 제30조(공동정범) 2인 이상이 공동하여 죄를 범한 때에는 각자를 그 죄의 정범으로 처벌한다.

8 형법 제32조(종범) ① 타인의 범죄를 방조한 자는 종범으로 처벌한다. ② 종범의 형은 정범의 형보다 감경한다.

(AVR, Airborn Video Recoder), 조종석음성기록장치(CVR, Cockpit Voice Recorder)를 가리키는 것이다. 사고 후에도 찾기 쉽도록 야광 오렌지색으로 되어 있는데, 어떠한 일이 일어날지 알 수 없다는 뜻에서 블랙이라는 단어를 붙였다. 큰 충격에 견딜 수 있도록 높은 내구·내열·내수성을 가지고 있다. 자동차용 블랙박스는 녹화 카메라이기 때문에 비행기 블랙박스와는 차이가 있어서 영어권에서는 대시보드 카메라(dashboard camera) 또는 대시캠(dashcam)으로 부른다.

블랙박스가 없는 경우, 교통사고에서 어느 한쪽의 과실이 현장에서 분명히 드러나지 않으면 그 책임을 가리기가 쉽지 않다. 당사자들이 명백히 거짓말을 하는 때도 있지만, 신호나 자신 또는 상대방의 상황을 착각하거나 잘못 보는 때도 많기 때문에 자신의 잘못이라고 하면 매우 억울해한다.

특히 신호가 바뀔 무렵 진입한 차량의 경우 자신은 신호를 위반하지 않았다고 굳게 믿는다. 가끔 운전자가 신호가 바뀔 무렵 노란불에서 오히려 속력을 내서 빨리 통과하려고 하기도 하는데, 사실 노란불은 새로 진입해서는 안 되고 이미 진입한 차량만 빠져나가라는 신호이다. 그때 진입했다면 이것도 신호위반이고, 노란불 상태에서 서로 부딪혔다면 양쪽 다 신호위반일 가능성이 높다. 신호위반 여부가 미묘하게 갈리는 경우가 많기 때문에 목격자들의 진술만 가지고 누구의 잘못인지 가리기가 어렵고, 당사자들도 웬만해서는 수사나 재판결과에 수긍하지 않는다.

교통사고 수사와 재판에는 온갖 방법이 다 동원된다. 가끔 길거리에서 교통사고 목격자가 연락해주면 후사하겠다고 쓴 현수막을 볼 수 있다. 그러나 뒤늦게 나타난 증인들에 대하여는 수사나 재판 과정에서 증인들의 오염 여부가 주요 쟁점이 된다. 실제로 가짜 증인을 내세웠다가 휴대폰 위치추적 결과 그가 당시 그곳에 없었다는 점이 밝혀져 위증죄로 처벌받는 경우도 보았다.

수사기관에서도 증언이나 간접증거가 부족하다 싶을 때는 국립과학수사연구소의 교통사고 분석보고서를 첨부해오는 경우가 많다. 물리학이나 공학의 지식을 십분 활용하고 경험적인 데이터나 수치 등을 내세워 분석해오는데, 서로 다투는 경우 감정인을 직접 증인으로 불러 따져 묻기도 한다.

당사자들도 수사 단계에서 자신이 잘못했다는 쪽으로 몰리는 경우 사설 교통사고 분석보고서를 가져오기도 한다. 국립과학수사연구소의 연구관들 못지않은 식견을 쌓은 전문가들이 매우 치밀하게 분석한 보고서이다. 민사소송에서는 양측에서 각기 사설 감정을 해오기도 한다. 그런데 이상하게도 의뢰인에 따라 결론이 다르다. 불분명한 부분에서 의뢰인에게 유리한 자료를 취사선택하기 때문이다.

보고서의 결론에 이른 이유까지 면밀히 살피지만 결국 다른 가능성을 배제할 수 없어 사건이 미궁에 빠지는 경우 형사에서는 무죄이고, 민사사건에서는 돈을 달라는 쪽이 진다. 상대의 과실을 증명하지 못했기 때문이다. 그래서 형사사건에서는 가끔 문제 되는 두 사람 모두 무죄가 되는 경우가 생긴다. 누군가는 억울하겠지만 어쩔 수 없는 현상이다.

블랙박스는 이런 괴로움을 한 번에 해결해준다. 사고 차량에 직접 장착되어 있지 않더라도 앞뒤 다른 차량의 블랙박스에 사고 당시 상황이 찍히는 경우가 있어 결정적인 증거가 된다.

그런데 사람의 심리는 참 이상하다. 객관적인 증거가 나와도 억울하다는 감정을 쉽사리 거두지 않는다. 블랙박스 화면에 신호위반이나 과실이 분명히 드러나는데도 불구하고 자신의 잘못이 아니라고 믿는 사람들이 가끔 있다. 이런 경우에는 동영상이 조작됐을 가능성까지 염두에 두고 검증을 하기도 한다.

자신이 한 말이 녹취되어 있는데 부인하는 사람도 있다. 녹취하는 사람들이 잘못 받아 적었거나 조작되었을 것이라고 하면서 녹음 파일을 검증하고 감정해달라고 한다. 물론 조작되었을 가능성을 배제할 수 없지만, 대부분 본인이 거짓말을 하거나 기억이 분명하지 않은 사실을 주장한 것을 뒤늦게 인정하기 싫기 때문이다. 이쯤 되면 당연히 형량은 늘어나고, 손해배상의 위자료가 오르거나 법관의 재량 범위 내에서는 과실비율도 올라가고, 소송비용 부담 비율도 커지게 된다.

첨단 과학수사기법이 동원되면서 대부분의 것들은 다 찾을 수 있는 세상이 되었다. 사람이 도망가도, 물건이 사라져도, 돈을 감추어도 뒤지면 거의 다 발견된다. 잘못된 행동도 마찬가지이다. 휴대폰 통화내역이나 문자 메시지, 이메일 등을 조회하고, 은행 거래내역이나 신용카드·교통카드 사용내역, 병원 진료내역 등을 살펴보면 일상생활까지도 거의 다 재구성할 수 있다. CCTV와 블랙박스에는 구체적인 행위 내용까지 다 나온다.

한번은 불륜행위로 인한 위자료 청구소송에서 원고가 제출한 남편의 휴대폰 자동녹음 파일에 두 사람이 처음 만났을 때부터의 통화 내용이 전부 녹음되어 있었다. 그간 둘 사이에 어떤 일이 있었는지 모두 알 수 있었고, 법정에서 더 이상 공방을 벌일 필요 없이 부정행위를 인정하고 위자료 액수에 대한 판단만 했다.

이처럼 객관적 증거에 의하여 과거가 그대로 재현되는 경우가 많아지고 있음에도 불구하고 그 틈새를 이용해 못된 행위를 하는 사람들은 여전히 있고, 수사기법이 발전하는 만큼 거짓말도 발전한다. 그러나 말보다 행동이 중요하고, 주장보다 증거가 중요하다. 기술이 발전하면서 진짜 억울함은 말과 주장이 그럴듯한지보다 객관적인 증거에 의해 가려지는 경우가 많아지고 있다.

오해로 인한 억울함,
구간단속과 속도위반

얼마 안 되는 금액의 과태료를 다투기 위해 재판정까지 오는 사람들은 그만큼 억울하다고 생각하기 때문이다.

과태료(過怠料)는 국가 또는 공공단체가 개별 법률에 근거하여 부과하는 금전적인 제재를 통칭하는 개념이다. 여러 종류[9]가 있지만 특히 행정기관이 법령상 의무위반이나 질서위반행위에 대하여 부과하는 과태료는 행정처분에 해당한다.

---

9 현행 법령상 과태료제도는 약 600개의 법률이 규정하고 있어 행정상 의무이행 확보 수단으로 광범위하게 활용되고 있다. 대표적으로 민법, 상법, 민·형사소송법, 도로교통법, 건축법, 자동차관리법 등 부과 근거가 매우 다양하다. 지방자치법에는 조례(條例)로도 과태료를 징수할 수 있도록 되어 있다(지방자치법 제27조, 제139조). 과태료 제도가 복잡하다보니 운용의 통일을 기하기 위하여 '질서위반행위규제법(2008)'이 제정되었다.

엄연히 형벌[10]에 해당하는 벌금, 구류, 과료와 구별된다.

가장 흔한 과태료로 시장·군수·구청장이 부과하는 주정차 위반 과태료가 있다. 통상 '과태료 부과 사전통지서'가 날아온다. 만약 과태료 금액이 50,000원, 납부금액이 40,000원으로 되어 있다면, 기재된 의견제출 기한 이내에 자진납부하면 20% 감경된, 납부금액이라고 쓰인 금액만 내면 된다는 취지이다. 인정하지 못하는 경우 기한 내에 의견을 제출하면 행정청에서 과태료 부과 여부와 금액을 결정한다. 그 처분에 이의가 있으면 법원은 우선 서면으로 약식재판을 하고, 다시 이의를 하는 경우 심문을 거쳐 결정으로 재판한다. 재판정까지 온 사람은 이처럼 이미 세 번에 걸쳐 이의를 하고 온 경우이다.

그런데 도로교통법상 속도위반, 신호위반, 중앙선 침범, 버스전용차로 위반, 고속도로 갓길 운행 등을 한 경우, 경찰관에게 적발되면 속칭 딱지라고 하는 '범칙금 납부 통고서'를 건네받고, 무인단속카메라에 찍히면 관할 경찰서장이 발행한 '위반사실 통지 및 과태료 부과 사전통지서'가 날아온다. 속도위반 20km/h 이내의 경우 범칙금 납부 시 30,000원, 과태료 납

---

10 형법 제41조(형의 종류) 형의 종류는 다음과 같다.
  1. 사형 2. 징역 3. 금고 4. 자격상실 5. 자격정지 6. 벌금 7. 구류 8. 과료 9. 몰수
  형법 제45조(벌금) 벌금은 50,000원 이상으로 한다. 다만, 감경하는 경우에는 50,000원 미만으로 할 수 있다.
  형법 제46조(구류) 구류는 1일 이상 30일 미만으로 한다.
  형법 제47조(과료) 과료는 2,000원 이상 50,000원 미만으로 한다.

부 시 40,000원(사전납부 시 32,000원) 식으로 되어 있고, 의견 진술 기한이 기재되어 있다. 솔직히 말하면 법률가인 나도 왜 이렇게 각기 다른지, 그중 어떤 것을 내야 하는지 혼란스러울 정도이다.

범칙금(犯則金)은 도로교통법이나 경범죄 처벌법에서 정한 20만 원 이하의 벌금이나 구류 또는 과료에 처하는 사건에서 통고처분에 따라 납부하여야 할 돈을 말한다. 말하자면 경미한 형벌을 범죄 경력으로 남기지 않고 간소하게 처리하는 행정벌로 만든 것이다. 만약 통고된 범칙금을 납부하지 않는 경우 관할 경찰서장은 판사에게 즉결심판(卽決審判)[11]을 청구하도록 되어 있고, 이 경우 유죄로 판단하면 개별법에서 정해진 범위 내에서 형벌이 선고되는 것이기 때문에 엄밀한 의미에서는 전과가 된다. 즉결심판에도 불복하면 정식 형사공판 절차로 이행된다.

범칙금과 과태료 등이 이렇게 제각각인 이유는 도로교통법에서 속도위반 등의 위반행위에 대하여 범칙금과 과태료를 모두 부과할 수 있도록 하고 있기 때문이다. 그러다 보니 범칙금은 운전자가 밝혀졌을 때 부과하고, 과태료는 일단 차주에

---

11 즉결심판과 구별해야 할 개념으로 '즉결처분'이라는 말이 있다. 전시 등 급박한 상황에 재판을 아예 하지 않거나 즉석 재판으로 처벌하는 것을 말하고, 특히 즉석에서 사람을 죽이는 것을 즉결처형이라고도 한다.

게 부과하는 것으로 운영되고 있다. 무인카메라에 단속된 경우처럼 둘 중 하나를 선택해서 낼 수 있다면, 범칙금이 좀 더 낮은 금액으로 부과되지만, 그 통고처분을 이행하지 않으면 형벌로 될 수 있고, 벌점도 부과되기 때문에 과태료로 납부하는 편이 낫다.

상식적인 선에서 설명한다고 했는데도 이렇게 복잡하다. 법을 꼼꼼히 살펴보면 나름대로 이유가 있지만, 굳이 이처럼 복잡하게 나누어 혼란스럽게 하지 말고 법령을 통일해서 단순화하면 좋겠다.

속도위반 과태료의 경우 과속단속카메라에 찍힌 명백한 증거가 있기 때문에 다투는 경우가 많지 않다. 그런데 속도위반 80,000원의 과태료를 다투기 위해 한 위반자가 찾아왔다. 제한속도 100km/h 도로에서 124km/h로 달린 경우였다. 이의신청 요지는 다음과 같다.

그곳은 구간단속을 하는 곳으로 시점과 종점에 카메라가 설치되어 있었다. 나는 분명 평균속도 100km/h 이하로 달렸다. 속도를 충분히 낮추어 달려온 것 같아 이제 약간 속도를 내도 되겠다 싶어 종점 무렵에서 속도를 좀 높였다. 그런데 구간단속 종점에 설치된 카메라에서 차량 속도를 측정해 과속으로 달린 것을 적발해 속도위반으로 처리했다. 분명 구간단속을 할 것이라고 고지해놓고 사전 홍보 없이 종점을 기준으로 속도위반을 단속하는 것은 부당하다. 비록 과태료는 80,000원이지만 생계를 접어두고 왔다. 너무 억울해서 대법원까지라도 갈 생각이다.

말하자면 행정청이 구간단속을 한다고 해놓고 특정 지점을 기준으로 과속을 단속하는 것은 행정상의 신뢰보호원칙, 법의 기본 원칙인 신의칙(信義則) 등을 위반한 것이라는 취지이다.

그다지 문제가 될 것이 없는 사건으로 생각하고 법정에 들어갔는데, 당사자가 완강하게 주장하는 것을 들어보니 좀 더 고민이 필요한 사건이었다. 주변 사람들에게 의견을 물어보았는데, 의외로 법률가 중에도 여러 명, 일반인 십여 명 중에서 절반 이상이 그 사람 말이 맞다는 것이다. 그래서 구간단속의 원리와 관련 법리를 다시 연구했다.

구간단속이란 시점과 종점의 통과시간을 측정하고 그 사이의 거리를 기준으로 차량의 평균속도를 계산해 과속 여부를 판정하는 단속 방식이다. 제한된 속도로 운행했을 때의 시간보다 통과된 시간이 짧았을 때 단속 대상이 된다. 과속단속 카메라 앞에서만 감속했다가 카메라를 지나면 다시 가속하는 이른바 '캥거루 과속'을 방지하기 위한 방법이다. 비록 제한속도 이상으로 운행하는 것이 직접 찍히지는 않았지만, 평균속도가 제한속도 이상이 되면 그 사이의 어느 지점에선가 제한

속도 이상으로 운전한 것이 논리상 명백하기 때문에 그와 같은 단속이 정당성을 갖는 것이다.

일단 그 도로 전 구간의 제한속도가 시속 100km/h 이내로 되어 있는 이상 운전자는 그중 어느 한 지점에서라도 시속 100km/h를 초과하는 경우 과속단속 대상이 된다. 속도위반 단속 지점을 고정하지 않고 이동식으로 단속하는 것이 위법하지 않은 것과 마찬가지로 구간단속 지역의 시점과 종점에서 단속하는 것 역시 적법한 것이다. 구간단속을 하겠다고 고지한 것이 그 구간 전체의 평균 시속만 지키면 되고 특정 지점에서는 단속하지 않겠다는 취지를 밝힌 것이라고 볼 수 없다. 행정청에서 시점과 종점에서의 과속도 단속하겠다는 점을 특별히 홍보하지 않았다고 하더라도 위법·부당하다고 할 수 없다.

결국 내 판단으로는 이 사건의 속도위반 단속은 적법하고 과태료 부과도 정당해 보였다. 이러한 취지를 담은 결정문을 작성해 그 위반자에게 보내주었다. 과태료 금액을 약간 감액해 줄까 하는 생각도 했지만, 속도위반 단속에서는 수치에 따라 일반적으로 적용되는 기준이 있기에 금액은 그대로 유지했다.

그 사람이 법정에서 말한 대로 진짜 대법원까지 갈지 궁금해서 나중에 찾아보았더니, 2심에서도 같은 이유로 항고기각 결정을 받고 대법원에 재항고를 하지 않아 그대로 확정되었다. 결정 이유를 수긍해서 그만두었는지 단지 귀찮아서 그쳤는지 나로서는 알 수 없었다.

나중에 차를 몰고 그 구간을 통과하면서 유심히 살펴보았다. 이 사건이 문제가 돼서 그랬는지 원래 그랬는지 모르겠지만 '구간단속 시작점에서의 속도, 종점에서의 속도, 그리고 평균속도를 모두 측정하여 단속한다'는 표지판이 설치되어 있었다.

이 사건은 본인이 억울하다고 확신에 차서 다투었지만 사실 법의 취지를 오해하고 있는 경우이다. 그러므로 판단할 권한이 있는 사람이 결정의 이유를 설득력 있게 제시해야 한다. 하지만 다투는 사람이 늘 이성적인 것은 아니기 때문에 때로는 설득하는 데 인내심이 많이 요구되기도 하고, 끝내 수긍하지 않는 경우도 많다.

경미한 벌금이나 과태료 부과 절차도 이렇게 복잡하게 꼬여 있고, 내 생각에는 명백한 법리 같아도 법률가들 중에서도 다른 의견을 내는 사람이 많은데, 당사자의 진지한 주장을 억지 주장이라고 쉽사리 배척해서는 안 된다. 머리를 비우고 돌아서서 내가 간과한 측면이 없는지, 그 사람이 거칠게 내뱉는 억울함이 법으로 정제되는 경우 어떤 의미가 있는지 늘 다시 한번 생각해보아야 한다.

부정선거,
누가 속았나?

선거관리는 매우 긴장되는 업무이다. 자칫 말 한마디, 행동 하나, 눈길 한 번이 문제 되어 구설수에 오르고 격렬한 항의를 받는 때가 있다. 개표 과정에서는 문제 상황에 대한 급박한 대응이나 신속한 결정이 필요하다. 표 차가 크지 않을 때는 상대방이 결과가 뒤집힐 일말의 가능성을 제시하는 이상 재검표를 하지 않을 수 없다. 그리고 개표 참관인들은 이미 화가 나 있는 사람들이 많기 때문에 아주 조심해서 상대해야 한다.

대통령 선거나 국회의원 선거보다 지방선거의 관리가 훨씬 어렵다. 특히 구역별 선거인 수가 적은 기초의원 선거의 경우 표 차가 10표 이내인 때도 많고, 재검표 결과 당락이 바뀌는 사례도 가끔 발생한다. 더구나 지방선거 때는 광역단체장부터 기초의원까지 한번에 10장 이상 투표하는 경우가 많기 때문에 그것을 구분해서 처음부터 끝까지 문제없이 관리한다는 것은 쉬운 일이 아니다.

선거의 공정한 관리를 위해 각급 선거관리위원회가 있다. 그리고 투개표 관리의 기본 업무는 구·시·군 선거관리위원회에서 담당한다. 구·시·군 선거관리위원회 위원의 정원은 9명인데, 통상 각 지방법원이나 지원에서 경력이 오래된 판사가 선거관리위원장을 맡는다. 선거관리위원은 보통 그 지방의 사정을 잘 아는 지역의 지도급 인사 중에서 엄격한 심사를 거쳐 공정성에 문제가 없는 사람들을 위촉한다. 위원 중에는 교섭단체를 구성한 정당이 추천한 사람도 각 1명씩 포함해 2~3명 정도가 들어온다.

정치적 문제에 엄격한 공정성을 유지해야 하는 선거관리위원의 처신은 쉽지 않다. 특히 그 지역이 특정 정당의 텃밭인 경우는 더욱 그렇다. 하지만 지역 유지들이 선거관리위원을 하면 좋은 점도 좀 있다고 한다. 선거철마다 들어오는 후보들의 도움과 경제적 지원 요청을 정당한 이유를 들어 마음 상하지 않게 거절할 수 있다는 점 등이다.

선거관리위원회뿐만 아니라 선거를 위한 도구들도 철저하게 공정성 시비를 없애기 위해 고안된 것들이다. 예를 들면 총알 탄피로 시작된 기표용구는 대나무, 플라스틱 볼펜 자루 등을 거쳐 오늘날 만년 기표봉으로 진화했다. 1980년대까지는 인주를 묻혀 투표용지에 찍었을 때 동그라미(○) 표시가 나타나는 원통형 도구를 활용했다. 1992년 제14대 대선때부터 동그라미 안에 '人(사람 인)'자를 삽입했다. 잉크가 젖은 상태에서 투표용지를 접으면 다른 칸에 묻어나는 경우가 많았기 때문이다. 그러다가 1994년에는 'ㅏ(점 복)'자로 바뀌었다. '人'자가 당시 김영'삼'의 '시옷(ㅅ)'을 떠올리게 한다고 주장하는 사람들이 있어서였다. 2005년에는 인주가 필요 없는 만년 도장식 기표용구가 개발되었다. 인주가 다른 칸에 묻어나 무효표로 처리되는 것을 방지하기 위해 고안된 이 기표용구로는 5,000번가량 찍을 수 있다. 그래서 현재까지 동그라미 안에 'ㅏ'자 모양을 넣은 만년 도장식 기표용구가 쓰이고 있다.

우리나라에서는 특히 관권(官權)이 개입된 부정선거에 대한 경계심이 매우 강하다. 4·19혁명을 불러온 이승만 정권의 3·15부정선거에서부터 비롯된 뿌리 깊은 불신이 남아 있기 때문에 그런 것 같다.

요즘도 부정선거 시비는 종종 있다. 특히 개표 당시 전자개표기에서 판정되지 못한 미분류표를 유효로 할 것인지 무효로 할 것인지가 늘 문제가 된다. 우리나라 전자개표기 분류 기술은 상당히 신속 정확하고, 그 기계를 다른 나라에 수출하기도 한다. 그래도 믿지 못하는 사람이 있기는 하지만, 경험상

전자개표기의 기능적인 문제 때문에 개표가 불공정하게 처리되거나 전자개표기의 개표 결과를 누군가가 조작해서 사실과 다른 표수가 계산될 가능성은 상상하기 어렵다.

전자개표기는 약간이라도 문제의 소지가 있으면 일단 미분류표로 분류하도록 되어 있다. 그중에서 어느 한 후보에게 기표한 것이 비교적 명확한 경우에는 무효표로 처리하지 않고 그 후보의 표로 인정한다. 예를 들면, 한 후보자란에만 두 번 이상 기표한 것이나, 후보자란의 구분선상에 걸쳤지만 어느 후보자에게 기표한 것인지 명확한 것, 기표한 것이 다른 후보자란 또는 여백 등에 묻은 것 중 식별할 수 있는 것은 유효표로 처리한다. 하지만 기표용구가 아니라 도장을 찍거나 손글씨로 쓴 것 등은 무효표로 처리한다. 2016년 4월 제20대 국회의원 총선에서는 기표용구의 잉크가 약간씩 번져 미분류표가 되는 경우가 많았다. 하지만 육안으로 보면 누구를 찍은 것인지 명확했기 때문에 대부분 유효표로 처리되었다.

유효표로 할지 무효표로 할지 애매한 경우에는 즉석에서 선관위원들이 회의를 열어 결정한다. 투표를 하는 사람 중에 구분선에 닿게 기표한 경우가 상당히 많다. 일부러 어느 쪽에 치우치지 않게 교묘하게 선 중간에 찍어 개표요원이나 선관위원들을 곤혹스럽게 하는 사람도 꽤 있다.

구분선에 걸쳐 어느 란에 기표한 것인지 식별하기 어려운 경우에는 당연히 무효표로 처리하지만, 어느 후보에게 기표한 것인지 명백한 때에는 유효표로 처리한다. 구분선에 걸치는 것을 방지하기 위해 제20대 총선에서는 후보자별 기표란 사이에 빈 공간을 만들어 무효표를 방지하는 데 상당히 큰 효과를 보았다. 득표수가 몇 표 차이 나지 않을 때는 무효표를 두고 따지는 경우가 많아서 유·무효표 판단이 초미의 관심사가 된다.

이렇게 하나하나 수작업으로 표를 분류하는데도 불구하고, 그 수치를 내놓고 보면 미분류표 중 유효표로 전환된 표가 어느 한쪽 후보에게 몰리는 경우가 꽤 있다. 후보 간 득표율 차가 많지 않은데 이상하게 미분류표에서 유효표로 전환되는 표수에서는 특정 후보가 압도적으로 많은 것이다. 그러면 그 수치를 보고 참관인들이 즉석에서 이의를 제기하고, 개표장 바깥에서 그 소식을 들은 후보자 측에서는 격앙된 반응을 보이며, 개표에 무슨 부정이라도 있는 양 의혹을 제기한다.

선거관리위원회는 일단 무효표부터 다시 검토하고 미분류표 중 유효표로 전환된 표도 하나하나 다시 검토한다. 이렇게 재확인해보면 한두 표에서 판단이 달라지는 일이 생기기도 하지만 결과에는 거의 차이가 없다. 표를 하나하나 확인한 참관인들은 달리 할 말이 없지만, 밖에 있는 후보자와 지지자들은 여전히 그 결과를 받아들일 수가 없다.

왜 그런 차이가 생기는 것일까?

통상 노년층의 지지를 많이 받는 후보에게 미분류표에서 유효표로 전환되는 표가 많이 나온다. 아무래도 연세가 있는 분들이 네모 안에 정확하게 찍지 못하기 때문이다. 선에 걸치게 찍거나 인주가 옆으로 번지게 하는 실수를 많이 해 일단 미분류표가 되는데, 막상 수작업으로 분류해보면 그 후보의 득표가 명확해서 유효표가 되는 것이다.

그리고 기호가 1번이나 마지막 번인 후보에게도 그런 표가 많이 나온다. 투표용지 맨 위나 맨 아래에 있어서 표시가 약간 빗나가거나 옆으로 인주가 묻을 가능성이 더 크기 때문이다. 그래서 기호 1번이나 마지막 번 후보가 특히 노년층의 지지를 많이 받는 때 그런 표가 상대 후보보다 훨씬 많이 나온다. 물론 무효표로 분류된 표 중에서도 그 후보에게 찍고자 했던 표가 많을 것이니까 실상은 그 후보가 더 억울한 것인지도 모른다.

이런 숨은 사정이 있어 가끔은 설명해주기도 하지만 낙선한 측의 후보나 지지자들은 쉽사리 수긍하지 않는다. 여러 차례 불복 절차를 거쳐 하나하나 확인했는데도 불구하고 다시 그 수치를 살펴보며 여전히 억울해하고, 아쉬운 패배의 주요 원인으로 생각한다. 증거보전을 거쳐 선거무효나 당선무효의 소청이나 소송으로 이어지기도 한다.

이런 사례야말로 억울함이 오해에서 비롯된 경우이다. 언뜻 의외의 수치가 나온 것 같아도 위와 같은 요인들을 약간만 생각해보면 충분히 수긍할 수 있을 것 같다. 그런데 여기에 온갖 억측과 지지자들의 군중심리까지 발동하면 이상한 말들이 덧붙어 완전히 부정선거를 규탄하는 분위기가 된다. 그것이 과해지면 위력에 의한 공무집행 방해나 허위사실 유포로 인한 명예훼손 같은 형사처벌을 받을 수도 있다.

물론 단순 수치만 내세워 의혹을 제기하는 때에는 설령 사실과 다른 의혹을 제기했더라도 고의가 없기 때문에 무죄가 될 수 있다. 하지만 거기에 자신들이 이미 확인한 사실을 거짓으로 주장하거나 임의로 없는 사실을 덧붙이고 인신공격성 단어까지 내세우는 경우에는 사정이 다르다. 합리적인 의혹 제기의 수준을 넘어 사실이 아닌 것들이 주장의 주요 부분을 차지하게 되면 당연히 고의까지도 인정되어 유죄가 된다.

이 정도에까지 이르면 본인이 억울하다고 주장하는 것은 진짜로 그렇게 믿었다기보다는 다른 정치적 이유가 있어서 거짓 주장을 하는 것이다. 이는 선거관리위원회나 법관이 불공정한 판단을 한 것이 아니라 자세한 내막을 모르는 지지자들이 거짓 주장을 하는 사람에게 속고 있는 것이다.

그런데 사실 큰 체육관에 수백 명이 모여 개표하면서 가끔 실랑이하는 모습을 지켜보면 참으로 답답하기 그지없다. 오늘날에 이르러서도 이런 '원시적인' 투개표 방식을 계속한다는 것을 도대체 이해하기 어렵다.

우리나라는 대단한 IT 강국이고, 이미 전자투표[12]에 관한 기술도 모두 개발되어 있다. 실제로 선거관리위원회에서 위탁받아 관리하는 조합장 선거나 학생회장 선거 중 일부는 전자투표 방식으로 치러지고 있다.

전자투표를 하면 편리할 뿐만 아니라 돈도 훨씬 적게 든다. 본인 확인은 주민등록의 지문 확인으로 가능하고, 터치스크린에 나오는 후보자들을 터치한 뒤, 제대로 찍었는지 확인할 수도 있어서 무효표도 거의 나오지 않는다. 종이 투표용지의 작은 칸에 인주로 찍는 것보다 글씨도 훨씬 크고 기표도 쉽다. 노년층이 적응하기 어렵다는 것은 그다지 설득력이 없다.

투표용지를 인쇄하고, 투표 후 개표장까지 옮기면서 보안을 유지하고, 분쟁에 대비해 한동안 보관해야 하는 비용과 노력도 줄일 수 있다. 개표는 아예 필요하지도 않다. 데이터를 개표 프로그램에 옮겨 입력 버튼만 누르면 결과가 바로 나온다. 방송 3사에서 비용만 많이 들고 잘 맞지도 않는 출구조사를 할 필요도 없다.

전자투표를 도입하지 않는 가장 중요한 이유로 거론되는 것이 수치를 조작해서 부정선거를 할 가능성이라고 한다. 이것이야말로 기우(杞憂), 하늘이 무너질까 봐 걱정하는 꼴이다.

---

12 여기서 말하는 '전자투표'는 원격 전자투표가 아니라, 기표소에 가서 종이가 아닌 디지털 방식으로 기표하는 것을 말한다.

물론 관권에 의한 개표 조작이나 외부인의 해킹 우려가 없는 것은 아니지만, 그에 대한 감시와 대응책을 겹겹이 만들고 작은 선거에서부터 차례로 실시해보면 된다. 미국 같은 나라에서 이미 전자투표를 시행하고 있다. 우리나라가 기술에서 뒤질 리 없다. 단지 부정선거가 두려워 전자투표를 시행하지 못한다는 것은 정치권이 오랜 기간 동안 누적된 뿌리 깊은 불신을 일반인에게 확산시키는 것일 뿐이라고 생각한다.

위법의 대가,
짝퉁과 장인정신

1990년대의 이야기이다. 그때는 지적재산권에 대한 인식이 지금처럼 확고하지 않았다. 유명 상표를 도용하거나 남의 창작물을 공짜로 쓰는 일이 비일비재했다. 컴퓨터 프로그램 같은 것도 개인들은 돈을 주고 사서 쓰는 경우가 거의 없었다.

대낮에 번화가에서 손수레에 최신 가요를 수십 곡씩 불법 녹음한 테이프를 진열해놓고 파는 것은 아주 흔한 풍경이었다. 사람들은 그것을 '길보드 테이프'라고 불렀다. 보통 테이프 하나에 1,000원 정도 받았는데, 나름 브랜드도 있어서 테이프를 고급으로 쓰고 녹음 상태가 좋은 것은 1,500원 내지 2,000원까지 받았다. '요새 길보드 차트 1위 곡은 김건모의 핑계입니다' 같은 멘트가 정규 방송에도 등장할 정도로 일상적인 용어였다.

사실 길보드 테이프가 진품 음반보다 더 인기 있었던 것은 가격보다도 테이프 하나만 사면 최신 유행 가수들의 노래를 다 들을 수 있다는 장점 때문이었다. 한 달에 한 번만 새 테이프로 바꾸어주면 유행에 뒤지지 않는 문화생활을 할 수 있었고, 가까운 사람에게 가볍게 건네는 선물로도 인기가 있었다.

요즘에는 이런 광경을 상상하기 힘들다. 심지어 백화점이나 커피 전문점에서 음반을 틀기만 해도 음악저작권협회나 실연자협회에 돈을 내야 한다. 음반뿐만 아니라 인터넷에서 선곡해주는 스트리밍 음악을 연결해 틀기만 해도 마찬가지이다. 실제로 그런 돈을 내놓으라는 민사소송이 많이 제기되고 있다. 그래서인지 근래에는 길거리나 상가의 매장에서 최신 유행가나 크리스마스 캐롤 같은 것들이 흘러나오는 경우가 흔하지 않고, 우연히 그걸 듣게 된다고 해도 공짜로 듣는 것이 아니다.

물건도 마찬가지였다. 특히 명품 핸드백이 심했다. 유명 브랜드의 핸드백은 그때도 이미 100만 원이 훌쩍 넘는 경우가 많았다. 이른바 짝퉁과 가짜의 차이는, 상대방도 가짜인 걸 알면 짝퉁이고, 상대방이 진짜인 걸로 속으면 가짜라는 말이 있었다. 가짜를 진짜라고 속여서 팔면 사기가 되겠지만 그런 경우는 많지 않고, 대부분 짝퉁을 싼 가격에 팔았다. 동대문이나 남대문에서 내놓고 파는 짝퉁은 겉보기에도 조잡해서 몇

만 원이면 살 수 있었지만, 명동이나 이태원에서 몰래 숨겨놓고 파는 짝퉁은 진짜와 거의 구별하기 어려웠다.

사법연수원 시절 검찰 수습 연수를 받을 때였다. 마침 형사부 중 지적재산권을 전담하는 부서에서 수사를 배웠다. 짝퉁이 난무하던 시절이었지만, 그때라고 해서 처벌을 하지 않았던 것은 아니다. 앞에서 말한 길보드 테이프 같은 것은 심하게 단속하지도 않았고, 워낙 만연해 있었기 때문에 가끔 잡혀 오는 사람들도 자신이 그다지 엄중한 죄를 지었다고 생각하지 않았다. 동종 전과가 여러 차례 있거나 아예 공장형 제작소를 만들어놓고 대량으로 유통하는 경우 간혹 구속되기도 했지만, 길거리 손수레에서 테이프를 파는 사람들은 거의 벌금형을 받고 풀려났다.

어떤 넉살 좋은 피의자는 벌금을 납부하러 와서, "최근에 나온 품질 좋은 테이프입니다" 하고 사무실 사람 수에 맞춰 5개를 가져왔다.

"이거 그만 팔라고 했잖아요!"

"그래서 그냥 아는 사람들 나눠드리는 거 아닙니까!"

"이것도 일종의 뇌물 아니에요?"

"아이, 참! 끝난 마당에 왜 그러십니까? 그냥 애교라고 생각하세요" 하고 그는 유유히 사라졌다.

문제는 진품과 거의 다를 바 없는 핸드백이었다. 샤넬이나 루이뷔통 같은 회사에서는 검찰청에 거의 날마다 고소 대리인을 보내 수사관을 현장에 파견해줄 것을 요청했다. 반면 새롭게 떠오르는 명품 브랜드에서는 은근히 짝퉁 시장에서 유행되기를 기다리거나, 뭔가 화제가 되는 사건이 일어나면 노이즈 마케팅으로 활용하고 뒤에서 조용히 합의해주기도 했다.

그러던 중 이태원에 대형 짝퉁 업체가 있다는 첩보를 입수하고 현장단속을 나갔다. 아예 진품 카탈로그를 가져다 놓고 거기서 고르면 창고에 가서 물건을 가지고 왔다. 현장에서 일당을 체포해왔다. 이 집이 특히 타깃이 된 이유는 진짜와 거의 구별하기 어려운 물건을 만들어 인기가 좋았기 때문이다. 그쪽 계통에서는 입소문이 많이 나서 화제가 되었던 모양이다. 가격도 비교적 비싼 편이어서 그 당시 가죽가방 기준으로 20만 원 이상을 받기도 했다. 그중 대표 격인 사람에게 딴 데에 비해 가격을 너무 비싸게 받는 것 아니냐고 물었다.

"짝퉁이라고 다 같은 것이 아닙니다. 저희는 장인정신을 가지고 만듭니다." 그가 대답했다.

'아아, 장인정신이란 말을 이런 때도 쓰는구나!' 처음에는 어이가 없었다. 그런데 자세히 들어보니까 그 사람 말이 완전히 허투루 하는 소리는 아니었다. 그의 논리는 이러했다.

일단 가죽을 좋은 것으로 쓴다. 정품과 거의 차이 나지 않는다. 바느질은 우리가 더 나을 수도 있다. 기술로 따지면 정품보다 더 잘 만들 수도 있다. 하지만 정품하고 되도록 비슷하게 만들어야 해서 수준을 낮추는 경우도 있다. 정품들도 사실 프랑스나 이태리가 아니라 중국이나 베트남 같은 데서 만들어오는 경우가 많지만, 우리 것은 순수하게 한국에서 만든 것이다. 솔직히 말해서 일반인들은 우리 제품하고 정품 중에서 어떤 것이 정품인지 구별하지 못한다. 그래도 우리는 양심적이다. 마치 정품을 할인해서 파는 것처럼 사기를 치는 사람들도 있으니 말이다. 하지만 우리는 정직하게 짝퉁이라는 전제하에 이 정도 가격만 받고 파는 것이다.

정말 그랬다. 카탈로그를 보고 정품과 짝퉁을 비교해봐도 웬만해서는 구별할 수가 없었다. 포장용 천 커버까지 똑같고, 품질 보증서도 들어 있었다. 다만 보증서의 일련번호는 모든 제품이 동일했다. 쇼핑백은 가게에서 물건 가지고 나갈 때 시선을 끄니까 주지 않고, 특별히 원하는 사람에게만 따로 접어서 준다고 했다. 그는 당혹해하는 나에게 정품과 짝퉁을 구별하는 방법까지 친절하게 가르쳐줬다. 들어보니 몇 가지 세밀한 부분에서 차이가 났다. 그것까지 똑같이 할 수 있지만 양심상 약간 차이를 둔다고 했다.

나는 이렇게 기술도 좋고 나름 양심도 있다고 하는 사람이 왜 굳이 짝퉁을 만들어 파느냐고 물었다.

그는 비교적 상세하게 자신의 사정을 설명했다. 고등학교

졸업 후 상경해서 가방 기술을 배웠고, 독립해서 작은 공장을 두고 꽤 품질 좋은 제품을 만든다고 소문이 났다. 그런데 1990년대 접어들면서 명품 바람이 불어서 도무지 장사가 되질 않았다. 그냥 저가 시장을 공략하자니 수지도 맞지 않고 그간 배운 기술 접어두고 허접스러운 물건을 만들기도 싫었다. 명품 핸드백을 흉내 내서 만들다 보니 기술도 더 좋아지고, 만드는 재미도 있고, 수입도 많이 늘었다. 사실 물건의 절반 이상은 일본 관광객들이 사간다. 외화 획득에도 상당한 기여를 한 점을 참작해달라. 기술은 있는데 브랜드 상표가 없어 인정받지 못하는 처지가 너무 한스럽다.

그때만 해도 중국 관광객이 많지 않았고, 우리나라와 일본은 물가나 환율에서 큰 차이가 났기 때문에 일본인들이 쇼핑 관광을 하러 많이 왔다. 일본 관광객 사이에서 괜찮은 물건 몇 개만 사가면 비행기 값 정도는 쉽게 빠진다고 소문이 났다. 당시 일본에도 명품 핸드백 바람이 불었고, 일본인의 특성상 굳이 남의 가방에 대해 진짜냐 가짜냐를 따져 묻지 않기 때문에 자기만 만족하면 아무 문제 될 것 없다.

그 사람 말을 듣다 보니 점점 빠져들었다. 경우가 좀 다르지만, 심리학에서 인질로 잡힌 사람들이 인질범에게 정신적으로 동화되어 호감과 지지를 나타내는 현상을 '스톡홀름 증후군(Stockholme Syndrome)'이라고 하고, 반대로 인질범이 인질에게 동화되어 동일시함으로써 공격적인 태도가 완화되는 현상을 '리마 증후군(Lima syndrome)'이라고 한다. 아마도 내가 그 비슷한 모습을 보였나 보다. 지도 검사님이 나를 옆방으로 불러 이렇게 말씀하셨다.

피의자한테 그렇게 너무 동조해주면 나중에는 자기가 도대체 뭘 잘못했느냐고 오히려 억울해한다. 저 사람은 단순한 생계형 짝퉁 사범이 아니라 기업형 범죄자이다. 장부에 써놓은 금액은 한 달에 1,000만 원도 안 된다. 그건 단속당할 때를 대비해서 일부러 그렇게 만들어놓은 것이다. 하루에 10개씩만 팔았다고 치자. 그래도 하루 매출이 200만 원, 한 달이면 1억 원에 육박한다. 경험상 저렇게 소문난 집은 한 사람이 여러 개씩 사기 때문에 하루 최소 50개 이상은 판다. 그럼 하루에 1,000만 원이니 한 달 매출만 3억 원 이상 된다. 그런데 전부 현금 받고 장사하기 때문에 매출 총액을 밝혀낼 수가 없다. 저런 사람은 마치 도박을 전문으로 하는 성인 전자오락실 운영자처럼 어차피 단속당할 것을 예상하고 몇 개월씩 버티는 사람이다. 전과 조회하면 아마 별다른 내용이 없을 것이다. 바지사장으로 어차피 처벌받기로 마음먹고 온 사람이다. 저 사람이 기술자라고? 천만의 말씀이다. 기술자는 숨어 있지 절대 나오지 않는다. 고문하는 시절이 아니니까 저 사람을 아무리 파봐야 윗선이 나오지 않는다. 사실 저 사람도 실제 사장이 누구인지 모를 가능성이 높다. 물증부터 잘 뒤져보고, 통화내역 조회하고 계좌추적 해봐라. 혹시 실수로 뭐 남긴 거라도 있을지 모른다.

내가 정말 순진했던 것이다. 지도 검사님 예상대로 그는 사소한 벌금형 몇 번 외에는 별다른 전과가 없는 사람이었다. 자기가 대단한 기술자인 것처럼 무용담을 계속 자랑했지만 이젠 귀에 들어오지 않았다. 매출액은 매장 규모를 고려하고 기존 사건 예에 비추어 피의자가 자백하는 것을 몇 번 밀고 당기다가 유죄로 판단될 수 있는 선에서 받아들이는 수밖에 없었다. 결국 사장이라는 사람을 구속하고, 나머지 직원 몇 명을 불구속 기소했다. 실체를 밝혀내지 못한 것 같아 마음이 쓰라렸지만, 어쨌든 그 사람들이 공모해서 범행을 저지른 것은 분명하니 억울한 벌은 아니었다.

지도 검사님은 매번 정의를 완전히 실현할 수 있다는 환상을 갖지 말라고 하셨다. 수사하는 사람이 그것에 너무 집착하면 무리한 방법을 동원하게 되고, 간혹 거짓말하는 피의자를 가혹하게 다루고 싶은 충동이 생긴다는 것이다. 이런 식으로라도 단속을 하면 그것도 나름대로 효과가 있고, 어쩌다 공범들이 실수로 증거를 남기는 경우가 있어서 가끔 일망타진(一網打盡)하는 경우도 있다고 하셨다.

그 시절에는 현장에 없는 공범을 잡기가 이처럼 쉽지 않았다. 하지만 요즘엔 웬만한 공범은 다 잡는다. 휴대전화 위치 추적, 통화와 계좌거래 내역, 문자와 카카오톡 메시지, 주변 CCTV 등을 돌려보면 범인의 주변 사람들이 대충 다 드러나고, 어디엔가 공범의 흔적이 남기 때문이다.

많이 배웠다. 그런데 그 사장이란 사람이 끝까지 한 가지는 억울하다고 했다. 왜 매출액 전체를 부당이득액으로 잡느냐는 것이었다. 자신의 물건은 가죽 값이 다른 제품보다 훨씬 비싼 것이고, 공임도 숙련된 노동자를 쓰기 때문에 핸드백 하나가 20만 원이라면 원가가 적어도 10만 원은 되니까 그 금액은 빼야 한다는 취지였다. 말하자면 자기들이 장인정신을 발휘해 피땀 흘려 만든 것의 가치를 전혀 인정해주지 않고 왜 전부 부당이득으로 치부하느냐는 것이다.

과연 그는 억울한가? 이런 경우가 바로 본인은 억울하다고 주장하지만 사회적 정의라는 큰 틀에서 그 억울함을 받아들일 수 없는 때이다. 그 가방들이 유명 브랜드 상표와 디자인을 달고 있지 않았더라면 결코 팔릴 수 없는 것들이기 때문에 그것을 빼면 가치가 없다고 보는 것이다. 무가치한 것을 만들기 위해 들인 재화와 용역, 범죄를 위해 쏟은 노력은 정당한 비용으로 인정해줄 수 없다. 이것이 사회적 합의이기 때문에 법적으로는 그렇게 평가하는 것이다.

사장이란 사람이 압수된 물품을 어떻게 할 거냐고 물었다.

법원의 판결이 나면 소각 형식으로 폐기 처리할 것이라고 답했다. 그는 잠시 멍한 표정을 짓더니 눈물을 글썽거렸다. 진짜 기술자라서 그런 것인지, 연기를 한 것인지 잘 모르겠다.

4장
사실과 다른 판결이 나는 이유

재판에서 가끔 사실과 다른 판결이 나는 경우가 있다. 그러면 분명히 억울한 사람이 생긴다. 사람들은 사실과 다른 판결이 모두 오판이라고 생각한다. 하지만 꼭 그런 것은 아니다. 심지어 법관들은 어느 하나는 사실과 다르다는 것을 알면서도 앞의 판결과 양립하지 않는 판결을 하기도 한다. 겸허하게 오판을 인정해야 할 때도 있지만, 실제와 다를 수 있다는 것을 감수하고 부득이하게 판결하기도 한다는 것이다. 언뜻 이해하기 어려운 이런 현상은 왜 발생하는 것일까? 법관의 잘못을 인정하고 반드시 바로잡아야 하는 오판과, 국가가 양보하고 사회가 수용해야 하는 실체적 진실과 다른 판결의 본질적 차이는 무엇인가? 사실과 다른 판결로 인해 발생하는 억울함은 어떻게 해결하고 최소화할 것인가?

실체적 진실과
헌법적 가치

 재판에서 사실과 다른 판결이 나오는 이유 중 첫 번째는, 실체적 진실의 발견이나 정의의 실현 못지않게 중요한 다른 가치가 있는 경우이다.

 특히 형사재판에서 그 예를 찾기가 쉽다. 사람의 기본적인 인권, 고문이나 가혹행위의 금지, 무죄추정, 합리적 의심의 여지가 없는 증명, 적법절차, 위법수집 증거의 배제, 죄형법정주의, 일사부재리, 공소시효 같은 것들이다.

 형사재판에서 범죄 사실을 증명할 책임은 국가에 있고, 우리나라에서는 검사에게 그 권한과 의무를 부여하고 있다. 그런데 공익의 대표자인 검사는 오로지 적법한 절차에 따라 수집한 증거능력이 있는 증거만 가지고 피고인의 범죄를 증명해야 한다.

예를 들면 위법하게 압수수색하거나 도청한 자료, 진술거부권을 고지하지 않거나 적법하지 않은 구금 중에 얻은 피고인의 자백, 고문이나 가혹행위의 의심이 있거나 의사가 자유롭지 않은 상황에서 피고인이나 제3자가 한 진술 등은 모두 증거로 받아들이지 않는다. 검사가 적법한 증거를 가지고 범죄를 명백히 밝히지 못하면 사실과 다른 무죄판결이 나와도 그건 국가가 감수해야 한다.

그리고 아무리 나쁜 행동을 했다고 하더라도 행위 당시의 법에 의해 죄가 되지 않는 것을 나중에 법을 만들어서 처벌할 수 없고, 잘못된 판결이라도 일단 확정되면 피고인은 다시 불리한 재판을 받지 않는다. 이것을 죄형법정주의(罪刑法定主義, nullum crimen sine lege, nulla poena sinelege)와 일사부재리(一事不再理, ne bis in idem)의 원칙이라고 하고, 이는 헌법에서 명시적으로 선언한 양보할 수 없는 가치이다.[1] 무죄판결이 확정된 후 나중에 명백한 유죄의 증거가 나와도 같은 사실로 다시 재판을 받지 않고, 기본적인 사실관계가 동일하다면 가벼운 형이 확정된 후 더 중한 사정이 드러났다고 해서 다시 처벌하지 못한다.

---

1 모든 국민은 행위 시의 법률에 의하여 범죄를 구성하지 아니하는 행위로 소추되지 아니하며, 동일한 범죄에 대하여 거듭 처벌받지 아니한다(헌법 제13조 제1항).

심지어 미국 같은 나라는 이중위험금지(二重危險禁止, double jeopardy)의 원칙을 두어 1심에서 무죄판결을 하면 검사가 항소마저도 하지 못하지만, 우리나라는 그 정도까진 아니어서 무죄판결에 대하여는 검사가 거의 항소한다.

범죄를 수사해 소추할 시간도 한정되어 있다. 예를 들면 법정형에 사형이 포함된 범죄의 공소시효는 25년이다(형사소송법 제249조). 공소시효란 범죄행위가 종료한 후 일정한 기간이 지날 때까지 기소를 하지 않으면 국가의 소추권 및 형벌권을 소멸시키는 제도를 말한다.

그런데 우리나라에서 너무 짧은 공소시효 때문에 흉악한 범죄인이 쉽게 처벌을 면한다는 여론이 자주 일었다. 이 때문에 형사소송법이 몇 차례 개정되고, 특별법도 제정되었다. 공소시효 기간을 기존보다 늘리고, 해외로 도피한 기간 동안은 공소시효를 정지시키기도 하고, 내란죄·외환죄·집단살해죄 같은 헌정질서 파괴범죄와, 살인죄로 사형에 해당하는 범죄, 그리고 13세 미만 아동 및 장애인 대상 성폭력 범죄에 대해서는 아예 공소시효를 폐지하는 등 여러 가지 조치들이 취해졌다.

공소시효에 대해서는 나라별로 각기 다른 기준을 정하고 있고, 살인이나 반인륜적 범죄에 대해서는 공소시효를 폐지한 나라도 꽤 있다. 하지만 근대 이후 공소시효 자체를 두지 않는 나라는 거의 없다. 오랜 기간에 걸쳐 이미 형성되어버린 최소한의 사실 상태를 존중하여 법적 안정을 도모할 필요가 있고, 국가로 하여금 형벌권을 일정한 기간 내에 행사할 의무를 부과함과 동시에 형벌권을 적정한 선에서만 행사할 수 있다는 점을 상기시키는 분명한 존재 이유가 있기 때문이다.

민사재판이든 형사재판이든 증거재판주의 원칙은 매우 중요하다. 객관적인 증거 없이 막연한 심증만으로 민사상의 의무를 부과하거나 형사처벌을 할 수는 없다. 증거재판주의 원칙을 고수하다 보면 심지어 법관이 앞뒤 사건에서 양립하지 않는 결론을 내려야 하는 경우도 발생한다. 적어도 어느 하나는 실체적 진실에 어긋나겠지만 재판에서는 각각에 대한 증거가 충분하지 않을 경우에는 어쩔 수 없이 그런 결론을 내리는 것이다. 일반인이 보기에는 언뜻 말도 안 되는 이런 경우를 법률가들은 대부분 몇 번씩은 경험하고 있다.

예를 들면 재판에서 범죄나 과실의 책임을 죽거나 도망간 사람에게 떠넘기는 사례는 아주 흔하다. 폭력사건이나 사기사건 같은 경우 뒤늦게 붙잡힌 피고인이, 먼저 잡힌 공범들이 재판받으면서 자신에게 무고한 죄를 뒤집어씌웠다고 주장하는 때가 많다. 공범들을 수사기관에서 다시 불러 조사하거나 법정에서 증인으로 대질신문 등을 해보면 기존 진술들이 거짓으로 드러나기도 한다. 이 경우 앞의 공범들을 누락된 죄로 다시 처벌하기도 하지만, 이미 동일한 범죄에 단순 가담한 점만 인정되어 가벼운 죄가 확정된 경우에는 일사부재리 원칙 때문에 다시 중하게 처벌하지 못한다. 결국 범죄를 저지른 사람은 그들 중에 분명히 있는데 아무도 처벌할 수 없거나, 결정적인 역할을 한 사람을 가볍게 처벌할 수밖에 없는 결과가 되기도 한다.

이와 같은 맥락의 아주 유명한 사건이 있다. 1997년, 이태원의 한 햄버거 가게 화장실에서 23세 대학생이 살해당했다. 미국인 A와 B 중 한 명이 살인범 또는 두 사람이 공범인 것은 분명하다. 그런데 A와 B는 서로 상대방의 범행이라고 주장했다. A가 먼저 범인으로 기소되어 1심(무기징역)과 2심(징역 20년)에서 유죄판결을 받았으나 대법원에서 무죄로 파기되어 확정되었다. B는 미국으로 갔다가 범인인도협정에 의해 한국으로 인도되어 뒤늦게 재판을 받게 되었다. 사건 발생 19년 만인 2016년 1월, B는 1심에서 징역 20년을 선고받았다. 1심 재판부는 A와 B가 공범이라고 판단했다. 그래도 A는 일사부재리 원칙 때문에 다시 처벌받지 않는다. B는 계속 무죄를 주장했지만 항소와 상고 모두 기각되어 2017년 1월, B에 대한 징역 20년의 유죄판결이 그대로 확정되었다.

이런 사례도 있다. C와 D가 오토바이를 함께 타고 가다 사고를 냈다. 한 사람은 운전석, 다른 한 사람은 뒷좌석에 앉았다. C는 경상에 그쳤지만 D는 의식을 잃고 한동안 중환자실에 있었다. C는 D가 운전했다고 했다. 오토바이가 D의 소유였기 때문에 초기에 기본적인 수사만 이루어지고, C는 피해자로만 처리되었다. 그런데 뒤늦게 D가 의식을 회복했다.

그는 C가 운전을 했다고 진술했다. 하지만 C는 D가 운전했다는 애초의 주장을 그대로 고수했다. C는 경찰의 거짓말탐지기 검사를 거부했고, D는 자진해서 받았지만 결과는 거짓말을 약간 하는 것으로 나왔다. 검사는 D를 무혐의로 처분하고, 군에 입대한 C를 기소하라고 군 검찰에 이송했다. 정황상 C가 거짓말했을 가능성이 더 높다고 판단한 것이다.

C는 자신이 피의자가 되자, 기존에 거짓말탐지기 검사를 거부한 것이 불리하게 작용한 것으로 여겼는지 뒤늦게 검사를 받겠다고 했다. 검사 결과 진실인지 거짓인지 판정이 불가하다는 의견이 나왔다. 사실 거짓말탐지기는 수사 당시에 심증을 형성하는 데에는 좀 도움이 되지만, 재판에서 유죄의 증거로는 그다지 효용을 발휘하지 못한다.[2] 반면 상대방이 거짓 반응

---

2 거짓말탐지기의 검사 결과에 대하여 사실적 관련성을 가진 증거로서 증거능력을 인정할 수 있으려면, 첫째 거짓말을 하면 반드시 일정한 심리상태의 변동이 일어나고, 둘째 그 심리상태의 변동은 반드시 일정한 생리적 반응을 일으키며, 셋째 그 생리적 반응에 의하여 피검사자의 말이 거짓인지 아닌지가 정확히 판정될 수 있다는 세 가지 전제 요건이 충족되어야 한다. 특히 마지막 생리적 반응에 대한 거짓 여부 판정은 거짓말탐지기가 검사에 동의한 피검사자의 생리적 반응을 정확히 측정할 수 있는 장치이어야 하고, 질문 사항의 작성과 검사의 기술 및 방법이 합리적이어야 하며, 검사자가 탐지기의 측정 내용을 객관성 있고 정확하게 판독할 능력을 갖춘 경우라야만 그 정확성을 확보할 수 있는 것이다. 이상과 같은 여러 가지 요건이 충족되지 않는 한 거짓말탐지기 검사 결과에 대하여 형사소송법상 증거능

이 나온 것은 무죄의 증거(탄핵증거)로 적극 활용되곤 한다.

여기서도 C는 판정 불가인 데 반해 D는 거짓으로 볼 수 있는 반응이 이미 나와 있었다. 그리고 초기 수사 당시 확보된 증거를 가지고 여러 가지 과학수사기법을 동원해도 뚜렷한 결론 없이 애매한 감정 결과만 나오는 상황이었다. 특히 오토바이는 자동차와 달리 전도되면서 튀어나간 사람 중 누가 앞에 앉았는지를 가리는 것이 무척 힘들다. 결국 C도 무혐의 처분을 받았다.

둘 중 하나는 분명 유죄인데, 둘 다 무혐의로 처분되는 결과가 되었다. 한 명은 분명 거짓말을 했을 것인데 온갖 첨단 기법을 다 동원하고서도 과거에는 "네 죄를 네가 알렷다!"라는 한마디와 약간의 주리를 틀면 쉽게 해결될 문제를 끝내 해결하지 못한 것이다.

이는 민사재판이든 형사재판이든 증거재판주의의 본질상 가끔은 치러야 하는 피할 수 없는 대가이다. 실체적 진실의 발견만큼이나 중요한 가치가 있는 것을 지키기 위한 어쩔 수 없는 선택인지도 모른다.

력을 부여할 수는 없다(대법원 1986. 11. 25. 선고 85도2208 판결, 2005. 5. 26. 선고 2005도130 판결 등).

재판과 축구와
순수이성

재판은 본질적으로 대립하는 당사자가 다투는 것이고, 법관은 공정한 규칙을 적용해 누구의 손을 들어줄지 판단하는 사람이다. 아주 단순하게 말하자면 서로 싸우는 사람들에게 국가가 공식적으로 경기장을 만들어주고 공격과 방어 방법도 미리 정해서 게임의 규칙을 잘 아는 판사에게 심판 역할을 맡긴 것이다. 그리고 잘못에 대한 제재나 판결에 따른 강제집행역시 법으로 정해놓은 방식으로만 하도록 하는 것이다.

민사재판에서는 원고와 피고가 대등한 지위에서 싸운다는 것을 어렵지 않게 이해할 수 있다. 하지만 형사재판도 그렇다고 하면 고개를 갸우뚱하는 사람이 많다.

근대 이전에는 국가가 죄인을 처벌할 때 옛날 원님들이 그랬던 것처럼 범인을 잡아들여 취조하고, 유무죄와 형량을 정하고, 그 형을 집행하는 기관이 동일했다. 실제로 조선시대 지방 수령의 업무 중 평시에 가장 많은 비중을 차지하는 부분이 재판이었다. 그런데 처벌하는 사람과 판단하는 사람이 동일하다 보니 자꾸 억울한 죄를 뒤집어씌우거나 가혹한 형벌을 가하는 경우가 생겼다. 여기서 사법권을 행정권으로부터 독립시킬 필요성이 생기게 되었다.

근대 이후로 사법권이 독립되면서 형사재판에서 원고의 자리에 국가의 공익을 대표하는 사람이 앉게 되었다. 우리나라에서는 검사가 국가 행정기관을 대표하는 역할을 한다. 그리고 법관이 제3자 지위에서 유무죄와 적절한 형량을 판단해주면 행정기관에서 그에 따라 형을 집행하는 것이다. 그러다 보니 형사재판에서 애초에 힘이 동등하지 않은 국가와 피고인 사이에 대등하게 공방을 벌일 수 있게 하기 위한 여러 가지 장치가 필요하게 되었다.

법학도들이 형사소송법을 처음 공부할 때 가끔 범죄자의 인권을 위해 지나치게 소모적인 규정을 많이 마련해놓았다는 느낌을 받는다.

그러나 그 많은 원칙이 모두 엄청난 시행착오를 겪고 탄생한 것들이고, 국가와 피고인이 되도록 무기를 평등하게 사용할 수 있도록 해서 억울한 죄인이 생기지 않도록 하는 장치인 것을 깨닫게 된다. 또한 국가는 단순히 일방 당사자로서의 이익이 아니라 공익을 대변하는 지위에 서기 때문에 국가 측에 여러 가지 공적인 의무를 부과하고, 피고인의 인권을 보호하며 방어권을 보장하는 제도를 겹겹이 만들어놓은 것임을 알게 된다.

그런데 재판을 당사자가 대등한 지위에서 벌이는 다툼의 장이라고 말하면 실망하는 사람들이 많다. 사람들은 법관이 재판에서 무엇이 정의인지 알아서 판단해주기를 기대하기 때문이다. 바람직한 법관의 모습 역시 사회적으로 힘없고 서럽고 억울한 사람들의 편이 되어주는 것이라고 믿는다. 실제로 재판에서 자신이 사회적 약자임에도 불구하고 판사가 좀 더 유리한 쪽으로 재판을 이끌어주지 않고 애써 모른 척 외면한다며 서운해하는 사람들이 종종 있다. 애초에 무기가 동등하지 않은데 중립만 강조하는 것은 그 자체로 어느 한쪽을 편드는 것이라는 지적이다.

하지만 당사자는 너무나 명백하다고 생각하는 억울하고 서러운 사람이 누구인지 법관이 처음부터 알 수는 없다. 사회적 약자라고 해서 항상 보호받을 만한 행위를 하고 옳은 주장을 하는 것은 아니기 때문이다. 약자임을 내세워 오히려 반칙과 억지 주장을 하는 사람들도 있다.

결국 재판에서는 양측의 말을 골고루 듣고 증거를 모두 살펴보아야 비로소 누구의 말이 맞는지 알 수 있다. 사실 그러고도 어느 한쪽의 손을 들어주기 어려운 경우도 꽤 있다. 앞에서 계속 살폈듯이 억울하고 서러운 사람이 과연 누구인지 애매한 때도 많고, 법관 사이에서도 견해가 나뉘어 그중 다수의 의견이 결론으로 채택되기도 한다. 양측의 주장에 각각 일리가 있어 완승 완패가 아닌 결론이 나기도 하고, 당사자 중 어느 쪽도 만족하지 못하는 때가 더 많은 것이 현실이다.

그래서 재판에서 편견이나 선입견을 갖고 게임의 규칙 자체를 어느 한쪽에 유리하게 운영해주는 것은 법관이 절대 해서는 안 되는 행동이다.

사회적 약자를 보호하기 위해 재판에서 동등한 무기를 쥐어주기 위한 장치들은 제도적으로 어느 정도 마련되어 있다. 예를 들면 형사피고인이나 피해자에 대한 국선변호인(대리인) 제도나 형편이 어려운 당사자들의 소송비용이나 소송대리인 선임료를 국가가 대신 내주는 소송구조제도 같은 것들이다. 물론 그 장치가 충분하지 않다고 비판받기도 하지만 그것은 법관이 인위적으로 재판을 어느 한쪽에 유리하게 운영함으로써 극복할 문제가 아니다.

재판 과정에서 "이런 경우는 어떻게 해야 하나요?" 하고 판사에게 묻거나, "A라고 주장하는 것이 맞나요, 아니면 B라고 주장하는 것이 맞나요?" 하고 훈수를 받으려고 하는 사람들이 있다. 실제로 변호사들마저도 그런 취지의 질문을 하는 경우가 꽤 있다.

이는 기본적으로 자신이 이겨야 하는 것이 당연한데, 어떤 방법을 취하는 것이 좋은지 재판장에게 법률 상담을 하는 셈이다. 답답한 심정은 이해할 수 있지만, 판사가 그것을 대답해줄 수는 없다. 대답해주면 어느 한쪽의 편을 드는 것이기 때문이다. 이럴 때 축구에 비유해 설명하곤 한다. "심판에게 공을 어떻게 차는지 물어보면 됩니까? 공을 직접 차 달라고 부탁하면 어떡합니까?"

물론 재판과 축구가 본질적으로 같을 수는 없다. 단적으로 다른 점은 축구는 이길 것으로 예상되던 팀을 의외의 팀이 꺾으면 더 큰 재미를 주는 반면, 재판은 마땅히 이겨야 할 사람이 예상치 못했던 이유로 지면 피눈물이 나는 것이다.

하지만 재판에도 축구와 같은 게임의 요소가 있다는 점을 부인할 수 없다. 평소 실력만으로 이길 수 있는 것이 아니라 경기장에서 최대한 실력을 발휘하여 골을 넣는 것이 중요하듯, 억울하다고 호소하는 것만으로는 부족하고 그 이유와 증거를 법정에서 최선을 다해 보여주고, 이길 수 있는 논리와 증거를 제시해야 한다는 것이다. 심판이 저 팀은 원래 우승 후보이니까 이 경기는 당연히 이기고 올라가야 한다고 생각해서는 안 되듯이, 판사도 애초에 이 사람이 이겨야 하는 사건이라고 섣불리 판단해서는 안 된다.

축구에서는 실력이 부족한 것으로 평가받아온 팀이 막상

뚜껑을 열어보면 실력이 더 나은 경우가 있고, 부족한 실력을 조직력이나 투지로 커버해서 게임을 이기는 때도 있다. 재판에서도 언뜻 보기에 이기기 어려울 것 같은 당사자가 예상 외로 설득력 있는 주장과 증거를 제시할 때가 있고, 소송대리인이나 변호인이 경험이 부족해 보여도 패기와 진정성을 보여 판단하는 사람의 마음을 움직이는 경우도 있다. 아니 그런 경우가 아주 많다. 이는 재판장이 어느 한쪽의 편을 드는 것이 아니라 누가 이겨야 하는 사건인지를 자연스럽게 찾아가는 과정이다.

어떤 이유이든 경기장에 아예 출전하지 않는 팀은 당연히 패할 뿐만 아니라 추가 제재를 받기도 한다. 유명한 팀이라도 성의 없는 경기를 하다 하위 리그 팀에게 패하는 경우도 많다. 상대방이 무리한 내용으로 재판을 걸어왔더라도 대응 자체를 하지 않으면 그 주장 자체가 모순되거나 사리에 어긋나는 경우를 제외하고는 패소한다. 말도 안 되는 소리라며 대꾸할 가치도 없다고 하다가 1심에서 패하고 부랴부랴 대응책을 찾는 경우도 있다. 최선을 다하면 이기거나 덜 가혹한 결과를 받을 수 있는데도 지레 결론을 짐작하고 미리 포기하는 사건도 많이 보았다.

축구에서도 진정한 프로는 모든 경기에 최선을 다한다. 아무리 작은 소송이라도, 결론이 뻔해 보이는 재판이라도 성의 있게 대응하지 않으면 예상보다 불리한 결과를 얻게 된다. 재판에 대해 냉소적인 태도를 보이다가 좋지 않은 결론이 나면 재판이 불공정했다고 말하거나, 정작 법정에는 나타나지도 않았다가 뒤늦게 재판이 끝난 후에야 증거를 대면서 재판부를 비난하는 사람도 있다. 이때는 설령 사실과 다른 판결이 났다고 하더라도 법관의 오판이라고 할 수 없다.

한편 재판에서 어느 한쪽 당사자가 명백히 거짓말하는 때가 있다. 대개 뚜렷한 증거가 없으니까 그런 거짓말을 하는 것이다. 이런 경우 몹시 당혹스럽다. 그런 때는 부득이하게 다음과 같이 말하곤 한다.

"이 사건은 두 분의 견해가 다른 경우가 아니라, 두 사람 중한 사람이 명백히 거짓말을 하는 것입니다. 누가 거짓말을 하는지는 원고도 알고, 피고도 알고, 하느님도 알고 있습니다. 오직 법정에서 판사만 모르는 경우입니다. 하지만 재판은 판사가 모르면 지는 것입니다. 저는 두 분의 인상이나 태도만 보고 누가 옳은 말을 하는지 누가 그른 말을 하는지 판단할 수 없고, 그래서도 안 됩니다. 제가 납득할 만한 증거를 제시하십시오. 꼭 직접적인 증거만을 요구하는 것은 아닙니다. 그 상황과 정황을 알아볼 수 있는 자료를 충분히 제출해보십시오. 혹시 거짓말하는 사람이 연기를 잘해 제가 깜박 속을 수도 있습니다. 하지만 제가 내리는 판단은 어느 한쪽의 편을 들어서가 아니라, 법정에 제시된 증거에 의하면 어쩔 수 없이 이런 결론을 내릴 수밖에 없다는 취지가 될 것입니다. 두 분이 제출하는 증거를 보고 제가 누구의 말을 더 믿을 수 있는지는 판결문에 그 이유를 충분히 써드리겠습니다. 혹시 판결이 잘못됐다고 생각하는 경우, 제가 판결문에 제시한 이유를 잘 살펴 항소심에서 그 점을 반박하는 추가 자료를 제출해 바로잡으시기 바랍니다."

근대 철학의 대가 임마누엘 칸트가 『순수이성 비판』에서 말한 인간 이성의 한계가 재판의 이런 측면과 일맥상통하는 점이 있다. 좀 어렵긴 하지만 매우 공감되는 내용이므로 내가 이해하는 한도 내에서 간략히 소개해보겠다.

인간이 감각(오감, 五感)에 의해 인식하고 경험할 수 없는 것은 철학의 영역에서는 존재하지 않는 것으로 여겨야 한다. 이것이 인간 이성의 한계이다. 예전에 형이상학에서 주로 시도했던, 신의 존재나 영혼의 존재를 증명하려고 하는 것은 인간의 인식 범위를 벗어나는 일이므로 철학의 탐구 영역이 아니다. 재판에서도 법관에 의하여 인식되지 않는 것은 존재하지 않는 것으로 여겨 판단의 대상에서 제외되어야 한다. 즉 당사자 모두 알고 있더라도 법관이 알 수 없는 사실은 재판에서 존재하지 않는 것과 같고, 판단의 근거가 될 것으로 기대해서도 안 된다.

물론 칸트가 감각으로 인식할 수 없는 신의 존재를 믿은 독실한 신앙인이었던 것과 같이, 법관도 법정의 변론 과정에서 미처 드러나지 않은 당사자 사이의 관계나 사회현상이 있을 수 있다는 것을 부인하지 않는다. 그러나 법정에 제출되지 않고 증명되지 않은 것, 즉 법관이 인식하지 못하는 사실관계가 존재한다는 전제하에 판단하는 것은 과거 형이상학이 저지른 오류를 범하는 것과 같다.

과학이 발달하면서 인간이 인식할 수 있는 범위가 넓어져 철학이 다룰 수 있는 영역도 넓어지듯, 재판에서도 증거에 따라 판사의 인식 범위가 달라질 뿐 당사자가 제출한 증거에 나타나지 않은 사실관계가 법관의 판단에 영향을 미칠 수는 없다. 결국 법정에서 제출된 증거에 의해 인식할 수 있는 것만이 법관의 판단의 한계라는 점을 겸허하게 인정해야 한다.

이러한 측면에서 칸트가 희망의 영역에서는 신의 존재나 영혼의 존재 등을 부인하지 않으면서도 이성의 영역에서는 인식할 수 있는 것만이 존재하는 것이라고 인간 이성의 한계를 설정한 것은 다른 어느 분야보다도 재판의 영역에서 탁견이라고 생각한다.

실천이성비판,
오판과 재판의 독립

형사재판에서 범죄의 증거는 검사가 제시해야 한다. 이 말은 형사소송에서 가장 기본적인 전제이다. 법관에게 유죄의 확신을 줄 만큼의 증거가 제출되지 않아 그 사실이 있었는지 없었는지 애매하면 그 사건은 무죄이다.

민사재판에서도 '증명책임'[3]이라는 것이 있다. 재판정에 제출된 증거를 가지고 사실의 존재 여부를 확신할 수 없을 때 불이익을 받는 당사자가 누구인지 정하는 것이다. 보통은 어떤

---

3 법률적인 정의는, 소송상 증명해야 하는 요건사실(법률상 권리관계를 부여하는 요건이 되는 주요사실)의 존재 여부가 확정되지 않을 때에 그 사실이 존재하지 않는 것으로 취급되어 당사자 한쪽이 법률적으로 불이익하게 판단받는 것을 말한다. 과거에는 '입증책임'이라는 표현을 사용했다.

사실이 있었다고 주장하는 사람이 증명의 책임을 지지만 형사소송과 달리 민사소송에서는 좀 살아 움직인다. 아주 단순한 예를 들면, 원고가 피고에게 대여금 반환 청구를 하는 경우 기본적으로 돈을 빌려준 사실을 원고가 증명해야 한다. 그런데 피고가 돈을 빌린 것은 맞지만 빌린 돈을 이미 갚았다고 하면, 갚았다는 사실은 피고가 증명해야 한다. 그런데 이런 식으로 꼬이고 꼬이면 증명책임을 누구에게 부과할 것인지 엄청 어려워진다. 그래서 증명책임이라는 주제만으로도 수많은 논문과 판례가 축적되어 있다.

증거재판주의의 원칙상 형사소송에서는 검사가, 민사소송에서는 증명책임을 지는 사람이 충분한 증거를 제출하지 못해 패소한 경우 설령 실제 일어난 사실과 달라도 법관이 오판했다고 할 수 없다. 이렇게 되면 재판이 확정된 후에는 새로운 증거를 발견해도 다시 재판을 청구할 수 없다.

다음으로 판단의 영역에서, 가치관에 따라 견해의 대립이 있을 수 있는 사건이라면 법관이 어떤 견해를 선택했든 오판이라고 할 수 없다. 물론 사회 구성원 다수가 동의하지 않는 소수의 견해를 선택했다면 여론의 질타를 받고 사회적·역사적 책임을 질 수 있다. 하지만 인권이나 노동, 양성평등의 여러 사례에서 보듯 역사적으로 빛나는 판결들이 당시 여론의 비판을 받으면서 탄생한 예도 많다. 순수한 직업적 양심에 기초하여 정의를 추구한 재판들은 여론에서마저 독립하여 시대

정신을 구현한 멋진 판결이 될 수도 있다.

그럼, 이렇게 저렇게 다 피해가면 결국 법관에게 책임을 돌릴 수 있는 오판은 없다는 것인가? 아니다. 나중에라도 바로잡아야 하는 오판이 분명히 있다.

가장 흔한 예로, 판사가 위조된 증거나 허위 감정, 증인의 위증에 속아 사실과 다른 민사판결이나 형사 유죄판결을 한 경우이다. 이렇게 증거 위조나 허위 감정 또는 위증을 한 사람에 대하여 유죄판결이 확정되면 그것을 증거로 쓴 판결의 재판은 다시 해야 한다.[4] 이것을 재심(再審)이라고 한다. 이처럼 법관이 잘못된 증거에 속아 오판을 한 경우 법관에게도 책임이 있기는 하지만, 그래도 심하게 나무라기는 어렵다.

다음으로 법관이나 검사, 경찰관이 그 사건과 관련하여 직무에 관한 죄를 저지른 경우이다. 그들에 대한 유죄판결이 확정되면 그들이 개입된 사건 역시 재심 대상이 된다.[5] 이는 재판에 관여한 국가기관의 범죄행위로 인해 판결이 오염된 것이기 때문에 사실과 다른 판결인지 여부를 묻지 않고 무조건 오판이 된다. 반드시 재판을 다시 해서 바로잡아야 한다. 설령 같은 판결이 다시 나올 가능성이 크다고 하더라도 마찬가지이다.

---

4 민사소송법 제451조 제1항 제6호, 제7호, 제2항, 형사소송법 제420조 제1호, 제2호
5 민사소송법 제451조 제4호, 형사소송법 제420조 제7호

그리고 형사 유죄판결에 대해 뒤늦게 무죄 또는 더 낮은 죄를 인정할 명백한 증거가 발견된 경우이다.[6] 애초에 범죄 사실이 존재하지 않았으니 당연히 확실한 증거가 없었을 것이다. 그럼에도 불구하고 없는 증거를 가지고 유죄라고 판단했으니 오판에 대한 책임이 매우 크다. 당연히 재심 재판을 해서 바로잡아야 한다. 가끔 해외 토픽에 나오는 억울한 옥살이나 사형을 당한 후 진범이 잡힌 사건들이 이런 경우이다.

우리나라에서도 다른 진범의 유력한 증거가 새로 발견되었다는 이유로 뒤늦게 재심개시결정이 되어 무죄판결이 확정된 2000년 8월의 익산 약촌오거리 택시기사 살해사건(광주고등법원 2013재노3 판결), 1999년 2월의 삼례나라슈퍼 3인조 강도치사 사건(전주지방법원 2015재고합1 판결), 1988년의 화성 연쇄살인 8차 사건(수원지방법원 2019재고합17 판결) 같은 것들이 비슷한 예이다.

한편 요즘 들어 가장 많이 발생하는 재심 재판의 사유는 헌법재판소에서 위헌 결정이 난 경우이다.[7] 이는 법관의 오판과는 결이 많이 다르다. 위헌으로 결정된 법률 조항에 근거한 유죄의 확정판결에 대해서는 재심을 거쳐 무죄를 선고한다. 다만 기존에 합헌 결정이 있었을 때에는 그 이후의 사건만 재심

---

6 형사소송법 제420조 제5호
7 헌법재판소법 제47조 제3항, 제4항

대상이 된다. 예를 들면 간통죄에 대해 2008년까지 네 차례에 걸쳐 합헌 결정이 있었으나 2015년에 이르러 위헌으로 결정되었다. 이에 따라 2008년 합헌 결정 이후에 간통죄로 처벌받은 사람들은 재심으로 무죄판결을 받을 수 있게 되었다.

민사에서는 위조나 위증 등이 뒤늦게 밝혀져 재심 판결을 받는 경우가 가끔 있다. 그런데 형사 '일반'사건에서 가끔 재심청구가 들어오지만 위헌 사건 외에는 재심사유가 인정되어 실제로 받아들여지는 경우가 거의 없다. 법원에서 구제를 해주지 않는 것이 아니라 그런 명백한 오판이 나는 경우가 생각보다 적다는 것이다. 예를 들면 무고하게 구속을 당했다가 뒤늦게 무죄를 받은 경우는 많고, 유죄가 확정되고도 다른 진범이 있을 수 있다는 의혹이 있는 경우가 가끔 있지만 실제로 나중에 진범이 붙잡혀 재심으로 무죄를 받은 사건은 아주 드물다.[8]

---

8 재심은 아니지만 재판 도중 진범이 붙잡혀 무죄가 된 가장 유명한 사건으로 1981년에 있었던 '김○○ 사건'을 들 수 있다. 전주시에서 칼에 찔린 사체가 발견되었고, 살인사건 인근 공사장 인부였던 김○○이 범인으로 지목되었다. 그는 연행되어 처음에는 범행을 부인했으나 경찰에서 고문을 받은 끝에 자백한 후 검찰 단계부터 법원까지 일관되게 범행을 부인했다. 1심에서는 살인에 대해 무죄를 선고했으나, 2심에서는 살인까지 유죄로 인정해 징역 15년을 선고했다. 그러나 대법원 상고심 진행 중 진범이 검거되었다. 대법원은 자백이 기재된 진술서의 증거능력을 부정해 무죄를 선고했다. 이 사건 이후 수사 과정에서 작성한 진술서의 증거능력에 관한 형사소송법 제312조 제5항이 생기는 등 그 영향이 매우 컸다.

그런데 그 찾기 어려운 재심 사유들이 이른바 '시국' 또는 '공안'사건에서는 많다. 앞의 재심 사유들이 고루 섞인 최악의 사례는 모두 과거사 사건들이다. 오판이 나는 가장 중요하고도 치명적인 이유가 권력의 영향이라는 것이다.

과거사 재심 사건을 보면, 피고인이나 공범이 불법으로 체포, 감금된 상태에서 고문을 받고 한 자백이 결정적인 증거가 되어 유죄가 선고된 경우가 대부분이다. 심지어 고문을 당했다고 법정에서 진술까지 했음에도 불구하고 판사가 이를 외면하고 유죄를 선고한 경우도 있다.

대표적인 예로, 이른바 '사법살인'으로 불리는 1975년의 민청학련·인혁당재건위 사건을 들 수 있다. 법관들이 적법한 증거의 법칙과 최소한의 인권에 대해 눈을 감음으로써 대통령 긴급조치 위반, 국가보안법 위반, 내란예비음모, 반공법 위반죄 등으로 8명의 피고인들에게 사형을 선고했다. 억울한 피고인들은 대법원에서 판결이 확정된 후 불과 18시간 만에 형장의 이슬로 사라졌다.

이런 사건은 굳이 과거의 정치나 역사에 대해 비판적인 견해를 가진 사람이 아니라 상당히 보수적인 시각을 가진 법률가들마저도 '억울한 피고인들'이라는 데 동의한다.[9] 2002년

---

9 인혁당재건위 피고인들 중에 북한이나 좌익사상에 동조하는 사람들이 있었고 단체의 실체도 있었다고 주장하는 견해도 있다. 그럼에도 불구하고 국가보안법상의 반국가단체로까지 보는 것은 무리이고, 이적단체로 의율하거나 개별 찬양고무죄

4장 수십과 모든 판결이 나는 이유

이후 국가 의문사 진상규명위원회와 국가정보원이 일치되게 인혁당재건위 사건을 중앙정보부 조작사건이라고 인정했다. 법원에서도 재심 절차를 진행하여 2007년에 이르러 피고인 1인에 대해서만 일부 유죄로 집행유예 판결을 하고, 나머지는 모두 무죄나 면소 판결을 했다. 국가가 거액(원금과 이자 포함 총 637억 원)의 손해배상도 했을 뿐만 아니라, 대법원 스스로도 잘못된 판결임을 고백했다.[10] 판사들이 생각하는 가장 수치스러운 판결 1위로 늘 이 사건이 꼽힌다.

한 역사학자의 견해[11]에 따르면, 대한민국 사법부가 과거 독재권력에 협조하기도 했지만 유신 시절 이전까지는 권력을 꽤 불편하게 만들었다고 한다. 1971년까지만 해도 대법원에

등으로 기소했어야 한다고 한다. 다만 그 죄로 다음날 바로 사형을 집행한 것은 잘못이지만, 재심으로 극히 일부를 제외한 해당자 전부에 대하여 무죄로 선고한 법원도 잘못되었다고 한다[제성호(뉴라이트전국연합 공동대표 및 대변인, 중앙대 법대 교수), 〈월간조선 인터넷판〉(2007. 2. 2)]. 결국 이 견해에 따르더라도 피고인들이 적어도 반국가 단체를 조직한 것은 아니고, 그 당시의 기준으로도 사형을 시킬 만큼 중한 죄를 지은 것은 아니라는 취지이다.

10 대법원 사법사편찬위원회, 『역사 속의 사법부』(2009), 사법발전재단, 420쪽 또는 422쪽 참조. "인혁당재건위 사건으로 사형이 집행된 피고인 8명의 가족은 2002년 서울중앙지방법원에 재심을 청구했다. 법원은 2007년 여정남의 일부 국가보안법 위반을 유죄로 인정하고, 나머지 피고인들에게는 무죄 또는 면소를 선고했다(2002재고합6, 2003재고합5). 일부 피고인들이 검찰에서 한 자백은 중앙정보부 등에서의 가혹행위로 인해 임의성 없는 심리상태가 검찰 조사 당시까지도 계속되고 있었으므로 임의성이 없는 상태에서 이루어진 것이라는 점 등이 그 이유였다. 나아가 피고인들이 정부를 참칭하거나 국가의 변란을 직접적인 목적으로 하고 있지 않았고, 반국가단체를 구성한 것도 아니라고 했다."

11 한홍구, 『사법부 – 법을 지배한 자들의 역사』, 돌베개, 2016, 113쪽 등.

서 국가배상법을 위헌으로 선언하고, 일선 재판부에서 시국 사건에 대해 무죄판결을 선고하기도 하고, 다수의 판사가 정권에 대항해 사법파동을 벌이기도 했다. 그러나 1972년 유신 선포 이후 소신 있는 판결을 한 판사들이 대거 재임용에서 탈락하거나 의원면직 형식으로 법원을 떠나고, 사법부 스스로도 권력과 영합하는 길을 걸었다고 한다. 특히 1975년 인혁당 재건위 사건 이후, 정권에서는 사법부의 국가관을 신뢰한 반면 국민들의 마음은 사법부로부터 멀어졌다고 한다.

유신 말기에 취임하여 김재규 내란목적살인 사건과 김대중 내란음모사건을 재판한 당시 대법원장은 제5공화국 출범과 함께 퇴임하면서 '사법부(司法府)'를 행정부의 한 부처로 전락했다는 뜻에서 '司法部'로 기재하고, '지난날을 되돌아보면 모든 것이 회한과 오욕으로 얼룩진 것'이라고 표현했다. 심지어 김재규 사건에서 소수 의견을 낸 한 대법원 판사는 국군보안 사령부 서빙고 분실에 끌려가 사흘 동안 고초를 겪고 돌아와 사직서를 내기도 했다.[12] 정보기관에서 일선 판사들을 사찰해 성향이나 처신에 대한 보고서를 작성하고, 구체적인 재판에 대해서까지 직간접적으로 영향을 미친 경우도 많았다.

1970년대까지는 공안사건이든 일반사건이든 경찰, 검찰,

12 한홍구, 앞의 책, 158쪽; 대법원 사법사편찬위원회, 『역사 속의 사법부』 9, 6쪽, 98쪽.

중앙정보부, 보안사령부 할 것 없이 수사기관에서 고문이 흔히 행해졌다. 그럼에도 불구하고 법관들이 자백과 진술 증거만으로 유죄판결을 한 경우가 많았다. 그러나 1980년대에 들어 일반사건에서는 형사소송법에 충실한 굵직굵직한 판결들이 나오기 시작했다.

1981년에 있었던 윤 노인 일가족 살해사건의 피고인 K씨는 살인 용의자로 검거되어 수사기관에서 범행을 자백했지만 법원은 고문에 의한 자백이고 일관성과 신빙성이 없다고 하여 무죄로 판단했다. 같은 해에 있었던 여대생 살해사건의 피고인 J씨는 수사기관에서 고문을 받지 않고 임의로 자백한 점을 인정하고서도 그 자백에 신빙성이 없다고 하여 무죄를 선고받았다.

두 사건은 결국 영구미제 사건이 되었고, 이후에도 두 사람을 범인이라고 의심하는 사람들이 많았지만, 1심에서부터 대법원까지 일관되게 무죄로 판단했다. 1982년에 선고되었던 이 판결들은 고문에 의한 자백을 명시적으로 배척하고, 관행적으로 인정되어 오던 자백의 절대적인 증거가치를 부인한, 한국 형사소송법상 획기적인 사건이었다.

그 후 수사기관의 일반사건 피의자에 대한 고문은 거의 없어진 것으로 여겨졌다. 그러나 비슷한 시기에도 시국·공안사건을 맡은 수사나 정보기관에서는 여전히 고문을 했다. 법원에서도 일반사건과 달리 고문에 의한 자백임을 눈여겨 살피지 않고 피고인이나 공범의 자백을 근거로 유죄판결을 하곤 했다.

1980년대에 있었던 대표적인 사례로 진도 간첩단 사건, 송씨일가 간첩단 사건, 여러 건의 납북귀환어부 및 제일동포 간첩 사건, 오송회 사건,[13] 아람회 반국가단체 조직 사건, 함주명 간첩 사건, 김근태의 국가보안법 위반 사건 등을 들 수 있다. 뒤늦게 법원은 이 사건들이 모두 고문으로 인한 자백이 유죄의 주요 증거가 된 것이라고 인정해 재심으로 무죄나 면소 판결을 하고, 거액의 손해배상 판결도 했다.

사람에 따라서는 법원이 남북이 첨예하게 대치한 엄중했던 시절을 고려하지 않고 뒤늦게 지금의 잣대로 재심 판결을 하고 있다고 못마땅해하기도 한다. 그러나 그 당시의 헌법과 형사소송법에 의하더라도 영장 없는 체포나 감금, 고문과 가혹행위는 모두 위법한 것이었고, 그 상태에서 받은 자백이나 진술은 증거능력이 없었다. 또한 사건의 내막을 유심히 살펴보면, 유죄로 인정한 반국가단체나 간첩행위라는 것들의 실체

---

13 오송회 재심 사건에서 담당 재판부는 다음과 같이 덧붙였다.
　"원심 및 재심 대상 항소심은 피고인들이 수사기관에서 폭행·협박·고문을 당했다는 점을 입증하기 위한 변호인들의 증거신청을 받아들이지 않고, 이에 대한 특별한 증거조사도 하지 않은 채 피고인들의 수사기관에서의 허위 자백을 기초로 피고인들에 대하여 유죄판결을 선고했다. … 피고인들이 무고하게 유죄판결을 받아 복역했고, 그로 인해 피고인들과 그 가족들이 감내할 수 없는 처절한 고통을 받았던 점에 대하여 재판부는 깊은 사과의 말씀을 드린다"(『역사 속의 사법부』, 445쪽).

가 빈약하고, 사건들이 터진 시점이 통상은 정권이 뭔가 시국을 돌파할 카드가 필요한 때였고, 사형마저 남발한 엄중한 형량은 공포심을 조장하기에 충분했다는 학자나 언론인들의 지적을 쉽사리 부인하기 어렵다.

정치권력이 사법부마저 지배하던 시대의 법관에 관한 이야기로 '뉘른베르크의 재판(Judgment at Nuremberg, 1961)'이라는 영화가 있다. 제2차 세계대전 당시 절대 권력에 영합한 판사들이 전후에 재판을 받는 내용이다.

독일의 존경받는 법학자가 나치시대에 판사를 거쳐 법무장관까지 역임하면서 정권에 일조했다. 그는 독일 패망 이후 연합군의 법정에 섰다.

젊은 독일 변호사는 그가 여전히 양심을 견지했고, 직책을 지키면서 더욱 큰 악을 방지하기 위해 부득이하게 한 행위였다고 변론한다. 그러나 피고인 스스로 당시 정권이 원했던 것은 국가에 대한 충성이었고, 재판은 희생양을 찾는 의식이었으며, 자신도 대규모 수용소의 존재를 알았다고 양심선언을 한다. 결국 피고인은 무기징역을 선고받는다.

재판이 끝난 후 피고인은 판사를 찾아가 자신에 대한 판결을 수긍할 수 있다고 하면서도 대량학살이 일어난 사실은 몰랐다고 변명한다. 판사는 그에게 "당신이 한 사람에게 사형을 선고했을 때 이미 그럴 위험을 알았어야 했다"고 말한다. 젊은 변호사에게도 "당신의 말은 매우 논리적이지만, 논리는 결코 정의를 대신하지 못한다"라고 훈계한다.

오래된 흑백영화는 시종일관 차분했지만, 영화를 보는 내내 가슴은 한없이 뛰었다.

다시 우리나라로 돌아와, 시국·공안사건에서 공공연히 행해진 수사기관의 고문은 1985년 김근태의 폭로 및 고발로 인해 응징이 시작되었다. 1986년 부천경찰서 성고문 사건, 1987년 박종철 고문치사 사건 등으로 이어지는 일련의 과정에서 공안기관이 보인 위법과 부도덕성은 국민들의 분노를 불러왔고, 1987년 6월항쟁을 촉발해 군사독재정권을 무너뜨리는 주요 계기가 되었다.

그러한 민주화의 과정에서도 사법부가 인권보장의 최후의 보루 역할을 했다고 말하기엔 늘 부족했다. 국민들의 눈에는 사법부가 항상 소극적이고 방어적인 태도로 일관하는 것처럼 보였고, 권력에 봉사하고 그들을 대변했던 정보기관이나 수사기관의 태도와 별다른 차이가 없는 것으로 인식되곤 했다.

이처럼 우리나라 사법부의 역사에서 치명적이고 부끄러운 오판들은 대부분 권위주의 시대의 시국·공안사건에서 나왔다. 오판이 실력이나 노력이 부족해서 생긴 것이 아니라, 판사가 권력의 압력에 굴복하거나 스스로 정권이 내세운 국가관에 동조하고 법의 기본원칙을 그 아래에 둠으로써 생긴 것이다.

어느 나라이건 정치권력이 사법부를 지배하고자 할 때는 '투철한 국가관'을 내세워 법관들 스스로가 지배 이데올로기에 동화되기를 기대한다. 그러나 임마누엘 칸트가 말했듯이, 인간은 항시 목적으로 대우해야 할 뿐 결코 한갓 수단으로 대해서는 안 된다.[14] 법관이 그 이데올로기의 옳고 그름을 판단할 필요나 이유는 없겠지만 적어도 사람의 기본적인 인권이 정치적 목적을 위한 도구로 희생되는 것을 용인해서는 안 된다. 그래서 재판에서 가장 중요한 것은 법관의 양심과 독립이라고 한다.

헌법 제103조에서도 "법관은 헌법과 법률에 의하여 그 양심에 따라 독립하여 심판한다"고 강조하고 있다. 법관의 신분과 정년 및 임기를 보장하는 것 역시 특권을 부여하는 것이 아니라 재판의 독립을 이루어 오판을 막기 위한 제도적 장치이다. 그리고 칸트가 말한 "네 의지의 준칙이 보편적인 입법의 원리가 될 수 있도록 행위하라"[15]는 문구는 누구보다도 법관들이 새겨야 할 도덕률이다. 법관이 특정한 사상이나 이데올로기에 경도되어 편향된 판단을 하는 것은 그 자체로 위법이고 죄악인 것이다.

14 윤리형이상학정초
15 실천이성비판

재판의 독립은 권력으로부터의 독립에서 시작해 여론으로 부터의 독립으로 끝난다고 말한다. 현대 사회에서 권력으로 부터의 독립만큼이나 중요한 것이 여론으로부터의 독립이다. 단기간에 한쪽 측면만 부각되어 부풀어 오르는 여론이 항상 옳은 것은 아니기 때문이다. 법관은 늘 일반인의 상식과 보편 적 정의 사이에서 고뇌할 수밖에 없고, 시대정신을 구현한 판 결인지 오판인지 여부는 그의 양심이 뒷받침되었는지 여부에 따라 갈린다.

　　사실 법관들은 스스로 양심을 지키고 특정 세력으로부터 독립하여 재판하기 위해 상당히 노력한다. 우스갯소리로 판 사생활을 10년만 하면 사회성은 '영(0)'이 되고, 주변에 친구 도 떠나고, 친척도 멀어지고, 오직 가족과 고독만 남는다고 한 다. 이런 사정을 국민들도 어느 정도는 알고 있다. 그나마 이 사회에서 최후의 양심 역할을 하고 있다고 격려하는 사람들 도 있다.

　　하지만 여전히 많은 국민들은 법관들에 대해 의혹의 시선 을 거두지 않는다. 기존에 정치권력과 함께 좋은 시절을 누린 원죄가 있기 때문이라고 말하는 사람도 있고, 아직도 국민들 의 눈높이와는 다른 판결이 종종 나오기 때문이라고 말하는 사람도 있다. 그러나 앞서 보았듯이 사건 당시 국민의 눈높이 라는 기준 역시 늘 옳은 것은 아니다. 권위주의 시대 오판의 대부분은 법관이 외부세력의 영향을 받음으로써 발생했다.

법관의 독립이 그 자체로 의미가 있는 것은 판사를 보호하고
자 하는 목적보다 최소한의 법과 양심을 지키기 위한 사회적
방어막으로 기능하기 때문이다.

구시대의 유물,
자백은 증거의 왕

    1992년, 후기대학 입시 시험문제지를 도난당해 전국에서 시험이 연기된 일이 있었다. 다음 날 바로 용의자가 체포되어 범행을 자백했음에도 불구하고 끝내 법원에 기소조차 되지 않고 영구미제사건으로 종결되고 말았다. 이 사건을 살펴보면 형사소송에서 가끔 일반인이 보기에는 말도 안 되는 무죄판결이나 무혐의 결정이 나는 이유를 어느 정도 이해할 수 있다.

    1992년 1월 21일, 수도권의 어느 신학대학 교무과에서 다음 날 후기대학 시험을 치르기 위해 가져다 놓은 시험지 뭉치 가운데 각 교시에 1장씩 4장의 시험지가 분실됐다. 대학 경비원 A가 순찰 중 교무실 유리창이 깨진 것을 보고 안으로 들어가 시험지 뭉치가 뜯겨 있는 것을 발견하고 경찰에 신고했다. 이로 인해 전국의 후기대 입시가 2월 10일로 연기되고, 교육부 장관은 관리 부실의 책임을 지고 사퇴했다.

　다음 날 경찰은 이 사건의 유력한 용의자로 경비원 A를 체포해 범행 일체를 자백받았다고 발표했다. 같은 교회 교우의 딸이 이 학교에 장학생으로 합격하도록 하기 위해 혼자 보관 장소에 들어가 시험지 4부를 훔쳤으나, 겁도 나고 양심의 가책도 느껴 2시간여 만인 오전 4시 30분쯤 이를 모두 불태웠다는 것이다.

　자백했다고 하지만 범행 대상 물건이 사라진 이 사건은 이미 재판이 어려워진 경우이다. 가끔 언론에 시신 없는 살인사건, 도난 물건이 발견되지 않는 절도사건 등이 보도되기도 하는데, 이런 사건들은 유죄를 증명하기가 쉽지 않다. 실제로 물증이 없는 피고인의 자백은 번복되는 경우가 많다.

　자백은 오랫동안 '증거의 왕'으로서 지위를 누려왔다. 자백을 얻어내기 위한 고문은 인류의 역사와 함께해 왔고, 때때로 고문은 실제로 범행을 밝혀내는 데 효율적인 수단이 되곤 했다. 심지어 오늘날 첨단 과학수사로도 해결되지 못하고 끝내 미제 사건이 되고 마는 많은 사건들이 예전 같으면 단 몇 시간의 고문만으로 충분히 죄상을 밝혀낼 수 있다고 말하는 사람도 있다. 사실 최근에도 전쟁이나 테러 등 급박한 범죄 상황에서 대규모 희생을 방지하기 위해 고문을 허용해야 한다는 견해가 미국 같은 나라에서 대두되었고, 이에 동조하는 사람들도 꽤 있다.

그런 효용에도 불구하고 대부분의 문명국가에서는 고문을 최악의 범죄로 취급하고, 우리 헌법에서도 명시적인 규정까지 두어 고문을 금지하고 있다.[16] 고문은 그 자체로 인간의 존엄성에 대한 근본적인 부인일 뿐만 아니라, 인류의 가장 추악한 국가 범죄들이 대부분 고문에서 비롯되었기 때문이다.

우리가 흔히 억울함에 대해 말할 때 가장 대표적으로 거론되는 것이 고문으로 인한 증거 조작과 허위 자백이다. 앞에서 보았듯이 우리나라에서도 1970년대까지는 수사기관에서 고문이 공공연히 가해졌고, 1980년대에도 시국·공안사건에서는 고문이 이루어졌다. 1987년 6월항쟁의 불씨가 되었던 그해 1월의 박종철 고문 사망사건[17]에서 보듯 국가기관에 의한 고문이 결코 오래전 이야기가 아니다.

---

16 헌법 제12조 ② 모든 국민은 고문을 받지 아니하며, 형사상 자기에게 불리한 진술을 강요당하지 아니한다.

17 서울대학교 언어학과 3학년에 재학 중이던 박종철은 1987년 1월 13일 하숙집에서 치안본부 대공분실 수사관 6명에게 연행되었다. 취조실에 연행해간 수사관들은 박종철에게 운동권 선배의 소재를 물었으나 순순히 대답하지 않자 잔혹한 폭행과 전기고문, 물고문 등을 자행했다. 박종철은 고문을 받던 중 1987년 1월 14일 치안본부 대공수사단 남영동 분실 509호 조사실에서 사망했다. 11시 45분경 중앙대 용산병원으로 옮겼으나 의사가 검진했을 당시 그는 이미 숨져 있었다. 박종철 고문치사 사건은 6월항쟁의 불씨가 됐다.

고문은 늘 자백을 불러왔다. 그래서 근대 이후로 발달한 형사소송법의 주요한 원칙들은 자백의 증거가치를 제한하는 방향으로 발전해왔다. 우리나라 헌법과 형사소송법도 마찬가지로 자백의 증거가치에 대해 겹겹이 방어막을 설치해놓았다.[18]

우선 자백이 고문·폭행·협박·구속의 부당한 장기화 또는 기망(속이는 것), 기타의 방법에 의하여 자의로 진술된 것이 아니라고 인정될 때에는 이를 유죄의 증거로 삼을 수 없다. 임의성이 의심스러운 자백의 증거능력 자체를 부인하는 것으로 이를 '자백배제법칙' 또는 '자백의 임의성 법칙'이라고 한다. 증거능력을 부인한다는 것은 애초 법정에 제출할 수 없어 법관이나 배심원이 그 증거가 없는 상태에서 판단한다는 뜻이다.

다음으로 설령 자의로 자백했다고 하더라도 그 자백이 그에게 불리한 유일한 증거일 때에는 그 자백을 근거로 하여 유죄판결을 하지 못한다. 이를 '자백의 증명력 제한'이라고 하고, 자백과는 독립된 별개의 보강증거가 있어야만 유죄로 할 수 있다 하여 '자백 보강법칙'이라고도 한다. 한편 법정이 아니라 수사기관에서 한 자백의 경우 이를 기재한 서류들은 피고인이 법정에서 그 내용을 인정할 때에 한정하여 유죄의 증

18 헌법 제12조 제7항, 형사소송법 제309조(강제 등 자백의 증거능력), 형사소송법 제310조(불이익한 자백의 증거능력) 등

거로 쓸 수 있다.[19]

　마지막으로 임의성 있는 자백과 보강증거까지 다 있더라도 법관은 자유로운 심증에 의하여 그 자백의 신빙성을 판단한다. 자백도 다른 증언이나 물증과 마찬가지로 정황상 맞지 않거나 여타 증거와 맞아떨어지지 않는다면 당연히 믿을 수 없고 유죄의 증거가 될 수 없다.

　이 사건에서 경비원 A는 애초에 자백을 했지만, 범행 동기나 범행 후 정황상 석연치 않은 점이 많았고, 도난당한 시험지의 행방도 밝혀지지 않았다. 학교 측의 학내분규와 관련된 의혹도 일었고 A의 상관 경비과장 B가 공범 혐의를 받기도 했다. 사건 발생 1주일 후 대학 학장 공관 1층 보일러실에서 B가 목을 매 자살한 채 발견되었다. 아울러 B의 집 뒤편에서 종이를 태운 재가 발견되었다.

　A의 진술은 계속 오락가락했다. 학장 반대파 소행처럼 꾸밀 목적으로 현금 4,000만 원을 받기로 하고 B의 지시에 따라서 범행했다고 했다가, 자신은 전혀 관여하지 않고 B가 단독으로 범행했다고 했다가, 사건 당일 B의 동생 등이 나타나 시

---

19 2022년 1월 1일부터 시행되는 개정 형사소송법 제312조 제1항 및 제3항. 개정 전까지는 피고인의 검찰 진술(제312조 제1항)은 경찰 진술(제312조 제3항)과 달리 피고인의 당시 진술과 동일하게 기재되어 있음이 증명되고, 특히 신빙할 수 있는 상태에서 말한 것만 증명하면 증거로 할 수 있었다.

키는 대로 하지 않으면 가족을 몰살시키겠다고 협박했다고 진술하기도 했다. 결국 A의 최종적인 입장은 범행을 전면 부인하는 쪽으로 정리되었다.

검찰은 A가 3년 전에 다른 회사에서 저지른 횡령 혐의만을 발견해 구속기소했고, A는 168일 동안 구금되어 있다가 1심에서 징역 10월에 집행유예 2년의 형을 받고 석방되었다. 검찰은 별건구속(別件拘束)[20] 등의 비난을 감수하고 온갖 수사력을 동원했지만 끝내 추가 증거를 발견하지 못해 A를 기소하지 못했고, 공소시효 7년도 지나버렸다.

이 사건에서 남은 증거는 오직 시험지가 도난당한 흔적밖에 없었고, 그 밖에는 피고인이 한때 수사기관에서 자백한 적이 있다는 사정이 있을 뿐이다. 이 정도의 증거나 사정만 가지고 유죄판결을 받을 수 없기 때문에 검사가 기소하지 못한 것이다.

굳이 법적으로 해설하자면, 경찰에서의 자백만 있는 경우 피고인이 법정에서 그 내용을 부인하는 이상 증거능력이 없고, 시험지가 도난당한 흔적만 가지고는 피고인을 범인으로 특정할 별다른 근거가 되지 못한다는 것이다. 이와 달리 피고인 A가 만약 법정에서 자백했다면 도난당한 흔적이 자백을 뒷

20 수사기관이 본래 의도하고 있는 사건(본건)에서 증거가 불충분하거나 구속기간이 만료되었다는 사정 등으로 구속(의 계속)이 어려울 때, 본건의 수사를 위하여 형식적인 구속 요건은 갖추어졌지만 주요 의도와는 다른 사건(별건)을 내세워 피의자를 구속하는 것을 뜻한다. 별건구속의 적법성 여부는 논란의 대상이 되고 있다.

받침할 만한 보강증거[21]가 될 수 있는지 다소 다툼의 여지는 있겠지만, 자백이 그대로 믿어도 될 만큼 논리적 결함이 없고 정황상 뒷받침이 된다면 유죄로 인정될 수 있을 것이다. 하지만 가끔 피고인들은 1심 재판에서 자백한 후 상급심에서 허위자백이었다고 주장하는 경우도 있어서 자백이 주요 증거가 되는 재판은 늘 어려울 수밖에 없다.

어쨌든 일반인의 입장에서 이 사건의 결론을 수긍할 수 있겠는가?

체포된 직후 경찰에서 한 자백 진술은 피고인이 그 내용을 부인한다는 말 한마디로 모두 날아가고, 심경이 바뀌고 생각이 가감될 것이 뻔한 재판 단계에서 피고인이 한 진술의 가치를 높게 인정하는 형사소송법의 태도가 언뜻 이해되지 않을 수 있다.

하지만 이러한 형사소송법의 법리들은 하나하나가 모두 엄청난 시행착오를 겪고 많은 억울한 희생자를 발생시킨 후 반성적 고려를 거쳐 발전해온 것들이다. 고문이나 가혹행위의

21 자백에 대한 보강증거는 범죄 사실의 전부 또는 중요 부분을 인정할 수 있는 정도가 되지 않더라도 피고인의 자백이 가공적인 것이 아닌 진실한 것임을 인정할 수 있는 정도만 되면 족할 뿐만 아니라, 직접증거가 아닌 간접증거나 정황증거도 보강증거가 될 수 있으며, 또한 자백과 보강증거가 서로 어울려서 전체로서 범죄 사실을 인정할 수 있으면 유죄의 증거로 충분하다(대법원 1998. 12. 22. 선고 98도2890 판결 등).

가능성을 원천적으로 봉쇄하고, 만에 하나 있을지도 모르는 억울한 범죄자를 만들지 않기 위해 진범이 처벌받지 않는 상황을 다소 용인하고, 국가가 양보하는 것이다.

그런 측면에서 보면, 이 사건도 실제로 A가 B로부터 돈을 받기로 했거나 신변의 위협을 받아 허위로 자백했을 가능성을 완전히 배제할 수 없는 이상, 도난당한 흔적 외의 추가 증거가 나오지 않는 상황에서 A를 처벌할 수 없다는 것은 충분히 이해할 만하다.

앞에서 비교적 간단히 요약했지만 여전히 어려운 형사소송법의 법리들은 이러한 국민적 합의를 실무가들이 놓치지 않도록 촘촘하게 법으로 체계화해놓은 것일 뿐이다.

그런데 이 사건이 무혐의 처분되는 것을 보면서 오히려 우리나라가 발전했다는 생각이 드는 건 왜일까? 권위주의 정권 시절이었다면 이처럼 자백과 번복을 거듭하고 진술을 계속 바꾸면서 오락가락하는 태도를 보이는 피의자를 과연 그대로 두었을까? 이 사건으로부터 불과 5년 전에 박종철이 치안본부 대공분실에서 고문으로 죽어간 것을 생각해보면, 격세지감이 느껴진다고 해야 할까, 아니면 그 학습효과가 컸다고 해야 할까?

민사재판과 형사재판의
결론이 다른 경우
―훈민정음 해례본의 행방은?

　　온 국민이 화가 날 만한 사건이 하나 있다. 새로 발견된 〈훈민정음 해례본〉을 숨겨놓고 내놓지 않는 사람이 있다. 그는 자신의 소유권을 국가가 부당하게 침해하려 하고, 절도범으로 누명을 씌워 억울한 옥살이까지 하게 했다고 주장한다.

　　〈훈민정음 해례본〉은 한글을 만든 동기부터 제작 원리와 음가, 운용방법 등을 체계적으로 설명해놓은 한문 해설서이다. 세종대왕 시절에 목판 인쇄본으로 여러 권이 만들어졌을 것으로 추정되지만, 이 사건 이전까지는 단 한 권만 존재하고 있었다.

　　1940년경 안동에서 최초로 발견된 〈훈민정음(訓民正音)〉

을 간송 전형필이 입수해 해방 이후 비로소 공개했다. 〈훈민정음〉은 세종이 직접 작성한 '예의(禮儀)'[22] 부분과 집현전 학사들이 작성한 '해례(解例)'[23] 부분으로 구성되어 있다. 기존에는 비교적 간략한 '예의' 부분만이 다른 책[24]에 인용되어 전해지다가 이 책에 '해례' 부분이 처음 등장해 한글 연구에 획기적인 전기[25]가 되었다. 특히 '해례'의 가치에 주목하여 〈훈민정음 해례본〉으로 이름 붙여 국보 제70호로 간송미술관에서 보관하고 있다.[26]

〈훈민정음 해례본〉은 1997년에 유네스코 세계기록유산에

---

22 '예의'는 세종이 한글을 만든 이유와 사용법에 대해 직접 간략하게 설명한 글이다. 유명한 '나·랏:말쓰·미 듕귁에 달아~'는 한문으로 된 예의의 첫머리를 우리말로 바꾸어놓은 〈훈민정음 언해본〉의 일부이다.

23 총 33장 중 집현전 학사들의 〈훈민정음〉에 대한 설명, 즉 '해례(解例)'가 29장 분량이다. 해례 부분은 다섯 개의 '解'와 한 개의 '例'로 이루어져 있다. 맨 끝에는 정인지의 서문이 붙어 있다. 그 서문에 쓰인 연대가 '政統十一年九月上澣(정통십일년구월상한)'이라고 적혀 있어서 상한(상순·1일 부터 10일)의 끝날인 9월 10일을 양력으로 환산하여 10월 9일을 한글날로 확정했다. 정통 11년은 1446년이다.

24 〈세종실록〉과 〈월인석보〉 등이다.

25 한글학자들도 〈해례본〉이 없었기 때문에 창제의 원리를 추측할 수밖에 없었다. 그래서 고대 글자 모방설, 고전(古篆) 기원설, 범자(梵字) 기원설, 몽골문자 기원설, 심지어는 화장실 창살 모양의 기원설까지 의견이 분분했다. 이후 〈해례본〉을 통해 수많은 학자들이 훈민정음을 연구했고, 한글이 주로 발음기관의 모양을 본떠 만들어졌다는 점 등 한글의 독창성과 과학성이 밝혀져 그 우수성을 만방에 과시할 수 있게 되었다.

26 간송본은 표지 2장에 본문이 33장으로 이루어져 있다. 세종의 서문과 예의가 4장 분량이고, 해례가 29장 분량이다. 가로 20cm, 세로 32.3cm이고, 표지와 앞의 두 장이 떨어져 나갔으며 전체적으로 책의 모서리가 많이 닳아 있는데, 특히 처음 몇 장은 심하게 훼손된 상태이다. 그리고 각 장마다 종이의 이면(裏面)에 붓으로 글씨를 많이 써 넣었기 때문에 얼룩져 있다. 떨어져 나간 앞 두 장은 발견될 당시에 원래의 모습을 추론해 복원했다.

등재되었다. 한글은 여타 다른 문자들과 달리 자연 발생적으로 생긴 것이 아니라, 과학적이고 합리적인 연구를 통해 발명해낸 것이다. 비교적 후대에 만들어진 쉽고도 정교한 문자로서 그 문자를 만든 사람들이 제자 원리를 자세히 설명하고 있다는 점에서 1446년 출간된 〈훈민정음 해례본〉은 전무후무한 인류의 문화유산이다. 국보 제1호 교체 논란이 있을 때마다 가장 먼저 후보로 거론되어온 것이 간송미술관에 있는 〈훈민정음 해례본〉이니 단연 한국을 대표하는 문화재라고 할 수 있다.

2008년 7월, 경북 상주시에 사는 고서적 수집상 A가 새로 발견된 〈훈민정음 해례본〉을 공개했다. 이 상주본은 간송본과 동일한 판본으로 비록 서문 네 장과 뒷부분 한 장이 없어졌지만 보존 상태가 간송본보다 더 좋았다. 책 곳곳에 16~17세기경에 기재된 것으로 추정되는 해석과 가필 등이 덧붙여져 있어서 학술적·문화적 가치가 간송본보다 오히려 더 높을 수도 있다.[27] 문화재청은 이 책의 가격 자체를 산정하기 어렵지

---

27 표지의 상태는 한눈에도 오래된 것으로 보이며 종이의 색이 많이 변해 있었다. 특히 표지에는 희미한 붓글씨로 '五聲制字攷(오성제자고)'라고 쓰여 있었다. 간송본과 상주본 모두 원본의 앞부분 몇 장이 떨어져 나가 일반적으로 '훈민정음 해례본'이라고 통칭되는 원래 책 이름이 불확실한 상태였으나, 표지에 이와 같은 글씨가 적혀 있던 것으로 보아 당시 이 책이 '五聲制字攷'라고 통용되었을 것으로 추정된다.

만, 굳이 금전적 가치를 따지자면 1조 원 이상이 될 것이라는 의견을 내기도 했다. A는 이 책을 오래전부터 보관해왔는데 실력이 부족해 그 가치를 모르고 있던 중 집을 수리하면서 그 책을 유심히 살펴보고 비로소 〈해례본〉인지를 알게 되었다고 했다.

그런데 상주에서 골동품 가게를 운영하는 B가 방송을 보고 그 책이 자신의 소유라고 주장했다. 집안에서 할아버지 대 이전부터 보관해온 것인데 A가 며칠 전에 훔쳐 간 것이라고 했다. A가 B의 가게 '민속당'에 와서 30만 원에 고서적 두 박스를 사가면서 당시 궤짝 위에 올려놓았던 이 책을 몰래 끼워 넣어 갔다는 것이다. B는 2008년에 두 차례에 걸쳐 A를 절도 등의 혐의로 고소했으나 모두 무혐의 처분되었다. 그 책을 B의 가게에서 입수한 것으로 의심은 들지만 절취나 편취의 점을 인정할 확실한 증거가 없다는 이유였다.

B는 다시 A를 상대로 물품 인도를 청구하는 민사소송을 제기했다. 이번에는 여러 증언이 잇따랐다. B의 가게에 있는 이 책을 보고 1,000만 원에 사겠다고 제안했으나 B가 거절했다는 사람, A가 B의 가게에서 다른 책을 살 때 〈해례본〉을 몰래 끼워 나왔다고 말하는 것을 들었고 B와 만나 해결방법을 찾아달라는 부탁을 받았다는 사람, A가 B의 가게에 〈해례본〉이 있는데 B가 잘 모르고 있다면서 그 책을 함께 사러 가자고 했고, 그날 실제로 책을 샀으니 구경하러 오라고 말하는 것을 들었

다는 사람 등이었다.

1심 재판부는 여러 증인의 증언 내용을 종합하면 A가 B의 민속당에 들러 고서 두 박스를 구입하면서 〈해례본〉을 B 몰래 훔쳐 나온 사실을 인정할 수 있다고 하여 A는 B에게 이를 인도할 의무가 있다고 판결했다.

이에 A는 불복했다. 그러나 같은 이유로 항소기각되고 대법원에서도 상고기각되어 민사판결은 2011년 5월에 B의 승소로 확정되었다.

이렇게 민사판결이 확정되었음에도 불구하고 A는 인도를 거부한 채 〈해례본〉의 행방에 대해 입을 다물었다. 그 후 법원이 강제집행을 해도, 검찰이 나서 다시 수사하면서 압수수색을 해도 〈해례본〉의 행방을 찾지 못했다. A는 책을 낱장으로 분리해 비닐에 담아 혼자만 아는 몇몇 장소에 보관해놓았다는 말을 흘렸다.

그러던 중 검찰에서 안동시에 있는 광흥사에서 〈해례본〉을 훔쳐 B에게 팔았다는 사람을 찾아냈다. 국내 도굴계의 1인자로 알려진 C는 1999년경 광흥사 복장유물(불상 안에 들어 있는 고서, 금붙이 등)이었던 〈해례본〉과 오래된 불경 등을 훔쳐 B에게 팔았다고 했다.[28] 검찰은 이렇게 B의 손에 들어간 〈해례본〉

---

28 가격은 300만 원 내지 500만 원 정도 받았다고 했다. 실제로 광흥사에서는 그 무

을 A가 훔쳐 간 것으로 보고, 2011년 9월 A를 문화재관리법 위반으로 구속기소했다.

1심 재판부는 앞선 민사판결과 유사한 이유로 A가 B의 〈해례본〉을 절취한 사실을 유죄로 인정해 징역 10년을 선고했다. 일반 절도죄의 법정형이 6년 이하의 징역인 데 반해 문화재 절도는 2년 이상의 유기징역에 처하게 되어 있다. A가 범행을 완강히 부인하고 책을 내놓지 않는 사정 등을 고려해 상당히 높은 형을 선고한 것이었다.

A는 본인의 무죄판결이 확정되면 책을 내놓을 의향이 있다고만 했을 뿐 여전히 책의 행방에 대해서는 함구했다. 1심 유죄판결이 선고된 후인 2012년 5월, B는 실물이 없는 〈훈민정음 해례본〉을 국가에 기증했다.

그러나 항소심 재판부는 1심 판결을 뒤집고 A에게 무죄를 선고했다. B의 〈해례본〉 출처에 관한 진술이나 책의 특징에 대한 진술 등을 그대로 믿기 어렵고, C가 광흥사에서 훔친 물

렴 여러 번 복장 유물을 도난당했는데 C는 이를 모두 B에게 팔았다고 했다. B는 고려 금속활자본을 장물로 매수한 사실로 징역 1년 4월을 선고받은 적이 있었다. C는 자신이 훔친 물건 중에 현존 최고(最古)의 금속활자라는 〈직지심체요절〉 상권 2권(구한말에 약탈당해 프랑스 국립박물관에 보관되어 있는 하권만이 현재까지 전해지고 있다)과 그 직지보다 50년이나 앞선 금속활자 불경을 훔쳤다고 주장했다. C는 당시 〈한국일보〉에 보낸 서신에서 "표지 일부분이 파손된 직지가 나오더군요. 이 직지는 지금 조선족을 통해 중국에 있을 것으로 추정됩니다"고 했고, 이 사건 법정에서 〈직지심체요절〉보다 50년 앞선 고려 금속활자본 불경을 1억 원에 B에게 팔았다고 진술했다.

건 중에 〈해례본〉이 포함되어 있다고 확신하기 어려우며, 다른 증인들의 진술도 모두 피고인 A의 유죄를 인정하기에는 부족하다는 이유였다. A는 1년가량 구속되어 있다가 석방되었고, B는 2012년에 사망했다. 검사가 상고했지만 대법원은 2014년에 이르러 상고를 기각해 무죄판결이 확정되었다.

민사소송과 형사소송에서 핵심 쟁점이 B가 점유하던 〈해례본〉을 A가 절취했는지 여부로 동일했는데도 두 판결의 결론은 완전히 달랐다. 판결의 이유가 된 당사자와 증인들의 진술도 유사했다. 오히려 나중에 이루어진 형사재판에서는 도굴범 C의 증언이 추가되기까지 했다. 그럼에도 불구하고 이런 결론이 난 까닭은 무엇일까? 대법원이 이 사건을 판단하면서 전제로 내세운 법리를 살펴보자.

형사재판에 있어서 유죄의 인정은 법관으로 하여금 합리적인 의심을 할 여지가 없을 정도로 공소사실이 진실한 것이라고 확신하게 할 수 있는 증명력을 가진 증거에 의하여야 한다. 이와 같은 증거가 없다면 설령 피고인에게 유죄의 의심이 간다고 하더라도 피고인의 이익으로 판단할 수밖에 없다.[29]

29 대법원 1996. 3. 8. 선고 95도3081 판결, 1996. 4. 12. 선고 94도3309 판결 등 참조

여기에 설명된 '합리적인 의심의 여지가 없는', '법관이 확신을 가질 수 있는 증명력', '의심스러울 때는 피고인의 이익으로(in dubio pro reo)'라는 문구는 법조인이라면 누구나 외우고 있는 형사재판의 가장 중요한 원칙이다. 라틴어 중에 한국인에게 가장 널리 알려진 문구로 'in dubio pro reo'가 꼽히곤 한다.

나아가 형사재판에 있어서 관련된 민사사건의 판결에서 인정된 사실은 공소사실에 대하여 유력한 인정자료가 되긴 하지만, 반드시 그 민사판결의 확정사실에 구속을 받는 것은 아니다. 형사법원은 증거에 의하여 민사판결의 확정사실과 다른 사실을 인정할 수 있다.[30]

즉 형사소송에서는 매우 엄격한 증명을 요구하기 때문에 경우에 따라 민사판결에서 인정한 사실을 그대로 받아들이지 못할 수도 있다는 것이다. 그렇다면 논리적으로 형사판결에서 엄격한 증거에 의해 유죄로 확정되면, 특별한 사정이 없는 한 민사판결에서 반대되는 사실을 인정할 수는 없다.[31]

30 대법원 1996. 8. 23. 선고 95도192 판결, 2006. 2. 10. 선고 2003도7487 판결 등 참조
31 민사재판에 있어서는 형사재판의 사실인정에 구속을 받는 것은 아니라고 하더라도 동일한 사실관계에 관하여 이미 확정된 형사판결이 유죄로 인정한 사실은 유력한 증거자료가 되므로 민사재판에서 제출된 다른 증거들에 비추어 형사재판의

반대로 유죄가 되기엔 증거가 부족해 무죄가 되었다고 하더라도 민사판결에서는 달리 인정될 여지가 있다. 대표적인 경우가 미국의 O. J. 심슨 사건이다. 먼저 있었던 형사재판에서 무죄가 확정되었음에도 불구하고, 뒤에 선고된 민사재판에서는 살인한 사실이 인정되어 거액의 손해배상 판결이 났다.

그럼 이렇게 모순되는 민사와 형사의 확정판결이 있을 때 법률적인 효력은 어떠한가? 일단 두 판결은 각기 효력이 있다. 이 사건에서 A에 대한 무죄판결은 확정되었고, 설령 나중에 다른 확실한 증거가 발견되더라도 일사부재리의 원칙상 다시 처벌할 수는 없다. 그럼에도 불구하고 B는 여전히 민사판결에 의해 A로부터 〈해례본〉을 인도받을 권리가 있고, 이 권리는 국가에 양도되었다. 결국 국가는 B의 승계인으로서 A에게 인도를 청구할 권리가 있다.

A는 민사재판에 대해 재심을 청구할 것이라고 했다. 그러나 민사에서 재심은 단지 관련 형사재판에서 무죄로 확정되었다는 사정만으로는 요건이 부족하다. 민사재판에서 증인들의 거짓 진술이 판결의 증거가 되고 그 사람들에 대한 위증 등

사실 판단을 채용하기 어렵다고 인정되는 특별한 사정이 없는 한 이와 반대되는 사실은 인정할 수 없다(대법원 1996. 5. 28. 선고 96다9621 판결 등 참조).

의 유죄판결이 확정되거나 이에 준하는 사정이 있어야만 재심의 대상이 된다. B는 이미 사망했고, 증인 중 일부라도 위증한 점이 증명되어야 할 것인데, 그것을 다시 다투어 유죄를 증명하기는 쉽지 않을 것 같다.

여기까지가 법률가로서의 의견이다. 하지만 사건의 목적물을 찾을 수 없다면 이런 법률적 의견은 모두 무의미하다. A는 무죄판결이 확정되면 국가에 헌납하겠다는 입장을 번복했다. 국가에서 본인의 소유권을 인정해 명예를 회복시켜주고 1년간의 억울한 옥살이에 대한 합당한 보상을 해주어야 책을 내놓을 수 있다고 했다. 문화재청에서 1조 원의 가치가 있다고 했으니 적어도 1/10인 1,000억 원은 주어야 내놓을 수 있다고도 했다. 아무리 여론의 비난이 쏟아져도 A는 아랑곳하지 않았다.

그러던 중 2015년 3월에 A의 집에 불이 나서 집과 가재도구의 대부분이 타버리는 사건이 발생했다. A는 자신이 책을 가지고 나오는 것을 잡기 위해 누군가가 불을 질렀거나, 아니면 벽 사이에 숨겨놓은 〈해례본〉의 일부를 훔쳐 간 후 불을 질렀을 것이라고 했다. 훔쳐 갔다면 〈해례본〉의 일부가 무사할 것이지만, 아니라면 자신이 회수하지 못했으니 불에 타버렸을 것이라고 했다. A가 〈해례본〉을 빼돌리기 위해 자작극을 벌인 것이라는 의견도 제기되었다. 그 후 A는 2017년 4월 국회의원 재선거에 무소속 후보로 출마해 자신의 재산이 1조 원이라고 주장하면서 증빙자료로 불에 아랫부분이 약간 탄 〈해례본〉의 일부 사진을 공개하는 등 여전히 〈해례본〉을 보관하고 있다는 태도를 보였다.

이런 경우 법률가가 아닌 사람들은 어떻게 생각할까?

당사자들의 진술을 비교적 객관적으로 요약한 신문기사 몇 개를 주변 사람들에게 보여주고 의견을 들어보았다. 모두 일치된 의견으로 이 사건의 진상은 C가 광흥사에서 책을 훔쳐 그 가치를 모르고 B에게 싼 가격에 팔았는데, B도 그냥 방치하고 있던 중 A가 B의 가게에서 〈해례본〉인 것을 알아보고 다른 책을 사는 척하면서 몰래 끼워 가지고 나오는 방법으로 훔친 것이 분명하다고 했다. 일단 이구동성으로 A를 비난하면서 무죄를 선고한 고등법원의 형사판결이 잘못되었다고 비판하는 의견, 문화재청에서 A의 일거수일투족을 철저히 감시해야 한다는 의견, 심지어 A를 잡아다가 고문하면 바로 내놓을 것이라는 의견까지 나왔다.

한편 문화재 전문가 중 한 사람은 일반인의 생각과는 좀 다른 견해를 내놓았다. "국가기관이 고압적인 자세로 일관한 것이 문제이다. 어찌 됐건 〈훈민정음〉 상주본을 발견한 A의 공을 인정해야 하는데 강제로 빼앗아 가려는 모양새만 계속 보여왔다. 아무리 국보급 문화재라 하더라도 개인 소유물을 가져가려면 A에게 정당한 대우를 할 생각을 해야 한다. 법적으로 판단이 났음에도 A가 문화재를 훔친 것처럼 몰아가는 지금의 모습은 '다중의 폭력'이라고 본다"고 말했다.

문화재청의 관계자는 "대법원 판결이 난 이후에는 우리가 상주본을 환수할 방법이 없다. 국가에서 물건을 빼앗아 가겠다는 게 아니라, 국민들이 볼 수 있게 공개하자는 것이다. 아직 상주본은 불에 타지 않았으리라고 생각한다. A가 개인적으로 보존하기 어렵다면 문화재청에서 보존을 도와줄 용의도 있다"고 말했다.

두 의견 모두 법적인 판단을 존중하고 정치적·사회적 해결책을 모색하자는 취지인 것으로 보인다. 앞서 열렸던 민사재판보다는 나중에 열렸던 형사재판에 우위를 두는 것 같은 모양새이다. 확정된 민사재판으로 국가가 A에게 인도를 구할 권리는 있는데 왜 없다고 하는지 모르겠지만, 앞의 의견은 분명 A가 억울하다는 데 동조하는 입장이고, 뒤의 의견은 법적인 영역을 벗어나 해결책을 모색하고 있다는 취지인 것 같다.

상주에서 새로 발견된 〈훈민정음 해례본〉 한 권을 놓고 벌어진 일련의 사태는 민사재판과 형사재판의 차이, 법치주의 사회에서 국가권력의 한계, 법과 여론의 괴리 현상, 법의 판단 영역과 정치·사회적인 해결 영역이 구분될 수 있다는 점 등을 다채롭게 보여주는 예라고 할 수 있다.

여기서 분명 두 판결 중 하나는 사실과 다른 결론이 난 것이다. 어쩌면 두 판결 모두 실제로 일어난 사실과는 다를지도 모른다. 그럼 누군가는 억울하다. 권위주의 시대라면 분명 국가는 공익을 앞세워 〈훈민정음 해례본〉을 확보했을 것이고, 어쩌면 A뿐만 아니라 B나 C도 자신의 주장이나 증언을 쉽사리 하지도 못했을 것이다. 당연히 이렇게 모순되는 판결이 나지도 않았을 것이다. 하지만 민주화된 사회에서는 그렇지 않다.

국가 역시 법적으로 허용된 절차 내에서만 공익을 실현할 수 있고 그에 반하는 개인의 권리를 제한할 수 있을 뿐이다. 누군가에게 억울함을 감수하라고 강요할 수 없다는 것이다. 그러므로 분명 어느 하나는 사실과 다를 수 있는 판결이지만 모두 나름대로 정당성을 갖고 있고, 그런 현상을 쉽사리 비난할 수 없는 것이다.

5장
안타까움과 그 이면

사건에는 이유가 있고, 사람에게는 사연이 있다. 이 세상에 안타까운 사연 하나쯤 간직하지 않은 사람은 없다. 차마 눈물 없이 들을 수 없는 과거부터 얄밉기 그지없는 경험담까지 그 내용도 각각이고 드러나는 방식도 다양하다. 자신의 사연을 구구절절 풀어놓는 사람이 있는 반면 애써 입을 다무는 사람도 있다. 재판정에 꼭 그렇게 나쁜 사람들만 오는 것은 아니다. 작은 실수에서 비롯되어 인생이 한없이 꼬이는 사람도 있고, 세상과 주변환경이 원망스럽기 그지없는 사람도 있다. 법에도 눈물이 있다고 했다. 법률가들이 공감하는 안타까운 사연은 어떤 것들인가? 사람의 배경과 사건의 동기는 재판의 결론에 어느 정도의 작용을 하는가? 구제받을 수 있는 억울함과 어쩔 수 없는 안타까움 사이에는 어떤 차이가 있는가? 그늘지고 소외된 자들에 대한 따뜻한 시선과 법률적 정의는 과연 양립할 수 있는가?

차라리 감옥으로,
구속시켜 달라는 피의자

월요일 아침부터 이상한 사건이 왔다.

"외람된 말씀이지만, 피의자를 구속해주시기 바랍니다."

구속영장 발부를 결정하는 심문을 하는데 국선변호인이 한 말이다. 피고인이 자포자기하는 심정으로 차라리 감옥에 넣어달라고 하는 경우는 몇 번 봤지만, 변호인까지 나서서 이렇게 요청하는 건 처음이었다.

"아니, 변호인이 그런 말씀을 하시면 어떡해요?"

그러자 피의자가 황급히 끼어들었다.

"제가 부탁드려서 하는 말씀입니다. 제발 구속시켜주세요."

피의자는 교도소에서 출소한 지 9개월 된 50대 남자였다. 지금까지 주로 절도죄, 무전취식으로 인한 사기죄 등으로 전과가 20여 차례 되고, 실형도 10년 가까이 산 사람이다. 이번에는 아무런 이유 없이 주차장에서 돌을 주워 자동차 2대의 유리창과 지붕을 내리찍었다. 자동차 수리 견적이 21만 원과 35만 원 나왔다.

일명 '묻지 마 범죄'로 죄질이 좋지 않고, 피해자들에게는 황당하고 어이없는 일이었다. 하지만 그가 비록 전과자이기는 해도 세상의 수많은 죄 중에 이 정도로 구속할 만한 사안인지에 대해서는 견해가 나뉠 수 있다.

법률가들은 이런 경우 일단 벌금형을 선고할 수 있는 범죄인지를 살핀다. 만약 법정형에 징역형만 정해져 있다면 출소한 지 3년 이내의 누범으로서 집행유예 결격[1]에 해당하기 때문에 특별한 사정이 없는 한 구속을 피할 수 없다. 그런데 이 사건은 위험한 물건을 휴대하여 타인의 재물을 손괴한 경우이므로 형법 제369조 제1항의 특수재물손괴죄에 해당한다. 법정형은 5년 이하의 징역 또는 1,000만 원 이하의 벌금에 처하게 되어 있다.

피해자와 합의하면 벌금형도 받을 수 있는 범죄인데 왜 미리 포기하느냐고 물었다. 그가 자신의 사정을 설명했다. 1월

---

1 형법 제62조(집행유예의 요건) ① 3년 이하의 징역 또는 금고의 형을 선고할 경우에 제51조의 사항을 참작하여 그 정상에 참작할 만한 사유가 있는 때에는 1년 이상 5년 이하의 기간 형의 집행을 유예할 수 있다. 다만, 금고 이상의 형을 선고한 판결이 확정된 때부터 그 집행을 종료하거나 면제된 후 3년까지의 기간에 범한 죄에 대하여 형을 선고하는 경우에는 그러하지 아니하다.

에 출소해 보호시설에서도 살고, 막노동도 하고, 노숙생활도 했는데, 날씨가 추워지니까 밖에서 견디기가 어렵다. 몸도 아프고 일하기도 힘들다. 돈도 없고 피해배상을 해줄 만한 일가친척도 없다. 듣고 보니 결국 겨울에 감옥에 들어가고 싶어 일부러 날씨가 따뜻해지면 나갈 만한 정도의 죄를 지었다는 취지로 들렸다.

본인의 뜻을 존중해 일단 구속시켜주겠다고 했다. 하지만 아무래도 마음이 불편했다. 법정에서 말하는 태도나 그간의 죄명, 받아온 형량에 비추어 인간성 자체가 나쁘거나 반사회적으로 인격이 형성된 사람은 아닌 것 같았다. 지금 구속되면 통상 2개월 이내에 재판을 받을 것이니 그때까지 마음이 바뀌면 최선을 다해 피해회복을 해보라고 덧붙였다.

그는 본인이 원하는데도 감옥에 안 보낼 수 있느냐고 물어왔다. 나는 형사 사법 절차가 민원처리도 아니고 본인이 원하는 대로 다 해주면 되겠느냐고 하면서 나름 훈계를 했지만, 사실 친절하게 실형을 받는 방법을 설명해준 셈이 되었다.

일부러 메모해두었다가 몇 개월 후에 사건을 검색해보았다. 1심에서 징역 6개월을 받았고, 항소도 하지 않아 형이 확정되었다. 판결문에 피해자와 합의했다는 말이 없었다. 아마 날이 추우니까 맘이 안 바뀌었나 보다. 꽃피는 춘삼월에 출소하면 그런대로 견딜 만하지 않을까?

생각보다 이런 피고인들이 많다. 무전취식 같은 작은 범죄를 수십 차례 반복해서 저지르고 감옥에 들어가 있다가 출소해서 단기간에 다시 비슷한 죄를 짓는 사람들이다. 그들 사이에서는 밖에 나가서 이른바 '파티' 한번 벌이고 다시 들어온다고 한다. 단란주점 같은 데 가서 몇 십만 원어치 술을 마시고 그냥 나 몰라라 하거나 행패를 부리다가 체포되어 온다. 기존의 술버릇을 버리지 못하고 그런 행동을 한 후 뒤늦게 후회하는 사람도 있고, 내심 감옥으로 다시 들어가고 싶어서 일부러 그런 범죄를 저지르는 사람도 있다.

앞에서 말한 피의자가 이런 사람이라면 적어도 현 상황에서는 재판결과에 대해 억울해하진 않을 것 같다. 그렇다고 세상에 대한 억울함이 없을까? 엇나간 인생에 대한 회한이나 겹겹이 쌓인 사회에 대한 불만 같은 것이 없을까?

전과에 전과를 쌓아가면서 실형을 반복해 받는 것은 기본적으로 자신의 책임이다. 하지만 이런 사람도 돌아서서 세상을 욕할 수는 있다. 교도소 안에서나 출소한 후에는 마음이 변해 자동차 좀 긁은 걸 가지고 징역을 6개월이나 살았다고 억울해하더라도 그건 본인의 의사형성의 권리이고 표현의 자유이다.

그럼, 이 사람이 억울해한다면 그것을 어떻게 볼 것인가? 과연 견적 21만 원과 35만 원의 재물손괴죄를 저질렀다는 이유로 감옥에서 6개월을 살도록 하는 것이 정의로운가?

이런 경우 꼭 덧붙여지는 말이 있다. 몇백억 원을 횡령하고도 집행유예를 받는 재벌회장과 비교해달라는 것이다. 경위 불문, 거두절미하고 범죄 사실을 요약하면 비교가 안 된다. 하지만 재판에서는 이렇게 여러 사연과 요인이 복잡하게 얽힌 경우가 생각보다 많다. 그래서 수치 등 객관적인 자료만 가지고 사안을 지나치게 단순화해 비교하는 것을 법관들은 가장 당혹스러워한다.

그럼에도 불구하고 사안을 단순화해 다시 한번 돌아볼 필요는 있다. 법의 복잡한 구조를 모르는 일반인들이 과연 이 결론을 수긍할 수 있는지 여부에 관해⋯⋯.

나는 이 사람이 징역 6개월을 선고받은 것은 합당한 형량이라고 생각한다. 하지만 여전히 자신을 좀 더 좋은 길로 인도해주지 못하는 세상을 억울해할 만하다고 생각한다.

유사한 사건인 것 같지만 안타까운 느낌이 덜한 다른 예도 있다.

전과가 무려 75범인 50대 남성이다.[2] 벌금형 등 자잘한 것까지 모두 포함한 수치이지만 어쨌든 그간 내 법조 경력 중 최고 전과 기록이다.

---

2 실제 피의자가 특정되는 것을 피하기 위해 사건의 본질에 벗어나지 않는 범위 내에서 구체적인 수치나 문신의 내용은 다소 각색했다.

그런데 경험상 초범의 강력범죄나 전과 3~4범 정도 되는 사람들이 무섭지 전과 10범이 넘어가면 이른바 잡범에 불과한 경우가 많다. 주로 술에 취해서 사소한 폭력이나 업무방해, 공무집행방해, 무전취식으로 인한 사기범행 등을 반복해 저지르는 사람들이다.

그런데 이 사람은 좀 특이했다. 굳이 분류하자면 낭만파라고나 할까. 더운 날씨인데도 꽉 끼는 청바지에 폴로형 티셔츠를 깔끔하게 차려입고 반백의 머리를 길러 뒤로 묶었다. 키도 크고 훤칠한 것이 외모를 보면 예술가나 연예인에 가까워 보였다.

함께 술을 마시던 여자가 택시를 잡아타고 집에 가려 하자, 움직이는 택시 안의 기사를 붙잡아 "내 여자 왜 데려가냐"고 하면서 폭행한 것이 그의 범죄 사실이었다. 언뜻 별것 아닌 것 같지만 운행 중인 자동차 운전자에 대한 폭행은 매우 위험한 것으로 여겨 일반 폭행죄보다 가중해 처벌한다. 특정범죄 가중처벌 등에 관한 법률 제5조의 10에 의하여 5년 이하의 징역 또는 2,000만 원 이하의 벌금에 처하도록 되어 있다. 여기에 피해자가 상해진단서라도 제출하면 3년 이상의 유기징역에 처하게 되어 있고 벌금형도 없다. 법무차관까지 지낸 한 변호사가 이 죄명으로 기소되어 언론의 주목을 받은 예도 있다.

이 피의자는 앞의 구속시켜 달라던 사람과는 태도가 많이 달랐다. 바깥세상에 나름대로 적응도 잘하고 있는 것으로 보였고, 시기도 아직 여름이라 아무래도 감옥보다는 바깥세상이 더 좋았던가 보다. 최선을 다해 피해자와 합의해서 벌금형을 받도록 노력하고, 앞으로 술도 끊고 각별히 조심해서 살 테니 일단 불구속 재판을 받게 해달라고 간절하게 말했다.

이 사람의 특이한 외모를 살피던 중 팔뚝에 새긴 유난히 큰 한자 문신이 눈에 들어왔다. 호기심을 참지 못하고 뭐라고 쓴 것이냐고 물었다. 보통 피고인은 큰 문신이 있으면 파스를 붙이거나 긴팔 옷을 입어 숨기는 편인데, 이 피의자는 선뜻 문신을 내보이며 '見利思義(견리사의)'라고 대답했다. 이 문구는 원래 논어에 나오는 '견리사의(見利思義) 견위수명(見危授命)'이라는 말로 '이로움을 보면 의로운지 살피고, (나라가) 위태로우면 목숨을 바친다'는 뜻이다. 안중근 의사가 감옥에서 붓글씨로 쓰고 단지한 손바닥 낙관을 찍어 유명해진 문구이다.

전과 75범이 새기고 있기에는 어울리지 않는 문신인 것 같아 속으로 웃음이 나왔지만 참으면서 안중근 의사가 쓴 것을 왜 팔에 새기고 다니느냐고 물었다. 갑자기 피의자 얼굴에 화색이 돌았다. 어려서 잠깐 폭력 조직에 몸담았지만 그때도 이로운 것을 보면 정의로운 것인지 살펴야 한다는 안중근 의사의 글이 맘에 들어 새겼다는 것이다. 사뭇 진지하게 말하는 피의자를 바라보면서 별다른 반론을 하지 못하고 다만 고개만 끄덕였다.

이쯤 되니 피의자는 아마도 자신을 알아주는 판사를 만났다고 생각하는 듯 전과만 보고 편견을 갖지 말고 좋은 눈으로 봐달라고 하면서 한참 동안 자신의 사연을 늘어놓았다.

그 사연이란 것이 그다지 귀에 들어오지 않았지만, 맨 마지막에 이젠 정말 괜찮은 여자를 만나서 잘해보고 진짜 정신 차려 살고 싶은데 이렇게 가두면 안 된다고 하면서 흐느끼는 것이 가슴에 와닿았다.

보기에 따라서는 위험한 죄를 저질렀다고 할 수도 있지만, 죄질만 놓고 보면 아주 나쁜 것 같진 않고, 피의자가 전과는 많아도 악질은 아닌 것 같았다. 피해자와 합의하고 진지하게 반성한다면 실형이 아니라 벌금형을 선고할 수도 있는 사건이라는 생각이 들었다. 일단 석방해줄 수도 있지 않을까 하면서 기록을 살피는데, 도저히 간과할 수 없는 사실이 하나 있었다. 이 사건 직전에 출소한 지 한 달도 안 돼서 식당에서 술을 먹고 난동을 부려 업무방해 등으로 체포되었는데 구속되지 않고 벌금 200만 원의 약식명령만 받은 사실이 있었다. 아무리 전과가 많은 사람이라고 해도 매번 실형을 선고하는 것은 아니다. 가벼운 범죄를 저질렀을 때는 한두 번쯤 구속하지 않고 이렇게 벌금형으로 선처해주기도 한다. 그런데 문제는 그 벌금도 안 내고 도망 다니다가 불과 몇 달 만에 또 이 사건을 저질렀다는 것이다.

내가 그것을 파악하는 동안에도 피의자는 계속 자신의 사정 얘기를 했다. 그렇지만 그 안타깝다는 사연이 이젠 귀에 하나도 들어오지 않았다. 목소리 톤을 낮추고 지난번에 구속하지 않고 용서해주었는데 또 이렇게 금방 죄를 짓고 들어오면 나로서도 어쩔 수 없지 않느냐고 말했다.

경험이 많기 때문인지 상황판단이 빠른 피의자는 굳이 변명을 늘어놓지 않고 그래도 최선을 다해 합의해볼 테니 어떻게 벌금형으로 안 되겠느냐고 물어왔다. 일단 내 입장에서는 벌금도 안 내고 도망 다니다가 또 범죄를 저지른 당신을 구속하지 않을 수는 없을 것 같다. 앞으로 반성하고 재판을 받으면서 최선을 다해 좋은 판결을 받길 바란다고 말했다. 피의자는 그냥 고개 숙여 절하면서 전과자의 말이지만 친절하게 들어주고 걱정까지 해주어서 고맙다고 하고 들어갔다.

이런 사람이 법정에서 행동하듯 세상을 산다면 결코 남에게 해를 끼치고 살 것 같지 않고, 사회성도 있어서 나름 호감이 갈 수도 있을 것 같다. 그런데 막상 밖에서는 자신이 30여 년 동안 쌓아온 업보에서 헤어나지 못하고 매번 후회하면서도 이렇게 반복해서 죄를 저지르고 산다. 이번에 저지른 사건 하나만 놓고 볼 때는 그다지 큰 죄를 지은 것 같지 않고 언뜻 보기엔 가혹한 처벌을 받는 것 같지만, 법률가 입장에서 이런 사람의 행동을 매번 안타까운 심정으로만 바라볼 수는 없는 노릇이다.

살아 있는 자의 고통,
자살은 끝이 아니다

영장 재판을 하다 보면 뉴스 보기가 두렵다. 관할 구역 안에서 벌어지는 사건·사고는 결코 남의 일이 아니기 때문이다. 큰 사건이 터지면 이미 무거운 마음으로 출근하고, 어김없이 책상 위에 구속영장이나 압수·수색·검증영장 청구 기록이 올라와 있다.

그중에서도 이 사건은 너무 심한 경우였다. 일가족 4명의 사체 부검을 위한 압수·수색·검증영장이 올라와 있었다. 50대 가장이 커다란 망치로 잠자고 있는 아내와 18세 아들, 11세 딸의 머리를 내리쳤다. 모두 그 자리에서 사망한 것으로 보였다. 스스로 전화 걸어 신고한 후 자신도 아파트에서 창밖으로 뛰어내렸다.

기록에는 정신과 주치의의 진단서가 붙어 있었다. '중증도의 우울장애, 비기질성 불면증'으로 4개월 전에 두 차례, 사고 전날 한 차례 내원하여 치료를 받았고, 내원 당시 우울, 수면장애, 분노, 충동조절 문제, 대인관계 문제와 부정적인 생각이 많았다고 기재되어 있었다. 가족관계나 경제적 형편은 아주 나쁜 편이 아니었고, 부인도 따로 사업을 하는 사람이었다.

죄 없는 아내와 영문도 모르고 최후를 맞이한 어린 자식들의 억울한 죽음을 보면서 이 사람에 대하여는 안타까움보다 분노가 먼저 치밀었다. 사안을 두고 냉철한 태도를 유지하도록 훈련받아왔지만, 이런 사건 앞에서 차분한 감정을 유지하는 것은 쉬운 일이 아니다.

정신의학 교과서[3]에 따르면, 우리나라 성인의 자살 요인 중 주된 것은 정신병리적인 현상으로, 자살하거나 시도하는 사람들 대부분(약 95%)이 정신과적 장애를 갖고 있다고 한다. 가장 많은 것은 우울증으로 80%를 차지한다. 정신과 환자의 자살률은 일반인의 3~12배에 이르는데, 특히 입원한 환자에게서 높게 나타나고, 자살을 기도했던 사람이 3개월 이내에 다시 자살을 시도하는 경우가 많다. 정신분석적으로 자살은 자기 자신으로 향하는 공격성의 결과이다. 특히 다른 사람을 죽

3 민성길 등, 『최신 정신의학』(제6판), 일조각, 2015.

이고 자신도 자살하는 경우(murder-suicide)는 같이 죽기로 약속한다고 하지만 대개 한쪽이 강압적인 상태로, 우울증 외에 공격성도 관련된다.

우리나라에서는 자살이 사망 원인 중 4위 내지 5위를 차지한다. 1997년 외환 위기(이른바 IMF사태) 이후 자살률이 높아졌는데, 특히 가족동반자살이 많아졌다. 가족동반자살은 우리나라에서 나타나는 특이한 자살의 형태[4]로 알려져 있다.

한국인의 심리를 분석한 학자에 따르면,[5] 한국의 부모-자녀 관계에서는 서구의 이성적·독립적 관계와는 달리 정(情) 공감적·자아미분화적(自我未分化的) 관계가 특징적으로 보편화되어 있고, 동반자살은 '부모-자식 불행 동일체감'[6]에서 연유된 행위 현상이라고 한다.

한국인은 '우리의식'과 '부자유친성정(父子有親性情)'이 매우 강하기 때문에 부모와 자녀가 서로 독립된 개체 또는 인격체라고 생각하지 않고 동일체(oneness)[7]라고 생각한다. 그렇

---

4 일본에서는 신쥬(心中)라는 연인들의 동반자살이 특이한 자살의 형태로 알려져 있다.

5 최상진, 『한국인의 심리학』, 학지사, 2012, 41쪽.

6 반대로 좋은 일이 발생했을 때에는 부모-자식 기쁨 동일체감이 작동한다. 한국의 부모들이 자식의 성공을 자신의 성공으로 느끼는 현상을 서구의 개인주의적 시각에서 '대리만족'이라고 하는데, 부모-자녀 기쁨 일체감의 시각에서 보면 이는 대리만족이 아니라 자기 자신의 만족이라는 해석이 가능하다. 부모와 자녀가 남이나 독립된 개체가 아닌 동일체 관계라고 생각하기 때문이다.

7 서양에서는 자식의 부모에 대한 호감이나 존경의 극치를 동일시(identification)로 보고 있으나, 한국에서는 동일시보다 동일체(oneness)로 보는 것이 더 적합하다

기 때문에 부모가 자식을 돌볼 능력이 없거나, 자기 뜻과는 무관하게 외부 조건에 의해 자식이 불행해질 상황에 봉착할 때 자식과 동반자살을 하는 경우가 외국에 비해 훨씬 많다는 것이다.

다시 앞의 사건으로 돌아가, 이 사람의 경우 내적으로 쌓인 정신질환과 외부로 드러나는 공격성이 가장 가까이에 있는 가족에게 극단적으로 표출된 것이다. 사회적으로 막다른 처지에 이르러 인생을 비관하고 자식들에게도 희망이 없다고 생각해 동반자살을 택한 전형적인 형태는 아닌 것으로 보인다. 그렇다고 이러한 현상을 단지 개인의 정신질환과 한 가족의 불행으로만 치부할 수 있겠는가?

한국이 OECD 국가 중 자살률이 10년 이상 1위라는 점은 더 이상 새로운 사실이 아니다. '2021년 자살예방백서(보건복지부)'에 따르면, 2019년 기준 자살에 의한 사망자 수는 13,799명, 인구 10만 명당 자살자 수(자살률)는 26.9명[8]으로 OECD 평균보다 두 배 이상 높은 것으로 나타났다.

세계보건기구(WHO) 자살예방지침서 등에 따르면 한 명이 자살했을 때 그 충격은 평균 6명의 유가족에게 전해진다고 한

고 한다.
8 가장 높은 수치를 보인 해는 2011년으로 사망자 수 15,906명, 자살률 31.7명이었다.

다. 그러면 지난 10~20년간의 수치만 계산해보아도 생존한 자살 유가족이 100만 명은 넘는다. 인구 50명당 1명 이상이 자살 유가족이라는 것, 거의 한 학급당 한 명 이상의 자살 유가족이 있을 수 있다는 사실은 이 문제가 결코 보통 사람과 동떨어진 이야기가 아니라는 뜻이다.

세계보건기구는 가족 가운데 자살자가 있는 경우 자살 가능성이 4.2배 높아진다는 연구결과도 내놨다. 자살 유가족은 자살을 막지 못했고 원인을 제공했을지 모른다는 죄책감을 가지고 살고, 자살 요인을 가지고 있는 가족이라는 사회적 편견과도 싸워야 한다.

유명한 일례로 2008년 10월 최정상급 연예인 C가 자살한 후 2010년에 그 남동생이, 2013년에 전 남편과 매니저까지 잇달아 자살하는 비극적인 일이 있었다. 그리고 그녀가 자살한 후 두 달 동안 국내 자살자 수가 3,081명으로 전년도 같은 기간(1,807명)보다 1,274명이 증가하기도 했다.[9] 위와 같이 유명인이 자살하고 나서 그것을 모방한 자살이 확산하는 현상을 흔히 '베르테르 효과'[10]라고 부른다. 특히 유명인의 자살은

9 〈동아닷컴〉(2013. 1. 9), "자살 베르테르 효과 심각… ○○○ 죽음 땐 70% 늘어."
10 괴테의 소설 『젊은 베르테르의 슬픔』에서 주인공 베르테르는 로테의 사랑을 얻지 못해 권총으로 자살한다. 1774년 발표된 이 소설은 유럽에서 선풍적 인기를 끌었고, 유럽 곳곳에서 베르테르를 모방한 자살이 유행처럼 번졌다. 이에 착안하여 1974년 사회학자 데이비드 필립스(David Philips)가 유명인이 자살하고 나서 그것을 모방한 자살이 확산하는 현상을 '베르테르 효과(Werther effect)'라고 명

이처럼 가족과 주변 사람뿐만 아니라 일반인들에게까지 그 파급효과가 아주 크다.

사회학자 에밀 뒤르켐[11]은 19세기 말에 이미 『자살론』에서 자살은 단지 개인적인 문제가 아니라 사회적인 문제라고 강조했다. 그는 자살이 사회적으로 통합이 약해지는 경우 더욱 빈번하게 발생하고, 특히 급격한 사회변동이나 무질서 현상이 나타나는 경우 자살률이 높아진다고 했다.

한국의 자살률은 1997년 외환위기 이전에는 대체로 OECD 평균과 유사하거나 낮은 수치를 유지해왔으나, 그 이후 가파르게 증가하여 2000년에서 2010년까지 10년 사이에 2배 넘게 증가했다.

자살률은 남성이 여성보다 2배 이상 높고, 나이가 많을수록 높다. 자살자의 비율은 80세 이상 인구에서 가장 높아 2012년에는 인구 10만 명당 105명에 이르기도 했다. 2019년 65세 이상 노인 자살자 수는 3,600명[12]으로 전국에서 하루에 10명 정도의 노인이 스스로 목숨을 끊었다. 노인 빈곤율이

명했다.

11 에밀 뒤르켐(Émile Durkheim, 프랑스, 1858~1917)은 현대 사회학의 기초를 세운 사람으로, 칼 마르크스, 막스 베버와 함께 사회학의 3대 거장으로 불린다. 1897년의 저작 『자살론』에서 자살의 사회적 유형을 1) 이기적 자살, 2) 이타적 자살, 3) 숙명적 자살, 4) 아노미적 자살로 나누어 설명했다.

12 2021 자살예방백서 ; 인구 10만 명당 자살자 수(자살률)은 46.6명이다.

OECD 국가 중 압도적 1위[13]이고, 전국의 독거노인이 150만 명이 넘는 것을 보면 노인 자살률 역시 1위인 부끄러운 현상의 이유를 쉽게 알 수 있다.[14]

2019년 기준 10대, 20대, 30대의 자살은 인구 10만 명당 5.9명(37.5%), 19.2명(51%)과 26.9명(39%)으로 사망 원인 중 1위를 차지하고, 40대, 50대는 31.0명(21.7%), 33.3명(10.4%)으로 사망 원인 중 2위를 차지하고 있다.[15] 이러한 통계를 보면 우리나라에서 2000년대 이후 급격히 증가한 자살은 가치관의 혼란이라는 아노미[16]적 상황과 함께 개인의 힘으로는 어찌해볼 수 없는 절망과 세상에 대한 분노가 고루 뒤섞인 전형적인 사

---

13 "통계청이 28일 발표한 '2020년 고령자 통계'에 따르면 지난 2017년 기준 한국의 상대적 빈곤율은 44%에 달했다. 프랑스(3.6%), 노르웨이(4.3%), 독일(10.2%), 캐나다(12.2%) 등 주요국들과 비교할 때 월등히 높은 수준이다. 2018년 기준 상대적 빈곤율은 43.4%로 분배 지표가 점차 개선되고 있다고 통계청이 전했지만 갈 길은 아직 멀다."(서울경제 2020. 9. 28.자 〈은퇴이후 가난해지는 삶"…노인 빈곤율 OECD 1위〉)

14 "2020년 기준 독거노인(65세 이상)의 수는 158만 9,000명이다. 전체 65세 이상 인구의 19.6%를 차지한다. 이 독거노인 비율은 2000년(16.0%) 이후 꾸준히 증가세를 나타내고 있다. 작년까지 전체 노인 인구가 2000년 대비 2배가량 증가한 데 비해 독거노인은 같은 기간 2.5배 이상 증가했기 때문이다."(뉴시스 2021. 3. 11.자 〈고령층 5명 중 1명은 독거노인…자살률·고립도↑〉)

15 2021 자살예방백서

16 그리스어 아노미아(anomia)에서 유래된 말로, 원래 '법이 없는 상태'라는 뜻이다. 급격한 사회변동으로 기존의 규범이 무너지고 새로운 규범이 확립되지 못하여 규범이 혼란한 상태를 의미한다. 프랑스의 사회학자 에밀 뒤르켐과 미국의 사회학자 머튼(R. K. Merton, 1910~2003)이 사회학의 중요한 개념으로 정립했다. 머튼은 문화적 목표와 사회적 수단 사이의 괴리와 일탈을 아노미로 규정한 반면, 뒤르켐은 가치의 교란과 탐욕을 아노미로 설명하여 두 사람의 이론에는 상당한 차이가 있다.

회문제라는 것을 알 수 있다.

어쨌거나 사람이 죽으면 적어도 이승에서는 그 사람과 관련된 모든 문제가 마무리될 것 같지만, 법적인 측면에서는 결코 끝이 아니다. 특히 자살의 경우 여러 가지 법률적 문제와 분쟁이 뒤따르고, 유족이나 주변 사람들에게는 새로운 고통과 또 다른 억울함이 생긴다.

자살을 하면 일단 사체부터 부검(剖檢)을 당하게 된다. 사체 부검은 형사소송법에 규정된 변사자의 검시[17] 중 하나로 사체를 해부해 사망 원인을 밝히는 것이다. 변사자(變死者)란 자연사 이외의 사망으로 사망 원인이 분명하지 않은 사람을 말한다. 외견상 자살이 명백해 보인다 하더라도 숨겨진 다른 원인을 배제할 수 없기 때문에 보통 부검하게 된다.

부검은 검사가 지휘하여 법의학을 전공한 의사가 주도하고 유족도 입회한다. 사체를 해부하다 보면 당장이라도 눈을 뜨고 일어날 것처럼 보여 섬뜩하기도 하고, 사고로 심하게 훼손되거나 오랜 기간 후에 발견되어 부패가 심한 경우에는 쳐다보거나 냄새 맡기가 무척 고통스럽다. 간혹 유족들이 사망자

---

17 형사소송법 제222조 (변사자의 검시) ① 변사자 또는 변사의 의심 있는 사체가 있는 때에는 그 소재지를 관할하는 지방검찰청 검사가 검시하여야 한다. ② 전항의 검시로 범죄의 혐의를 인정하고 긴급을 요할 때에는 영장 없이 검증할 수 있다. ③ 검사는 사법경찰관에게 전 2항의 처분을 명할 수 있다.

를 두 번 죽이는 것이라는 이유로 부검을 반대하기도 하고, 옆에서 오열을 터뜨리는 경우도 있어서 여간 곤혹스러운 일이 아니다. 많은 법률가들이 사체부검을 몇 번 참관하다 보면 결코 고상한 직업을 선택한 것이 아니라는 것을 깨닫는다.

사실 자살에 대해 다소 온정적으로 보는 시각은 비교적 최근에야 생겼다. 신분제 사회에서 자살은 임금이나 상전에 대한 불충(不忠)으로 여겨져 사체가 훼손되거나 유족들이 보복을 받기도 했다. 동양에서는 부모에 대한 가장 큰 불효이자 가문의 명예를 훼손하는 경우로 간주되어 가족묘지 같은 데 묻히지도 못하곤 했다. 서양에서도 자살을 또 다른 살인 행위이자 기독교의 십계명 중 여섯 번째 '살인하지 말라'를 어기는 죄악으로 보았다.

근대에 이르러서야 개인의 자유와 인권이 신장되면서 자살을 본인이 처분 가능한 법익에 대한 침해로 보아 범죄로 인정하지 않는 경향이 생겼다.[18] 우리나라에서도 형법상 타인의 자살에 관여하는 행위는 처벌하지만, 자살을 시도해 미수에 그쳤다고 해서 그 행위 자체를 처벌하지는 않는다.

하지만 자살자나 그 유가족이 겪는 법적·사회적 냉대 현상

18 영국 같은 나라는 20세기 중반까지도 자살을 실행하거나 시도하는 것을 보통법상 범죄로 취급했다. 1961년에 이르러서야 자살법(The Suicide Act)을 제정하여 자살이나 그 미수행위를 범죄에서 제외했다.

은 대단했다. 자살은 자유로운 의사로 목숨을 끊는 것이고, 스스로의 선택에 의해 사회적 유대관계를 단절하고, 법적인 권리를 임의로 포기하는 것이라는 기본적인 인식이 있었기 때문이었다.

이런 시각에서라면 자살을 산업재해 보상의 대상이 되는 업무상 재해로 보는 것은 생각하기 어려운 것이었고, 군대 내에서 자살한 사람을 국가유공자로 처우한다는 것은 일반적으로 납득하기 어려운 일이었다. 실제로 "국가유공자 등 예우 및 지원에 관한 법률(약칭 국가유공자법)" 같은 경우 2011년 개정되기 전까지는 군인·경찰이나 공무원에 대하여 순직이나 공상으로 인정하는 '교육훈련이나 직무수행 중 사망하거나 상이를 입은 경우'의 예외 사유로 '자해행위로 인한 경우'를 규정[19]하고 있었고, 자살은 그 자해행위에 해당하는 것으로 보았다.

그러나 정신의학자들의 연구결과에서 보았듯이 자살자는 대부분 정신질환을 앓고 있었다는 점이 인식되었다. 그 정신질환이 과다한 업무나 직장생활 중에 받은 스트레스로 인하여 발생한 것일 수 있고, 특히 군대 같은 경우는 정상적인 직

---

19 구 국가유공자법(2011년 9월 15일 법률 제11041호로 개정되어 2012년 7월 1일 시행되기 전의 것) 제4조 제6항 제4호.

무집행을 하던 중 상관이나 선임병의 구타나 가혹행위 혹은 지속적인 괴롭힘 등이 원인이 되어 자살이나 자해를 하게 된 경우도 구제해야 한다는 여론이 형성되었다.

대법원은 몇 차례 판례를 변경하여 군인이 군 복무 중 자살로 사망한 경우에도 '교육훈련 또는 직무수행 중 사망'에 해당하는지는 교육훈련 또는 직무수행과 사망 사이에 '상당인과관계'가 있는지만으로 판단해야지 사망이 자살이라는 이유만으로, 또는 자유로운 의지가 완전히 배제된 상태에서 한 자살이 아니라는 이유로 국가유공자에서 제외되어서는 안 된다고 했다(대법원 2012. 6. 18. 선고 2010두27363 전원합의체 판결).

국가유공자법도 2011년에 개정되어 순직이나 공상의 예외 사유로 든 '자해행위로 인한 경우'를 아예 삭제했다. 결국 자살이나 자해행위를 했다 하더라도 그 행위의 원인이 국민의 생명 및 재산보호와 직접 관련이 있는 교육훈련이나 직무수행에서 비롯된 것이 밝혀졌다면 국가유공자로 인정할 수 있다는 취지이다.[20] 다소 차이는 있지만 자살이 산업재해에 해

---

20 다만 2012년 7월 1일부터 시행된 신법에서는 국가에 대한 희생과 공헌이 뚜렷한 '국가유공자'와 구별되는 '보훈보상 대상자'를 신설했다. 국민의 생명 및 재산 보호와 직접 관련이 없는 직무수행 중 사망하거나 상이를 입은 경우에는 보훈보상 대상자(= 재해군경)로 분류하여 국가유공자(= 공상군경)에게 지급되는 보상금의 70%를 지급한다. 직무수행 중 단순사고나 상이, 의무복무 중 질병으로 인한 사망, 교육훈련 준비, 체력단련, 행사 중 상이 등의 경우가 보훈보상 대상에 해당한다.

당하는지 여부에 대한 판단도 이와 유사하다.[21]

자살자의 유족이 생명보험금 등을 지급받을 수 있는지 여부도 법정에서 자주 다투어진다. 상법에서는 기본적으로 보험사고가 당사자의 고의 또는 중대한 과실로 인하여 생긴 때에는 보험금액을 지급할 책임이 없다고 하여 보험자(주로 보험회사)의 면책사유를 규정하고 있다.

여기에서 자살이나 자해행위가 '고의 또는 중대한 과실'에 해당하는지 여부와 관련하여 보험회사에서는 대부분 약관에 그 기준을 제시하고 있다. 생명보험협회의 표준약관에 따르면, 피보험자가 고의로 자신을 해친 경우는 원칙적으로 보험금을 지급하지 않는다. 다만 피보험자가 심신상실 등으로 자유로운 의사결정을 할 수 없는 상태에서 자신을 해친 경우와 보장일부터 2년이 지난 후에 자살한 경우는 예외로 한다.

재판에서는 주로 자살인지 여부, 고의로 자신을 해친 경우

---

21 자살이 산업재해보상보험법상 보상의 대상이 되는 '업무상 재해'에 해당하는지 여부를 판단함에 있어 최근 판례들은 근로자가 업무로 인하여 질병이 발생하거나 업무상 과로나 스트레스가 질병의 주된 발생 원인에 겹쳐서 질병이 유발 또는 악화되고, 그러한 질병으로 인하여 심신상실 내지 정신착란의 상태 또는 정상적인 인식능력이나 행위선택능력, 정신적 억제력이 현저히 저하된 정신장애 상태에 빠져 자살에 이르게 된 것이라고 추단할 수 있는 때에는 업무와 사망 사이에 상당 인과관계가 있다고 한다(대법원 2012. 3. 15. 선고 2011두24644 판결 등). 산업재해보상보험법 제5조 '업무상의 재해'란 업무상의 사유에 따른 근로자의 부상·질병·장해 또는 사망을 말한다.

에 해당하는지의 여부가 제일 많이 다투어진다.[22] 생각보다 자살인지 아닌지 애매한 경우가 많은데, 자살이라는 점을 증명해야 하는 쪽은 보험회사이다.

한편 유족들은 보험계약일로부터 2년 이내에 자살한 경우에도 자유로운 의사결정에 의하여 자살한 것으로 볼 수 없을 정도의 심각한 정신질환이 있었다고 주장해 보험금을 청구하기도 한다. 그 정도로 심한 정신질환이 있었다는 것은 유족이 증명해야 한다. 그 경우 보험회사는 자살자가 보험계약 체결 당시부터 숨기고 계약을 체결한 것이라고 항변하곤 한다. 면책 기간(위와 같이 약관상 주로 2년) 이후에 자살하면 법리상 다툼의 여지는 있지만 우리나라에서는 보통 자의인지 심각한 정신질환에 의한 자살인지 묻지 않고 보험금을 지급한다.

이처럼 자살을 개인의 의지박약이나 나약함 탓으로만 돌리는 것은 성숙한 사회의 모습이 아니다. 유가족에 대한 합리적인 범위 내에서의 위로와 보상 또한 공동체의 책무라고 할 수 있다. 그런 측면에서 자살자나 그 유가족에 대해 근래 들어 다소나마 온정적인 경향이 형성되는 것은 다행스러운 현상이라

22 예를 들면 대법원 2006. 3. 10. 선고 2005다49713 판결에서는 "부부싸움 중 극도의 흥분되고 불안한 정신적 공황 상태에서 베란다 밖으로 몸을 던져 사망한 경우, 위 사고는 자유로운 의사결정이 제한된 상태에서 망인이 추락함으로써 사망의 결과가 발생하게 된 우발적인 사고로서 보험 약관상 보험자의 면책사유인 '고의로 자신을 해친 경우'에 해당하지 않는다"고 판시하였다.

고 할 수 있다.

자살률 1위 국가라는 오명은 삶이 고단한 나라 대한민국의
어두운 뒷모습이다. 그 안에는 정신질환에 대한 인식과 대응
부족, 노인의 빈곤과 고독, 청년 실업과 비정규직 문제, 소외
와 따돌림, 가정과 학교 내의 폭력 등 수많은 사회문제가 숨어
있다.

국가에서도 그 심각성을 인식하고 있고, 2011년에 "자살예
방 및 생명 존중문화 조성을 위한 법률(약칭 자살예방법)"을 제
정해 자살에 대한 국가적 차원의 책무와 예방정책을 규정하고
개별 대책을 내놓고 있다. 하지만 정부에서 하는 정신질환자나
자살위험자의 관리 등 자살을 예방하기 위한 대책수립이나 지
원정책만으로는 단기간에 이 문제가 해결되지 않을 것이다.

근본적인 문제는 온 국민을 경쟁으로만 몰아가는 시스템,
패자의 부활이 어려운 사회구조, 취약계층을 벼랑 끝으로 내
모는 야박함, 주위 사람의 어려움을 애써 모른 척하는 사회적
분위기 때문이라는 것을 우리 모두 잘 알고 있지 않은가?

그런 측면에서라면, 이미 몇 개월 전부터 중증의 우울증을
앓아오던 이 50대 가장에 대해 치밀어 오르던 분노를 어느 정
도 자제할 수 있을 듯하다. 하지만 죄 없는 아내와 어린 자식
들의 억울한 원혼은 어찌 달랠 것인가?

술 권하는 사회,
술의 사회학

술을 빼놓고는 한국사회를 논할 수 없다. 뭔가 이해할 수
없는 사실관계, 원인을 알기 어려운 사건과 사고의 숨어 있는
1인치에는 늘 술이 있다. 술을 어느 정도 마시지 못하면 사회
생활을 하기가 곤란하고, 술을 마시는 능력이나 술버릇을 가
지고 남을 평가하는 사람도 많다. 심지어 기업체나 공무원의
인사 기록에 주량이나 술 마시는 성향 등을 기재하기도 한다.
사업하는 사람들은 1억 원 이상의 거래에서 '형님동생' 관계
가 안 되고서는 계약이 체결되지 않는다고 하고, 술을 마시지
않고는 사업이든 인간관계이든 진도가 안 나간다고 한다.

일찍이 1920년에 발간된 『세계알코올대사전』에는 여러 페
이지에 걸쳐서 한국의 역사, 지리, 문화 등과 함께 음주문화를

현실감 있게 소개하면서 "한국인이 술 마시기를 매우 좋아하며, 타인의 음주행위에 대해 관대하다"고 기술하고 있다.[23]

그 무렵 현진건의 소설 『술 권하는 사회』(1921)에서도 남편이 아내에게 "이 조선 사회란 것이 내게 술을 권한다오"라고 하고, 아내가 절망적인 어조로 "그 몹쓸 사회가 왜 술을 권하는고!" 하면서 끝난다.

심지어 『조선왕조실록』에도 술에 대한 일화들이 많이 나온다.[24] 세종이나 성종 같은 왕은 술을 싫어한 반면, 태종, 세조, 영조 같은 왕은 술을 좋아해 신하들을 자주 걱정시켰다고 한다. 그리고 관리들이나 백성들 사이에 술의 폐해가 극심하다고 하여 임금이 금주령을 내린 경우가 종종 있었고, 중종 때 과거시험의 마지막 관문인 '책문'(합격자들이 왕 앞에서 질문에 답하는 방식으로 최종 순위를 정하는 시험)에 '술의 폐해를 논하라'는 취지의 문제가 출제되기도 했다.

한국 사람들이 술을 많이 마신다는 것은 통계에도 여실히 드러난다.

세계보건기구(WHO)가 2014년 발표한 〈술과 건강에 대한

---

23 천성수, "한국인에서 음주의 사회적 의미", The Journal of Korean Diabetes , 2012, Jun; 13(2):57-60. 재인용.

24 조선왕조실록에 나오는 술에 관한 일화들을 소개하는 책으로, 정구선의 『조선왕들, 금주령을 내리다』(팬덤북스, 2014)가 있다.

세계 현황 보고서(Global Status Report on Alcohol and Health)〉에 따르면, WHO 가맹 194개국 15세 이상 성인의 평균 음주량은 100% 알코올 기준 6.5 ℓ 인데, 우리나라는 13.7 ℓ 로 세계 15위를 차지했다.[25] 아시아에서는 한국이 단연 1위이고, 이웃 나라 일본은 7.2 ℓ 로 73위, 중국은 6.7 ℓ 로 90위였다.

연 13.7 ℓ 를 알코올 도수 20%인 소주로 환산하면 68.5 ℓ 로 200병가량 된다. 15세 이상 중 술을 마시지 않는 사람을 절반 정도로 계산하면 우리나라 음주자들의 술 소비량은 하루에 소주 1병 이상은 되는 것이니 대단한 수치이다.

한편 유로모니터(Euromonitor)라는 영국의 리서치 기관이 2014년에 조사한 바에 따르면, 맥주나 와인 등을 빼고 독한 술 기준으로 잔 단위로만 계산하면 한국이 1주일간 13.7잔으로 1위를 차지했다.[26] 음주자를 기준으로 하면 소주나 양주 등 독한 술을 1주일에 20잔 이상 마시는 셈이다.

중동의 대표적인 TV 방송 '알자지라'는 2016년 2월 유로모니터의 통계 등을 인용해 25분짜리 다큐멘터리를 방영하면서 '한국은 최악의 음주문제를 가진 나라'라고 소개하고, 한국의 음주문화가 매우 폭력적이라고 보도하기도 했다.

25 10위권 이내 국가는 대부분 날씨가 추운 북유럽 국가들이고, 소련에서 독립한 벨라루스가 17.5 ℓ 로 1위를 차지했다.
26 2위인 러시아 6.3잔의 2배에 이르지만, 이 통계는 알코올 도수를 계산하지 않은 것이라서 단순 비교하기에는 적절하지 않다.

2011년 우리나라 전국 역학조사에 의하면, 20세 이상 인구 중 알코올 남용은 8%, 알코올 의존은 5.3%이다.[27] 알코올 사용 장애의 평생 유병률은 약 13.4%(남성 20.7%, 여성 6.1%), 1년 유병률은 4.4%(남성 6.6%, 여성 2.1%)였다. 남성 5명 중 1명은 알코올 사용장애를 경험한 적이 있고, 여성보다 3.4배나 높았다. 최근에는 젊은 여성을 중심으로 알코올 사용장애가 증가하고 있다. 내성과 금단증상이 진단의 근거인 알코올 의존(alcohol dependence)에서도 평생 유병률은 5.3%(남성 7.6%, 여성 3.1%), 1년 유병률은 2.2%(남성 3.2%, 여성 1.2%)였다.[28]

아주 쉽게 말해 1년 동안 전국의 알코올 중독자는 성인 인구의 4.4%로 180만 명 정도 되고, 평생 동안 술 때문에 문제를 겪는 사람이 13.4%로 500만 명 이상, 중증 알코올 중독으로 분류되어 알코올 의존 치료를 받아야 되는 사람이 5.3%로 200만 명 이상 된다는 것이다.

음주로 인한 경제, 사회적 비용이 연간 20조 원 정도로 추정되는데, 도박 중독으로 인한 사회적 비용이 11조 원, 인터넷 중독과 마약 중독으로 인한 사회적 비용이 각각 8조 원, 2.5조

---

27 정신의학에서 알코올 남용은 과도한 음주로 인한 정신적·신체적·사회적 기능에 장애가 오는 것을 말하고, 심한 경우 내성과 금단증상이 나타나는 것을 알코올 의존이라고 한다. 알코올 남용과 알코올 의존을 통칭하여 알코올 사용장애라고 하는데, 이를 일반적으로 알코올 중독(alcoholism)이라고 부른다.
28 민성길 등, 『현대정신의학』(제6판), 일조각, 2015. "약물 및 알코올 중독 현황과 대응방안"(한국보건사회연구원, 2014)에 기초한 것으로 보인다.

원으로 추정되는 것에 비해 높은 금액이다.[29]

　이러다 보니 재판에서도 변명 중 가장 흔한 것이 '만취 상
태였다' 또는 '술김에 우발적으로 저지른 행위였다'이다. 실
제로 대검찰청 〈범죄분석〉에 따르면, 2019년 기준 전체 범죄
자 중 주취자 비율이 16.41%였는데, 강력범의 경우 살인은
32.28%, 강도는 7.99%, 방화는 37.52%, 성폭력 27.85%, 기타
폭력행위는 26.80%가 주취 상태에서 저지른 것으로 나타난
다.[30] 통계의 대상이 되는 '주취 상태'가 어느 정도인지 모르겠
지만, 재판에서 느끼기에는 훨씬 심해 강력사건의 절반 이상
은 술과 관련된 것 같다.

　그리고 자살사건 현장에서 소주병이 발견되는 경우가 많은
데, 보건복지부 〈자살실태조사〉에 따르면 2018년 기준 자살
시도자의 52.3%(남 57.5%, 여 48.4%)가 음주 상태인 것으로 나
타난다. 맨정신으로는 차마 감행하지 못하고 술의 힘을 빌리
는 것이다. 가출 청소년들이 범죄를 저지르고 흔히 내세우는
참작 사유 중 하나도 부모가 상습적으로 부부싸움을 하거나
아버지에게 맞거나 학대를 당했다는 것인데, 아버지가 늘 술
에 취해 있었다는 단서가 붙는다.

---

29 〈경남신문〉(2016. 1. 11), "[기획] 음주인식 바꾸자 (2) 알코올 중독의 폐해."
30 보건복지부 〈2021 알코올 통계자료집〉에서 재인용

이쯤 되면 술을 모든 악의 근원이자 사회적 부조리의 원천으로 여겨야 할 것 같고, 법률가라면 마땅히 술을 마시고 사고를 저지르는 사람을 모두 엄벌에 처해야 할 것 같다. 그럼에도 불구하고 판사들마저도 술에 대해 항상 그렇게 단호한 태도를 보이지 못하는 이유는 무엇일까?

이것을 한마디로 잘라 말하기는 어렵다. 구체적인 사건을 들여다보면, 술에는 논리적이고 이성적으로는 설명할 수 없는 온갖 감정과 인간관계 그리고 삶이 잘 풀리지 않는 사람들의 애환이 숨어 있기 때문이 아닌가 싶다. 그리고 꼭 이런 인간적인 안쓰러움이 아니라도 실제로 술김에 저지른 행위나 술 취한 상태에서 부주의로 생긴 사고를 모두 그 사람의 책임으로 돌리기 어려운 경우도 있다.

형법 제10조 제1항에는 "심신장애로 인하여 사물을 변별할 능력이 없거나 의사를 결정할 능력이 없는 자의 행위는 벌하지 아니한다"고 하고, 제2항에는 "심신장애로 인하여 전항의 능력이 미약한 자의 행위는 형을 감경한다"고 규정하고 있다.

형벌은 기본적으로 행위자에게 그 위법성에 대한 책임을 지우는 것이므로 자의로 범한 것이 아니라 심신장애(심신상실, 심신미약) 상태에서 한 행위에 대하여는 책임을 묻지 않거나 감경한다는 취지이다. 우선 정신질환 상태에서 저지른 행위가 위 규정의 적용 대상이다. 중증 정신질환자들은 이미 병원에 수용된 경우가 많아 재판에서는 보기 어렵고, 심신미약 정도의 정신질환이 있는 경우에는 감경된 형을 선고하거나 그와 함께 치료감호를 선고하는 경우가 많다.

그런데 실제 재판에서 심신장애를 주장하는 가장 흔한 경우는 술에 취해 범죄를 저지른 사람들이다. 술에 취해 아무 기억이 나지 않는다고 하면 일단 심신상실 내지 심신미약이라는 주장으로 여겨 해당 여부를 판단해야 한다. 워낙 자주 나오는 항변이기 때문에 대부분의 판사들은 판결문 작성 한글파일에 심신미약이나 심신장애를 배척하는 관용 문구를 저장해서 사용하곤 한다.[31]

술이야 본인 뜻대로 마시고 취하는 상황을 충분히 예견할 수 있었으니 술에 취해서 저지른 행위에는 마땅히 책임을 져야 한다고 말할 수 있다.[32] 하지만 막상 그걸 쉽게 배척하기 어려운 것이, 멀쩡하게 사회생활을 하는 사람들 중에도 술 먹고 이른바 '필름이 끊기는 경우'가 자주 발생하는 것이 우리나라의 현실이기 때문이다.

---

31 예를 들면 " 피고인은 이 사건 범행 당시 술에 취하여 심신상실 내지 심신미약 상태에 있었다는 취지의 주장을 한다. 살피건대 …… 증거에 의하면 피고인이 이 사건 범행 이전에 다소의 술을 마셨던 사실은 인정되나 그로 인하여 사물을 변별할 능력이나 의사를 결정할 능력이 없거나 미약한 상태에 이르렀다고 보이지 않으므로 피고인의 위 주장은 받아들이지 아니한다."

32 형법 제10조 제3항 "위험의 발생을 예견하고 자의로 심신장애를 야기한 자의 행위에는 전2항의 규정을 적용하지 아니한다." 이른바 '원인에 있어 자유로운 행위'는 심신장애 규정을 적용하지 않는다는 것이다.

그러다 보니 이 심신장애 규정은 실무상 술김에 우발적으로 저지른 범죄에 대하여 다소 낮은 형을 선고하고자 할 때 형량을 조절하는 기능을 주로 한다. 특히 강도상해죄나 흉기휴대 폭력행위같이 형량은 매우 높게 규정되어 있는데 행위의 내용이 강폭하지 않고 별다른 전과가 없는 사람이고 피해도 중하지 않은 경우에 집행유예를 선고하거나 단기의 실형을 선고하고자 할 때 심신미약 감경을 하는 경우가 많다. 이러한 경향에 대하여는 막상 심신장애 규정이 그 자체로 판단되는 것이 아니라 양형을 위한 보조 기능만 하고 있다는 비판이 제기되기도 한다.

반대로 강력범죄를 저지른 사람 중에는 만취한 사람들이 꽤 있다. 법 논리대로 하면 심하게 취해서 저지른 행위는 일단 심신미약 감경을 한 후에 그 범위 내에서 죄질을 고려하여 형을 선고하는 것이 맞을 수 있다. 하지만 여론의 비난을 심하게 받는 사건에서는 단지 술에 취해 있었다는 이유로 형을 감경하는 것을 일반인들이 쉽사리 수긍하지 않는다.

그래서인지 요즘 들어서는 법관들도 죄질이 나쁜 경우에는 심신미약 감경도 좀처럼 하지 않으려는 경향이다.

이처럼 술에 취해 저지른 행위를 재판에서 평가하는 것은 반드시 법률적인 논리나 자연과학적으로 주취 상태를 측정해서 해결할 수 있는 문제가 아니라 제반 사정을 종합적으로 고려해서 판단해야 하기 때문에 결론을 내리기가 결코 쉽지 않다.

한편 술 때문에 사고를 당한 경우는 어떠한가? 퇴근 후 술을 마시고 자리를 옮기거나 귀가하다가 교통사고를 당한 경우, 발을 잘못 디뎌 추락한 경우, 술김에 쓰러져 동사한 경우 등이 종종 발생한다. 가장(家長)이 이런 식으로 상해를 입거나 사망하게 되면 남은 가족은 생계가 막막해지기 때문에 업무상 재해임을 주장하여 치료받거나 보상받기를 원한다.

언뜻 생각하기에 퇴근 후 본인이 자의로 술을 마시고 취해서 당한 사고를 업무상 재해로 인정해준다는 것이 쉽지 않을 것 같다. 하지만 통상적인 업무 시간 외에도 회사와 관련된 행사나 모임의 경우 업무의 연장이라고 볼 여지가 크다.[33] 특히 사업주나 상사가 주최하는 회식 같은 데 참석해 자의 반 타의 반으로 술을 많이 마시는 것이 우리 사회에서 흔한 현상이기 때문이다. 그러다 사고가 난 경우에는 업무상 재해로 인정하는 것이 판례의 대체적인 경향이다. 다만 모든 회식과 관련된 사고를 다 업무상 재해로 인정한다는 취지는 아니고 여러 가

---

[33] 근로자가 근로계약에 의하여 통상 종사할 의무가 있는 업무로 규정되어 있지 않은 회사 외의 행사나 모임에 참가하던 중 재해를 당한 경우, 이를 업무상 재해로 인정하려면, 우선 그 행사나 모임의 주최자, 목적, 내용, 참가인원과 그 강제성 여부, 운영방법, 비용부담 등의 사정들에 비추어, 사회통념상 그 행사나 모임의 전반적인 과정이 사업주의 지배나 관리를 받는 상태에 있어야 하고, 또한 근로자가 그와 같은 행사나 모임의 순리적인 경로를 일탈하지 아니한 상태에 있어야 한다 (대법원 2007. 11. 15. 선고 2007두6717 판결).

지 사정을 두루 살펴 업무와 상당한 인과관계가 있는지 여부를 판단해서 인정한다는 것이다.

우리나라의 음주문화를 이야기할 때 흔히 거론되는 것이 회식이다. 회식이란 원래 사마천(司馬遷)의 『사기(史記)』에 나오는 말로, 한신(韓信)이 조나라와 싸울 때 배수의 진을 친 후 한나절 만에 조나라를 깨부수고 함께 모여 밥을 먹자고 말한 '파조회식(破趙會食)'에서 유래했다.

우리나라에서 직원들 간에 회식을 하지 않는 직장은 거의 없고, 사회학자들은 회식이야말로 한국적 서열문화가 가장 잘 드러나는 곳이라고 한다.[34] 술을 권하고, 잔을 돌리고 주고 받는 과정은 지위 서열과 그로 인한 권력적 상하관계가 그대로 반영된다. 폭탄주 등으로 대표되는 한국식 술자리는 사람들을 빨리 취하게 만들어 결국 그들의 낯을 잃게 하는 사회적 의례이고, 술자리를 통해 친교를 강화하고 '우리'라는 집단의 식을 공고하게 하는 기능을 한다. 술자리에 참여한 모두에게 일단 취기가 올라야 대화가 본격화되는 회식문화 속에는 '상징적 폭력'[35]이 존재하기도 한다.

---

34 이하 음주문화의 사회학적 의미에 관하여는 『술의 사회학』(박재환 등, 한울, 1999)과 정석도의 논문 "한국에서 음주문화의 사회학적 의미"와 오재환의 논문 "한국인의 여가와 음주문화"를 주로 참조하였다.
35 상징적 폭력은 강제적인 것은 아니라 지배자와 피지배자 모두가 받아들여 지배관계의 억압적 성격이 은폐된 온화하면서도 보이지 않는 형태의 폭력을 말한다.

회식은 단합대회라는 이름으로 공식적으로 불리기도 하듯 조직 내 단합과 소속감을 고취시키는 역할을 하고, 사업주나 상사들은 거나하게 취해 충성을 맹세하는 직원들을 보면서 뿌듯해하곤 한다. 이런 점을 보면 직장에서 주최하는 회식을 업무의 연장선이 아니라고 보는 것은 우리의 현실과는 너무 동떨어진 판단일지도 모른다.

이어지는 사회학자들의 주장이 상당히 설득력이 있다. 전근대 사회에서 술은 주로 노동과 함께했다. 전통적 음주문화는 노동과 함께 이루어지는 집합적이고 공동체적 질서의 집단적 문화였고, 제례(祭禮)에도 필수적이었기 때문에 소중한 것으로 인정받았다. 그러나 근대에 이르러 기술 집약적이고 세밀한 공업 노동이 발달하여 노동과 술을 병행할 수 없게 되면서 술은 여가의 영역으로 밀려났다.

그 후 술은 본래의 신성성을 상실하고 주로 욕망과 쾌락의 대상으로 전락하여 부정적 이미지가 강조되고 있다. 18세기 영국 노동자들은 짧은 시간에 독한 술을 마시는 것으로 노동의 피로를 풀었고 이에 따라 값싼 술인 진(jin)의 소비량이 폭발적으로 증가했다. 산업혁명기의 극단적인 노동시간에 시달리다 보니 대부분 자극적인 음주로 여가를 보낼 수밖에 없었던 셈이다.

한국인의 일상적 음주문화 역시 한국 사회의 압축적 경제성장과 관계가 있다. 급속한 경제성장 과정에서 노동 이후의 자투리 시간은 다만 격렬한 음주만이 허용된 경향이 있다. 일정한 자투리 시간이 있다 해도 노동 강도에 의한 피로감 때문에 짧은 여가 시간을 창조적이고 활동적으로 보낼 수는 없었을 것이다. 이러한 맥락에서 술을 탐닉하게 된 것이라고 볼 수 있다. 이런 견해에 따르면 술의 폐해를 강조하면서도 막상 술 마시고 저지르는 행위에 대해 비교적 관대한 한국인들의 태도를 다소나마 이해할 수 있을 것이다.

나폴레옹이 유럽 원정을 다닐 때 무기만큼이나 중요한 보급품이자 가장 큰 무게와 부피를 차지한 것이 포도주였다고 한다. 전쟁이라는 극단적인 상황에서 술은 유일한 안식처 역할을 함과 동시에 실제 전투 현장에서 제정신으로 싸울 수 없을 때 힘과 용기를 빌려주고 흥분시켜주는 역할을 했을 것이다.

그 정도까지는 아니겠지만 한국 사회에서의 술도 나폴레옹의 군수품에 비할 만큼의 기능을 하고 있는지도 모른다. 그래서 술과 관련된 법률문제에 있어서는 당사자들이 말로 표현해 주장하기 어려운 인간적인 억울함과 안쓰러움이 숨어 있는 경우가 많다.

법률가들은 가끔 술과 관련된 사건을 접했을 때 그 안을 깊이 파고들어 갈수록 단호하고 엄한 결정을 내리지 못하고 한참을 망설이기도 한다. 결국 술에 취한 상태에서 범행을 저지르거나 사고를 당했다고 하는 상황에서 그 구체적인 정황과 배경을 살피지 않고 막연히 기존의 유사한 사례에서는 어떤 판단을 했다는 식으로 단순 비교하는 것은 사건의 실체와는 동떨어진 결론인지도 모른다. 그럼에도 불구하고 분명한 경향은 있다. 이제 술 마시고 한 행위였다는 이유로 예전만큼의 관용을 기대하기는 어렵다는 것이다.

피고인은 유죄 인정, 판사는 무죄 선고, 연대보증의 함정

한동안 한국 사람들 유언 중 1위가 '남의 빚보증 서지 말라'였다고 한다. 진짜 그랬는지 확인해볼 길은 없지만, 그만큼 자식에게 절실하게 남기고 싶은 당부였다는 말이다. 몇 년 전 많은 인기를 끌었던 드라마 〈응답하라 1988〉에서도 주인공의 아버지가 은행원으로 꽤 좋은 직업을 가졌음에도 불구하고 남의 빚보증을 섰다가 반지하 방에서 곤궁한 시절을 보내는 것으로 그려졌다. 그 드라마에 출연해 크게 인기를 얻은 배우 A가 실제로 어렸을 적 아버지 채무에 보증을 섰다가 파산선고를 받은 사연이 언론에 보도되기도 했다.

간단히 그 이야기를 요약해본다. A가 15세 때 아버지가 대부업체로부터 3억 원을 빌리면서 A를 연대보증인으로 세웠다. 이자가 계속 붙어 2014년에 갚아야 할 돈이 8억 원으로 늘었다. A가 배우로 활동하자 대부업체에서 민사소송을 냈다. A는 갚을 능력이 안 된다고 파산·면책을 신청해서 2015년 파산선고를 받았다. 이어진 면책재판에서 법원이 3,000만 원만을 갚는 중재안을 제시해 대부업체가 받아들였다. 파산폐지 결정이 나고 대부업체는 민사소송을 취하했다.

파산과 함께 면책 결정이 나면 채무를 면제받고 복권되어 다시 경제활동을 할 수 있다. 배우 A는 그 경우는 아니고 채권자와 합의해 채무 일부만 변제하고 파산자 신분 자체에서 벗어난 것이다. 왜 대부업체 측에서 8억 원이나 되는 채권 중 3,000만 원만을 받고 나머지를 탕감해주었을까?

먼저 A의 아버지의 행위는 아들을 위해 법률행위를 해야 할 법정대리인이 자신의 돈을 빌리는 이익을 위해 미성년자인 아들에게 채무를 부담시키는 보증인으로 세운 경우이기 때문에 민법 제921조에서 정한 법정대리인과 그 자(子) 사이의 이해가 상반되는 행위에 해당한다. 이 경우 특별대리인을 선임하지 않고 한 법률행위의 효력은 무효이다. A가 처음부터 이 점을 다투었으면 채무를 면했을 가능성이 높다. 그리고 설령 채무가 인정되어도 그 경위를 고려하면 파산 이후 면책 결정도 났을 것이다. 대부업체는 이런 점을 모두 고려해 일부라도 돈을 받는 편이 낫다고 판단한 것이다.

보증인은 주채무자가 이행하지 않는 채무를 이행할 의무가 있고, 우리나라에서 보증계약은 대부분 연대보증 형태로 체결된다. 채권자 입장에서는 주채무자가 돈을 갚지 않으면 그 재산이 있는지, 집행이 용이한지 여부를 가리지 않고 연대보증인에게 채무 전액에 대하여 이자까지 포함한 금액의 변제를 청구할 수 있다.

　문제는 이렇게 무시무시한 연대보증 채무를 우리나라 사람들은 대부분 아무런 대가 없이 부담한다는 것이다. 친척이나 친구의 부탁을 거절하지 못하고 연대보증을 서주었다가 그들이 채무를 갚지 못하면 덩달아 힘들어진다. 게다가 큰 고민 없이 무심결에 연대보증을 해주는 경우가 너무 많다. 심지어 자신이 연대보증을 선 사실을 기억하지 못하고 있다가 나중에 소송이나 강제집행에 임박해 그 심각성을 깨닫곤 한다. 특히 회사에 취직할 때 친척이나 지인이 기꺼이 서주는 신원보증 같은 경우는 그 사실을 기억하는 사람도 거의 없는데, 직장생활 중에 무슨 사고라도 나면 난데없이 보증인이 그 손해를 배상해야 한다.

　사업하는 사람은 한번 실패하면 연대보증 때문에 재기하기가 무척 어렵다. 원래 사업 실패에 대한 책임을 분산하고 위험을 고루 부담하기 위한 장치로 유한회사나 주식회사 같은 형태가 생겼다. 원칙적으로 사업에 실패하더라도 범죄행위나 민사상의 손해배상을 할 만한 행위를 하지 않은 한 자기 지분 범위 내에서만 손해를 보면 되는 것이다.

그러나 우리나라에서 대표이사가 그런 식으로 책임을 면하는 경우는 거의 없다. 대부분 사업상 채무에 대하여 대표이사가 연대보증을 서기 때문이다. 오히려 일반인의 정서상 사업이 망했는데 대표이사가 멀쩡히 경제활동을 하는 것은 비도덕적이라고 생각한다. 이는 대부분 무늬만 주식회사이지 사실상 개인회사나 마찬가지로 운영되는 현실도 어느 정도 작용한다. 이런 분위기는 양 측면이 있기 때문에 어느 한쪽의 입장만 옳다고 단정하긴 어렵다.

재판에서는 주채무자가 도망가거나 법정에 출석하지 않고 채권자와 보증인만 나와 다투는 경우가 많다. 연대보증 채무자 중에 돈을 못 갚아 미안하다고 생각하는 사람은 거의 없고 대부분 몹시 억울해한다. 그 경위야 억울하겠지만 본인이 연대보증을 서주겠다고 계약서에 도장까지 찍었으니 채무가 명백하기 때문에 사실 별다르게 다투어볼 만한 쟁점도 없다. 소송이나 강제집행의 끝까지 가지 않고 정해진 기간 내에 임의로 갚는 경우에는 금액을 깎아달라는 식으로 조정을 권유하는 경우가 많다. 채권자 입장에서는 보증인이 갚을 의지만 명확하다면 상당 부분 감액해주고 조정으로 끝내기도 한다.

그런데 보증인이 직접 인감증명까지 떼고 도장을 찍어준 경우가 아니면 보증인들은 주채무자나 채권자가 몰래 서류를 위조했다거나 무권대리행위를 했다는 등의 항변을 많이 한다. 그러다 보니 사문서 위조 등 형사재판에서는 피고인이 위조했다고 범행을 자백하는데도 불구하고 쉽사리 유죄로 인정할 수 없는 웃지 못할 사건이 가끔 발생한다. 피고인이 형사처벌 받는 것을 감수하고 보증인의 책임을 면하게 해주려는 구조이기 때문이다. 이것은 옛날 권위주의 시대에 고문에 못 이겨 자백하는 그런 사건과는 본질적으로 다르다.

B는 사업을 하다가 부도를 냈다. 자신이 대표이사로서 연대보증을 한 채무가 다수 있었다. 결국 빚을 갚을 수 없어서 파산선고를 받았고 이어서 면책 결정도 났다. 하지만 함께 연대보증을 한 아내와 동생의 보증 채무는 여전히 남아 있었다. 채권자인 신협에서 아내와 동생에게 연대보증금을 청구하자, 아내와 동생이 계약서의 보증 부분이 위조되었다고 주장했다. B는 자신이 연대보증 부분의 서명·날인을 위조하고 인감증명서도 몰래 첨부했다고 자백했다.

이 사건이 오죽했으면 저렇게 할 수밖에 없을까 하는 안쓰러운 측면은 있지만, 피고인이 기대하는 것처럼 벌금형이나 집행유예의 판결을 하는 것은 정의 관념에 반한다.

"이 사건은 유죄가 인정되는 경우 구조상 피고인이 원하는 가벼운 형을 선고해줄 수 없습니다. 실형을 선고할 것이고, 형량은 통상의 차용금 사기 금액에 준해서 정할 것입니다. 다음

기일까지 다시 생각해보고 오십시오"하고 일단 돌려보냈다.

이러면 다음 기일에서는 입장을 바꿔 부인하는 경우가 꽤 있다. 하지만 B는 자신이 위조한 것이 맞기 때문에 자백을 유지하겠다고 했다. 먼저 아내와 동생을 증인으로 불렀다. B의 주장과 동일했으나 이 증언들도 B의 말과 마찬가지로 그대로 믿기 어려웠다.

다음으로 채권자 측인 신협 직원을 증인으로 불렀다. 직원은 두 사람에게 직접 전화해서 연대보증 여부를 확인했다고 통화 내역까지 제시했다. 비록 서명은 피고인 B가 직접 한 것이 맞지만, 도장과 인감증명도 건넸고, 동의를 받은 것이 분명해 보였다.

따라서 피고인이 유죄를 인정해도 사실과 다른 자백이기 때문에 무죄가 맞다. 피고인의 안타까운 심정은 이해하지만 이런 방법을 쓰는 것은 잘못된 경우라고 훈계하면서 무죄를 선고했다.

이런 경우 검사가 아내와 동생을 무고죄나 위증죄로 다시 기소하기도 한다. 반면 이 사건과 달리 채권자가 보증인에게 확인했다는 별다른 증거를 확보해놓지 않았다면 보증 부분의 서명을 다른 사람이 한 것이면 피고인 B가 자백하는 대로 유죄로 인정될 여지가 크다. 그 경우 보증채무는 면하는 것이기 때문에 법관이 B에게 가벼운 처벌을 받고 경제적으로 원하는 목적을 달성하게 해줄 수는 없다. 이처럼 연대보증제도 때문에 채무자 한 명의 경제적 불행이 가족과 주변 사람까지 포함해서 걷잡을 수 없이 확대되는 경우가 많다.

　우리나라에서 법률로 인해 발생하는 사회문제 중 대표적인
것으로 늘 연대보증이 꼽히곤 했다. 그러다 보니 재판에서도
연대보증 관련 사건은 그 경위 등을 심사해 별다른 대가 없이
체결한 사람에 대하여는 약관의 효력이나 채무자의 보증 범
위, 기간, 책임의 한계 등에 관해 최대한 제한적으로 해석하려
는 시도를 많이 했다.

　하지만 그렇게 어느 일방의 사정만을 고려해 치우치게 법을
해석하는 것은 법적 안정과 예측 가능성이란 측면에서 옳지
못하다. 왜냐하면 채권자 측에서는 만약 보증인이 없었다면 그
러한 거래행위를 하지도 않았을 것이라고 말하는 경우가 많기
때문이다. 막상 주채무자가 돈을 갚지 못하자 보증인에게까지
책임을 묻는 것이 가혹하다고 말하는 것은 애초에 돈을 빌려
갈 때의 상황을 왜곡하는 것이라는 지적도 일리가 있다.

　결국 연대보증의 가혹함은 애초에 제도로써 해결할 영역이
지 나중에 분쟁이 되었을 때 그 억울함을 구제하기에 한계가
있고, 보증인만을 보호하는 것이 바람직하다고 볼 수도 없다.

　2000년대 들어 연대보증에 대한 비판 여론이 더욱 거세졌
고, 기존과 같이 제한 없는 연대보증제도를 그대로 두긴 어려
운 분위기가 되었다.

　일단 보증인 보호를 위한 특별법을 만들고 민법을 개정하

여 상당한 제한을 가했다. 보증은 반드시 서면으로 보증인의 기명날인 또는 서명이 있어야 하고, 전자적 형태로 표시된 경우 효력이 없고, 보증채무의 최고액을 서면으로 특정하고, 기간 약정 없는 보증 기간을 3년으로 하고, 보증채권자의 정보제공 의무와 통지 의무를 신설한 것 등이다.

그리고 금융위원회에서는 은행권(2012년)과 제2금융권(2013년)에서 개인대출에 대한 연대보증을 전면 폐지하고, 개인사업자는 공동대표의 연대보증만 허용하고, 법인대출도 최대주주·대주주(30% 이상)·대표이사(고용임원 제외) 중 1인에 대하여만 연대보증을 허용[36]하는 등 보증제도를 대폭 개선했다.

이에 따라 은행권과 제2금융권의 연대보증인이 100만 명 이상씩 줄어들고, 결국 금융기관에서 사업에 책임이 없는 자의 연대보증은 거의 사라지게 될 것이라고 한다. 하지만 소규모 대부업체나 일반인 사이의 연대보증은 계속 유지되고 있기 때문에 형편이 매우 다급한 사람들이 고리 사채 등을 빌릴 때는 여전히 연대보증인을 세우는 경우가 많다.

이렇게 말도 많고 탈도 많은 연대보증제도를 왜 완전히 폐지하지 못하는 것일까? 보증은 본질적으로 별다른 신용이나

---

36 다만 신용보증기금, 기업보증기금에서 대출받은 설립 5년 이하 신생 기업에 한해 2016년부터 대표자 연대보증을 면제해주고 있다.

물적 담보가 없어 돈을 빌리거나 계약을 체결할 수 없는 사람이 이에 갈음하여 인적 담보로 신용을 확대하는 제도이다. 따라서 보증제도가 없어지면 물적 담보가 없는 사람이 신용을 확보할 방법이 없어 거래가 대폭 위축되기 때문이다. 선진국들도 여러 가지 제한을 가하고는 있지만 연대보증 제도 자체는 법이나 판례 등을 통해 대부분 유지하고 있다.[37] 금융위원회에서 보증제도를 대폭 축소하면서도 그 대책에서 오히려 대출받고자 하는 사람들을 위하여 연대보증을 부득이하게 허용하는 경우를 더 상세히 다루고 있는 것도 이 때문이다.

매우 안타깝고 억울해 보이는 사람들이 잘못된 제도 때문에 생긴 것처럼 생각되는 때가 있다. 하지만 그 제도가 탄생하게 된 배경과 원래의 효용을 살펴보면 제도 자체를 폐지해야 한다고 쉽사리 말할 수 없는 경우가 많다.

그래서 기존 제도를 완전히 폐지하거나 완전히 새로운 제도를 만드는 등의 급진적인 개혁은 또 다른 억울한 사람들을 만들 수 있다. 이 때문에 성숙한 사회일수록 전면적인 제도의 개혁은 국민 대다수의 동의를 받지 않는 한 이루어지기 어렵다.

37 이웃 나라 일본도 우리와 비슷한 연대보증제도를 두고 있지만, 대부분의 보증은 보증보험으로 갈음하는 경향이고, 최근 들어 기업의 실제 경영자 외에는 연대보증을 금지하고, 개인의 연대보증은 상당 부분 폐지했다.

과거를 묻지 마세요, 소년범과 가정폭력

　솔직히 소년범을 보면 한숨부터 먼저 나온다. 여러 차례 절도행위를 하다 검거되어 구속영장이 청구된 17세 소년의 사건을 담당했을 때의 일이다. 그는 이미 소년보호 범죄전력이 대여섯 번 있었고, 학교에서 퇴학당하고, 단기이지만 소년원에 다녀온 적도 있었다. 영장심사를 받으러 온 소년의 표정과 태도는 구속당할 위기에 처한 어린애의 모습이 아니었다.

　"어차피 구속할 거잖아요? 보호관찰이니 소년원이니 잔소리 듣기 귀찮아 죽겠어요. 차라리 법대로 처벌해주세요."

　몇 가지 물어보고자 했으나 소년은 성의 없는 대답으로 일관했다. 나는 결국 아무 말도 하지 않고 세상 불만을 다 가진 것 같은 그의 눈을 한참 쳐다보기만 했다. 소년은 자꾸 눈을 돌려 힐끔 쳐다보기를 반복했다. 사실 소년범에 대하여는 부득이한 경우가 아니면 구속영장을 발부하지 못하도록 되어 있지만(소년법 제55조), 기존 전력도 다수이고, 이 사건 범행도 여러 차례인 데다 무엇보다 범행을 반성하는 태도가 안 보였기 때문에 이쯤 되면 부득이한 경우에 해당한다. 조용히 말해주었다.

"지금까지의 전력, 이 사건 범행 내용, 오늘의 태도 등에 비추어 구속영장을 발부하지 않을 수 없습니다. 앞으로 조사도 더 받고 형사재판이든 소년재판이든 받게 되겠지만, 본인의 태도에 대하여 다시 한번 곰곰이 생각해보기 바랍니다. 하늘은 스스로 돕는 자를 돕는다고 했습니다."

만 19세 미만의 소년이 범죄를 저지르면 소년법에서 정한 절차에 따라 보호처분을 받거나, 형사사건에서도 여러 가지 특별한 취급을 받게 된다. 아주 중한 죄가 아니라면 일단 보호처분을 하는 것이 원칙이고, 형사사건의 심리는 친절하고 온화하게 하여야 하며, 소년의 특성에 비추어 상당하다고 인정되는 때에는 그 형을 감경할 수 있고, 사형이나 무기형은 15년의 유기징역으로 하고, 법정형이 장기 2년 이상의 유기형일 때에는 장기 10년, 단기 5년 이내의 부정기형을 선고하도록 되어 있다(소년법 제58, 59, 60조).[38] 흔히 인터넷에 떠도는 동영상에서처럼 판사로부터 법정에서 호통을 듣기도 하고 부모와 함께 와서 눈물바다가 되기도 하는 광경은 법원 소년부에서 보호처분을 받을 때의 모습이다.

흔히 '제1호 내지 10호 처분'으로 불리는 보호처분(소년법 제32조)은 감호위탁, 보호관찰, 소년원 송치가 대표적이다. 환경 조정과 품행 교정(矯正)을 위한 교육 위주로 운영되고, 형사처벌과 달리 장래 신분상의 불이익이 전혀 남지 않는다. 당연히 가능하다면 형사처벌보다는 보호처분을 받아야 한다. 하지만 이 철없는 아이는 세상에 대한 막연한 반발심을, 간섭받고 교육받기 싫으니 차라리 교도소에 보내달라는 식으로 표출한 것이다.

그런데 사실 이 소년의 속마음이 따로 있긴 하다. 이번에 다시 보호처분을 받게 된다면 2년까지 가능한 장기 소년원 송치 처분을 받을 것이 예상되기 때문에 차라리 좀 구속되어 있다가 집행유예를 받고 풀려나고자 하는 의도이다. 전과가 남는 것 따위를 두려워할 단계는 이미 넘어섰고, 웬만해선 소년에게 실형을 선고하지 않는다는 것을 알고 있는 것이다. 심지어 비

---

38 다만 살인(미수)이나 강도 등 특정강력범죄를 범한 당시 18세 미만인 소년에 대하여 사형이나 무기형에 처하여야 할 때에는 20년의 유기징역으로 하고, 특정강력범죄를 범한 소년에 대하여 부정기형을 선고할 때에는 장기는 15년, 단기는 7년을 초과하지 못한다(특정강력범죄의 처벌에 관한 특례법 제4조).

행 청소년 사이에서는 보호처분이 아니라 정식 형사처벌을 받은 것을 무슨 별이라도 단 것인 양 자랑하는 경우도 있다.

법무부의 〈2020년 범죄백서〉에 따르면, 2019년 기준 19세 미만 소년의 범죄는 66,247건에 이르러 전체 범죄 중 3.8% 정도를 차지했는데, 검찰에서 그중 31,890명(49.5%)을 불기소처분하고(그중 기소유예 19,166명 29.8%), 24,683명(38.3%)을 소년보호사건으로 송치하고,[39] 법원에 기소한 것은 7,228명 (11.2%)인데, 그중 벌금형의 약식명령을 청구한 2,552명(4%)을 제외하면 실제 법정에서 형사공판을 받은 피고인은 4,676명(7.3%, 그중 구속사건은 712명 1.3%) 정도이다. 가장 높은 비율을 차지한 검찰 불기소처분 중에서는 죄가 있어도 용서해주는 기소유예 처분이 대부분을 차지한다.

결국 소년 범죄자 중 절반 가까이는 검찰에서 용서를 받고, 1/3 이상이 법원 소년부에서 보호처분을 받고, 15건 중 1건 정도만 정식 형사재판을 받는 등 소년범에 대하여는 기본적으로 관대한 처분, 선도정책이 우선한다는 것이다.[40] 이처럼

---

39 소년부 송치는 검찰뿐만 아니라 보호자, 학교장, 보호시설의 장, 경찰이 하는 경우도 있고, 법원 형사부에서도 할 수 있다. 2019년에 실제 법원 소년부에서 처리한 소년보호 사건은 36,576건인데, 그중 법원송치가 2.4%, 검찰송치가 64.3%, 경찰송치가 28.6% 정도를 차지했다(법원행정처 〈2020 사법연감〉).

40 하지만 2010년에는 3.9%에 불과한 형사 공판 비율이 10년 만에 두 배 가까운 7.3%로 늘었다는 것은 소년의 강력범죄가 증가한 것과 소년범죄도 관대한 처분만이 능사는 아니라는 여론이 형성된 것도 원인인 듯하다.

소년 범죄에 대하여 정식 기소되는 비율은 매우 낮고, 구속영장이 발부되는 것도 부득이한 경우에 한하는데, 그 와중에 구속되어 형사재판을 받는다는 것은 범행 내용이 매우 심각하거나 범죄전력이 이미 여러 차례 있다는 뜻이다.

한편 법원의 재판 단계에서는 전체 1심 형사공판 중 소년 사건은 2019년 종국처리 기준 3,031명(전체 형사공판의 1.3%)이었는데, 그중 소년부에 송치해서 보호처분을 한 경우가 1,386명(45.7%)으로 가장 많았고, 실형을 선고한 수는 716명(23.5%)인데 비해 집행유예 판결은 546명(18%)으로 더 적었다.[41] 법원에서 정식 재판을 받는 소년범 중에서도 3/4 이상이 용서를 받는데, 그것도 전과를 남기는 집행유예 판결보다는 보호처분을 훨씬 많이 하고, 죄가 중한 경우 부득이하게 실형을 선고한다는 것이다.

사실 소년범의 재범률은 상당히 높은 편이다. 대검찰청 〈범죄분석 2020〉에 따르면 2019년 소년범 66,247명 중 전과가 있는 수가 21,457명(32.4%)에 이르고, 그중 9범 이상이 3,758명(5.7%)이나 되었다. 한편, 소년범죄 발생 비율이 가장 높은 범죄군은 재산범죄이고, 그다음은 강력범죄(폭력), 교통범죄, 강력범죄(흉악) 순이다.

41 법원행정처, 〈사법연감 2020〉.

지난 10년간 재산범죄와 강력범죄(폭력)는 발생비율이 다소 줄거나 비슷한 수준을 유지한 반면, 강력범죄(흉악)는 대체로 증가하는 경향을 보였다. 소년 강력범죄(흉악)에서 살인, 강도, 방화가 차지하는 비율은 감소한 반면, 성폭력이 차지하는 비율은 70.0%에서 86.8%로 증가했다. 소년범죄가 2010년 이후에는 전반적으로 감소하는 추세를 보이는데, 강력범죄(흉악)가 증가한 것은 주로 성폭력 사건의 증가 때문이다. 형사특별법 중에는 도로교통법 위반이 39.7%로 가장 높은 비율을 차지하고, 그다음으로 교통사고처리특례법 위반(19.3%), 정보통신망법 위반(5.4%) 등의 순이었다.[42]

앞의 여러 통계 자료를 연도별로 살펴보면, 2010년 이후 10여 년 동안 우리나라의 범죄 발생 건수는 상당히 감소하고 있고, 소년범죄도 마찬가지이다. 그런데 2015~2016년 무렵까지 성인 범죄는 감소 추세인데 반해 소년 범죄는 계속 증가하는 데다가 소년범의 재범률이 성인범보다 높고, 흉악범죄 비율마저 높아진다고 알려지고,[43] 청소년들이 저지른 몇몇 중대한 사건들이 보도되면서 청소년 범죄가 매우 심각한 사회문제로 대두되었다. 소년범들에 대해 처벌을 면제하거나 지

42 법무연수원, 〈2020년 범죄백서〉.
43 대검찰청, 〈범죄분석 2014, 2015〉.

나치게 가벼운 처벌을 내리는 경향에 대해 비판하는 목소리가 높아졌다.

결과가 아주 중한 사건이지만 나이가 어리다는 이유로 아무런 처벌을 받지 않은 유명한 사례로 2015년 용인시에서 있었던 이른바 '캣맘(Cat Mom) 사건'이 있다.

아파트 화단에서 길고양이 집을 짓고 있던 50대 여성과 20대 남성이 위에서 누군가 던진 1.8kg 시멘트벽돌에 맞아 여성은 그 자리에서 사망하고, 남성은 두개골이 함몰되는 상해를 입었다. 며칠간 수사 끝에 잡힌 범인은 초등학교 4학년 A군으로 만 9세였고, 만 11세인 B군과 7~8세인 C군이 함께한 행동이었다. 중력 자유낙하 실험을 하기 위해 옥상에서 벽돌을 던진 것인데, TV 뉴스를 보고서야 피해자가 사망한 사실을 알았다고 했다. 그러나 변명이 석연치 않다는 등, 묻지 마 증오범죄라는 등 여러 가지 의견이 분분했다.

형법상 만 14세 미만의 형사미성년자의 행위는 처벌할 수 없고(형법 제9조), 다만 범죄를 저지른 만 10세 이상 14세 미만의 이른바 '촉법(觸法) 소년'은 소년법에 의하여 보호처분을 받게 된다(소년법 제4조). 만 10세 미만인 경우에는 아무런 형사법적 제재를 받지 않는다.

결국 A군과 C군은 아무런 처벌을 받지 않고, B군만 과실치사상죄로 경찰에서 법원 소년부에 송치하는 처분을 하는 선에서 사건이 마무리되었다. 물론 A군이나 C군의 보호자인 부모들이 민사상 손해배상책임을 질 수는 있다. 하지만 비록 초등학생이라도 결과가 중한 범죄를 저질렀을 때에는 응분의 처벌을 해야 한다는 여론이 일었다. 현행법상 형사처벌이나 보호처분을 받는 연령이 너무 높다는 비판이 제기되기도 했다.

사실 2008년 이전까지는 소년법상 보호처분을 받는 연령이 12세였는데, 기존에도 이런 여론이 있어서 법을 개정해 보호처분을 받을 수 있는 연령을 10세 이상으로 하향 조정한 것이다. 그리고 2011년 18대 국회에서 형사미성년자 연령을 14세에서 12세로 낮추는 형법 및 소년법 일부 개정안이 발의되었지만, 반대 의견이 많아 통과되지 못했다. 외국의 경우 형사미성년자 연령을 만 6~8세로 하는 나라에서부터 18세 이상으로 하는 나라까지 다양해[44] 우리나라의 형사미성년자 연령 14세가 특별히 높거나 낮은 것이라고 말하긴 어렵다.

청소년 범죄를 보는 시각도 꼭 어느 쪽이 옳다고 말하기는 어렵다. 특히 언론에 보도되는 사례들을 보면, 그렇게 솜방망이 처벌을 하고 자꾸 용서해주니까 죄의식 없이 범죄를 저지르고 범행 내용도 날로 흉악해진다는 비판이 충분히 가능하다. 그럼에도 불구하고 형사정책적으로 이렇게 용서해주고 가

---

44 형사미성년자의 연령을 6~8세로 하는 미국, 10~12세로 하는 영국이나 프랑스 같은 나라도 있는 반면, 14~17세로 하는 일본이나 독일, 심지어 18세로 하는 벨기에, 룩셈부르크 같은 나라도 있다.

녑게 처벌하는 방식을 택한 것은 청소년들이 발달과정에서 저지를 수 있는 어느 정도의 실수나 잘못을 사회에서 흡수하겠다는 뜻이다. 상당한 부작용이 있겠지만, 청소년이 성장과정에서 저지르는 다소의 잘못에 대해 평생 낙인을 찍지 않고, 희망을 가지고 새로운 인생을 개척해갈 기회를 주는 사회적 배려라고 할 수 있다.

결국 흉악한 범죄에 대한 정당한 응징과 사회를 보호해야 한다는 요구와 청소년의 비행을 사회가 책임지고 건전한 생활인으로 이끌어야 한다는 측면을 두루 고려한 합리적인 정책과 구체적으로 타당한 결정이 필요할 뿐이다.

청소년 범죄를 무조건 사회나 부모의 책임으로만 돌리는 시각에는 동의하지 않는다. 하지만 미성년 피고인들 대부분은 좋지 않은 집안 환경이나 아동학대, 가정폭력 등을 범죄나 가출의 변명으로 내세우는 것이 사실이다. 그들이 허투루 말하는 것이 아니라 실제로 양형 자료를 보면 정말 눈 뜨고 읽기 어려운 사연이 많다. 그래서 흉악한 범죄에도 불구하고 그 청소년들의 삶이 안타깝게 느껴지는 것이다. 일반적으로 공개되는 통계자료만 보아도 미성년 범죄자들이 빈곤 가정이나 결손가정 출신인 경우가 많다는 것을 알 수 있다.[45]

45 2019년 전체 미성년 범죄자 66,247명 중에서 생활정도 하류가 43.9%, 중류가

5장 안타까움과 그 이면

지난 10여 년간 연이어 터진 가정폭력과 아동학대 사건들은 큰 사회문제가 되었다. 엽기적인 살인과 사체유기, 학대 등 셀 수 없이 많은 사건이 신문지상을 오르내렸다.[46] 차마 글로 옮겨놓기 어려울 정도로 끔찍한 사건들이 많았다.

언론에서는 가정폭력과 아동학대 사례가 날로 증가하고 있다는 통계자료를 제시했다. 하지만 통계는 큰 의미가 없다. 기존에 없던 가정폭력이나 아동학대 사례가 최근에 들어 늘어나는 것이 아니다. 성폭력과 마찬가지이다. 오히려 지금은 많이 줄어든 것이라고 보아야 한다. 옛날에는 그냥 참고 쉬쉬했던 문제들이 인권의식이 발달하고 사회의 감시망이 작동되면

45.2%, 상류가 1.0%를 차지했고, 실부모 비율은 77.3% 정도였다(대검찰청 〈범죄분석2020〉). 한편 소년원의 경우 실부모 가정 비율 55.8%, 부모 이혼 48.5%로 조사되었고, 가정 폭력에 노출된 비율이 45.4%에 이르는데, 그 중 25.7%는 자주 또는 매우 자주 가정폭력을 경험한 것으로 나타났다. 소년원 입원 당시 16%는 정신과적 질병이 있었고, 82.2%가 음주, 92.0%가 흡연을 하고 있었으며, 15.3%가 자해경험이 있었다. 그리고 조사대상자 중 절반 이상인 52.8%가 소년원 출소 후 보호관찰 기간 중에 재범을 한 것으로 파악되었다(성우제 〈비행청소년의 가정요인이 재범에 미치는 영향 연구〉 2021. 2. 한양대 박사학위 논문).

46 대표적으로 2013년경에 있었던 칠곡 아동학대 사망사건, 2014년 울산에서 일어난 세 차례의 계모 살인 사건, 2015년에서 2016년에 걸쳐 연이어 벌어진 인천 11세 여아 학대사건, 부천 초등학생 살인 및 시신훼손 사건, 부천 여중생 백골 시신 사건, 홍성 영아 폭행치사 사건, 고성과 평택의 초등학생 암매장 살인 사건, 김포 이모(친모) 폭행치사 사건, 청주 아동학대 암매장 사건, 2017년 전주 고준희양 살인사건, 2019년 원주 3남매 학대 살인 사건, 3세 의붓딸 학대치사 사건, 생후 7개월 딸 방치 살해 사건, 생후 7개월 아들 학대치사 사건, 5세 의붓아들 목검 살해 사건, 2020년 9세 의붓아들 가방 살인 사건, 장애 의붓아들 찬물 학대치사 사건, 10세 초등생 아들 학대치사 사건, 2020년 양천구 입양아동 학대 및 살인 사건(정인이 사건), 2021년 구미 3세 여아 유기 사망 사건(외할머니 친모 사건) 등을 들 수 있다.

서 좀 더 활발하게 드러나는 것이다. 실제로 2015~2016년경에 연이어 터진 아동학대 사망사건 중 상당 부분이 그냥 묻힐 뻔했는데 '장기 결석아동 전수조사'를 통해 밝혀진 것들이다.

최악의 경우는 아동학대나 성폭력이 경제문제 때문에 은폐되는 사례들이다. 친아버지든 계부든 가족의 생계를 책임지고 모든 가족이 그에게 의존하는 형편일 때 엄마도 맞고, 아이들도 맞고, 성폭력까지 당해도 그냥 참고 사는 경우를 여러 차례 보았다. 엄마도 알면서 묵인하고 방관하고, 진짜 그런 일이 있었느냐고 아이를 다그치듯 되묻기만 했다. 세상에 있을 수 없는 일이 실제로 자주 벌어지고 있는 것이다.

피해자들이 오히려 탄원서를 내기도 한다. 살기 어렵다고 호소하면서 우리 남편, 우리 아버지를 그만 돌려보내 달라는 것이다. 돌이켜 생각해보니 그래도 우리 남편이, 우리 아버지가 아주 나쁜 사람은 아니고 좋은 기억도 많았다고 눈물로 호소한다.

이런 탄원서를 보면 모든 것이 혼란스럽다. 당연히 생계가 걱정돼서 하는 말인데, 누가 그들을 구제할 것인지, 보복이 두려운 것은 아닌지, 도대체 그 내용을 어디까지 믿어야 하는지, 진심으로 탄원하는 것이라면 과연 어떤 결론을 내리는 것이 현명한 것인지 한참을 망설이곤 한다.

많은 비행청소년들이 자신의 잘못을 좋지 않은 환경 탓으로 돌리고 죄의식 없이 억울해한다. 처벌받으면서 반항심을 더 키워가고 세상이 온통 자신의 적으로 가득하다고 생각한다. 범죄 전문가들은 아동폭력만 사라져도 강력범죄의 상당 부분을 막을 수 있다고 한다. 대부분의 흉악범들이 어려서부터 지속해서 폭력에 노출된 경험을 가지고 있다는 것이다. 강력범죄 피고인들 중에 어려서부터 부모로부터 학대받고 자랐다고 말하는 이들을 많이 보았지만, 실제로 부모가 처벌받거나 합당한 보살핌을 받은 경우는 거의 없었다. 많은 경우 가출이나 비행을 저지르면서 부모에 대한 반항심을 표출하고, 그것이 또 새로운 학대나 폭력을 낳고 이런 식으로 증폭되어 간다.

물론 국가에서도 청소년 범죄와 가정폭력, 아동학대 등을 줄이기 위해 상당히 노력한다. 여론이 비등할 때마다 법이 하나씩 생기고,[47] 제도가 새로 만들어지고, 예산도 조금씩 늘어난다. 하지만 법과 제도로써 이러한 문제들이 단기간에 해결되고 완화되리라고 기대하기는 어렵다. 그저 사회가 발전해가고 모두가 이러한 문제들에 관심을 기울이면서 조금씩 나아질 것이라고 믿을 뿐이다.

법을 적용하는 입장에서도 소년범들에 대해 뚜렷한 한두 가지의 해결책이 있는 것은 아니다. 단지 한숨과 안타까움이

---

47 예를 들면, 2014년 새로 제정된 '아동학대범죄의 처벌 등에 관한 특례법' 등이다.

교차하고, 그들의 가슴속에 응어리진 세상에 대한 억울함도
무시할 수 없어서 어느 한쪽에 치우친 눈으로 바라볼 수 없을
뿐이다.

6장
억울함의 구제와 극복

억울한 상황은 누구에게나 발생할 수 있다. 하지만 일반적으로 공감할 수 있는 억울함의 범위는 그것을 느끼는 사람의 생각만큼 넓지 않다. 많은 사람들이 자신의 억울함을 나름대로 표현하지만 실제로 그 억울함을 바로잡고 아픈 심정을 치유받기는 쉽지 않다. 그러면 자신의 억울함을 구제받기 위해 당사자는 어떤 노력을 해야 하는가? 객관적으로 억울한 상황인지 아닌지 그 여부를 판단하는 권력을 가진 자의 바람직한 모습은 어떤 것인가? 억울함을 호소하는 사람들을 대하는 법률가들의 실력과 올바른 태도는 무엇인가? 그 시대의 보편적 상식에 충실한 것만으로 극복될 수 없는 억울함은 무엇인가? 궁극적으로 억울함이 없는 사회와 국가를 만들기 위해 그 구성원은 어떤 노력을 해야 하는가? 법률가들에 대한 시각과 법조를 둘러싼 환경이 급격히 변화하는 시대에 억울함의 구제와 극복을 위해 진정으로 중요한 것은 무엇인가?

억울함을
구제받기 위한 요건

영국에서는 교통법규 위반을 엄격하게 단속한다. 특히 런던에서는 약간만 위반행위를 해도 바로 적발되고, 과태료(penalty)나 벌금(fine)도 아주 비싸다. 예를 들면 주차구역이 아닌 곳에 주차하면 채 1~2분도 안 돼 단속당하고, 주차선 바깥에 걸쳐 주차를 하거나 예상 주차 시간에 몇 분만 늦게 도착해도 어김없이 스티커가 붙어 있다.

해외 연수차 런던에 갔을 때 초반에 주차위반 딱지를 여러 차례 받았고, 다소 가혹하게 느껴지는 주차단속에 스트레스를 많이 받았다. 하지만 조금 지내다 보니 자동차가 등장하기 전부터 만들어진 좁은 길을 효율적으로 사용하기 위한 불가피한 조치로 보였고, 엄격한 규제이지만 시민들도 별다르게 불만을 품는 것 같지 않았다.

한번은 미리 게시한 주차시간을 초과한 차를 보고 주차단속 요원이 위반스티커를 작성하고 있는 중에 운전자가 미안하다고 하면서 황급히 뛰어오는 것을 본 적이 있다. 이런 상황에서 이 나라 사람들은 어떻게 행동하는지 궁금해서 유심히 지켜보았다.

주차단속 요원은 이미 시간을 초과했기 때문에 주차위반을 한 것이고, 자신은 그것을 발견한 이상 과태료를 부과할 권리가 있다(have a right)고 하면서 운전자가 보는 앞에서 통지서를 발부했다. 운전자는 옆에서 구경하는 나를 향해 팔을 벌리고 어깨를 들썩하면서 입을 약간 삐죽했을 뿐 요원에게 아무 말도 하지 않은 채 그냥 차를 운전해 가는 것이었다.

우리나라였으면 어땠을까? 일단 말만 좀 공손히 한다면 아마 과태료를 부과하지 않고 그냥 용서해주었을 가능성이 높을 것 같다. 그런데 나중에 알고 보니 영국 주차단속 요원들은 적발 건수에 따라 수당을 더 받기 때문에 유난히 단속을 열심히 한다고 한다. 남의 불법을 적발하는 것에 보너스를 주는 이 제도가 과연 정의롭고 도덕적인가 하는 의문의 여지는 있다. 하지만 적어도 영국에서는 이런 시스템이 잘못됐다고 말하지 않는다. 아마도 행정 목적 달성을 위한 정당한 동기부여라고 생각하는 모양이다.

그런데 만약 우리나라에서 이 같은 인센티브 제도가 있고 이를 사람들이 알게 된다면 가만히 있을까? 이런 상황에서 진짜로 스티커를 끊었다면 십중팔구 단속요원에게 '너, 돈 벌려고 그런 식으로 일을 하느냐'고 소리를 질러대거나 욕을 할 것이고, 더러 유형력을 행사하는 사람도 있을 것 같다. 솔직히 나였다고 하더라도 순순히 수긍할 것 같진 않다. 사소한 실수에 대해 이렇게 가혹하게 대하는 것이 도대체 누구를 위한 행정이냐고 목소리를 높이지 않았을까?

2013년에 힐러리 클린턴이 런던에 갔다가 주차위반 단속을 당하는 사진과 사연이 언론에 보도된 적이 있다. 힐러리는 국무장관을 마친 후 국제외교에 기여한 공로로 영국 왕립국제문제연구소(Chatham House)에서 주는 상을 받으러 런던에 간 것이다. 시상식이 진행되는 45분 동안 수행원 4~5명이 인근 주차구간에 차를 세워두고 기다렸다. 그곳은 시간당 3.3파운드의 주차요금을 내야 하는 곳이었는데, 수행원들이 주차요금 내는 것을 간과하고 차 옆에서 대기하고 있었다.

주차단속 요원이 요금을 내지 않고 무단 주차했다는 이유로 과태료를 부과하러 왔다. 수행원들이 단속요원에게 사정을 설명했다. 그래도 단속요원은 신분증(badge)을 보이고 끝내 스티커를 붙이고 갔다. 과태료는 80파운드였는데, 14일 이내에 납부하면 절반으로 감경되기 때문에 힐러리는 자신의 신용카드로 40파운드(당시 환율로 68,000원)를 신속히 지불했다고 발표했다. 주차단속 요원의 배짱도 놀랍고, 바로 상황을 파악하고 돈을 내는 힐러리의 정치 감각도 대단하다.

영국에서는 주차구역에 주차할 때 대부분 먼저 언제까지 주차할 것인지 시간을 예상해 그 시간만큼 동전을 넣어 주차 티켓을 끊은 뒤 운전석 위에 올려두어야 한다. 어느 날인가 2시간 주차티켓을 끊어 차 유리창 안쪽에 붙여놓고 시간 내에 돌아와 보니 과태료 고지서(Penalty Charge Notice)가 유리창에 끼워져 있었다.

유리창 안쪽에 게시하는 주차티켓의 스티커 부분을 단단하게 붙이지 않아 그 티켓이 운전석 계기판 위에 떨어진 것이다. 공교롭게도 거꾸로 뒤집어져 있어서 앞면의 시간 표시가 보이지 않았다. 나는 억울했지만, 입장 바꿔 생각해보면 주차단속 요원은 자신이 할 일을 한 것이다. 이런 경우를 단속하지 않으면 의도적으로 부정한 주차티켓을 뒤집어놓고 실수로 가장하는 일이 얼마든지 생길 수 있다.

주차위반 과태료는 80파운드였다. 14일 이내에 납부하면 50%를 감액해준다고 했다. 이런 식으로 짧은 기간을 정해 그 안에 내면 원래 금액의 절반으로 해준다고 하니 각별히 신경 써서 기간 내에 내게 된다.

그런데 우리나라에서는 원래 40,000원인데 1~2개월의 납부기간을 두어 자진 납부하면 20% 감경해서 32,000원을 내고, 기간이 지나면 가산금이 5%, 나중에는 중가산금이 매월 1.2%씩 추가된다. 자진납부 감경액이 크지 않기 때문에 한참 잊어버리고 있다가 기간을 놓치는 경우가 많다. 그러면 가산금, 중가산금이 계속 붙고, 독촉장도 날아온다. 행정적으로도 번잡하고, 내는 입장에서도 기분이 몹시 나쁘다.

어차피 조삼모사(朝三暮四)이긴 하지만 사람 심리가 그게 아니다. 왠지 영국에서는 많이 깎아주는 느낌이고, 일찍 내려고 노력하게 된다. 반면 우리나라에서는 자진납부 할인액이 크지 않으니 저도 모르게 뒤로 미루게 되고, 막상 뒤늦게 낼 때는 짜증나는 혹이 붙는 듯한 느낌이다. 다른 견해가 있겠지만, 내 생각에는 영국식이 더 나은 정책인 것 같다.

어쨌든 주차요금을 냈는데 과태료를 내긴 너무 억울했다. 주차티켓이 떨어져 있는 현상 그대로 사진을 찍고, 다른 티켓을 유용한 것이 아니라는 취지에서 시간과 주변 상황 등도 같이 찍었다. 시 교통국에 이메일로 경위 설명과 함께 사진을 첨부해 이의신청을 했다. 자칫 이의신청이 받아들여지지 않고 14일이 지나면 우리 돈으로 15만 원(80파운드)이나 내야 하니, 할인이라도 받기 위해 우선 40파운드를 납부했다.

영국 공무원은 대단히 합리적이긴 하지만 우리나라 공무원처럼 신속하진 않다. 2개월 정도 지나서 시 교통국에서 편지가 왔다.

"증거를 살펴보니 당신은 주차요금을 제대로 납부한 것으로 보이고, 거짓말을 하는 것 같진 않다. 그런데 무인 주차 기계에 표시(Pay & Display)되어 있는 것과 같이 당신은 요금납부 의무뿐만 아니라 시간이 표시된 주차티켓을 게시할 의무도 있다. 엄격히 말하면(strictly speaking) 당신은 그중 게시(display) 의무를 제대로 이행하지 않은 것이다. 하지만 사정을 고려해 이번에 한하여 과태료 고지를 취소해주겠다. 앞으로 좀 더 주의하기 바란다."

봉투 안에는 40파운드 수표(check)가 동봉되어 있었다. 문장 어디에도 그들이 흔히 쓰는 'sorry'라는 표현은 없었다. 주차단속 요원은 정당한 권한을 행사한 것이라는 취지이다.

모두 맞는 말이었다. 내 입장에서는 억울할 수 있지만, 남을 탓할 수 없는 상황이었고, 나는 억울함을 어필하여 당국으로부터 구제까지 받았다. 문장은 권위적이지 않았지만 공무에 대한 자신감과 자부심이 충분히 느껴졌고, 내 실수를 지적하면서도 아량을 베풀어주는 방식도 맘에 들었다.

많은 사람들이 동의할지 모르겠지만, 오늘날에 이르러서는 우리나라 공무원들도 이러한 상황이라면 누구나 그 정도의 합리적인 판단과 결정은 하리라고 생각한다. 다만 공무원이나 서비스 요원이 이런 경우 관용적으로 쓰는 '불편을 끼쳐드려 죄송합니다'라는 표현은 여기에서는 오히려 안 쓰는 것이 맞다고 생각한다.

이처럼 억울함이 정당한 절차를 통해 구제받고 좋은 기억으로 남기 위해서는 1) 본인의 적극적이고 정확한 대응, 2) 권한 있는 사람의 합리적인 판단, 그리고 3) 그 결정에 수긍할 마음의 준비가 되어 있어야 한다. 그중 하나라도 잘 맞아떨어지지 않으면 억울한 상황은 해소되지 않고, 어디론가 탓을 돌리고 싶은 것이 인지상정(人之常情)이다.

만약 내가 영국에서 이 중에 어느 하나라도 제대로 이루어지지 않아 과태료를 물게 되었다면, 나도 어쩌면 죄 없는 영국의 주차단속 시스템이나 단속요원, 아니면 시 교통국 공무원을 욕하면서 나의 억울함을 달래고 있었을지도 모른다.

설득력 있는 주장과
법률가의 실력

우선 앞의 '누가 더 억울한가?'에서 제시한 불륜녀의 접근 금지 가처분 사건(85쪽)과 종교인의 감금죄 사건(89쪽)이 어떻게 결론 났는지 살펴보자.[1]

두 사건 모두 객관적인 요인들만 추출해보면 양쪽 모두 나름의 정당성과 승소 가능성이 있는데 그중 하나를 선택해야 하는 몹시 고민스러운 사건이라고 했다. 그런데 재판이 진행되면서 두 사건 모두 의외로 쉽게 어느 한쪽으로 심증이 기울었다.

---

[1] 다만 실제 재판 사례를 그대로 제시하는 것은 적절하지 않으므로 쟁점의 본질을 흐리지 않는 범위 내에서 다소 각색한 것이다.

그 이유는 재판에 임하는 당사자의 태도 때문이었다. 이것은 단지 누가 판사에게 잘 보이느냐 잘못 보이느냐 하는 차원의 문제가 아니다. 사건을 대하는 당사자의 진실한 태도, 성실한 자세, 그리고 절박하고 억울한 심정이 판단하는 사람의 마음에 와닿아야 한다는 뜻이다.

그런 측면에서 가처분 신청인 A는 공감을 전혀 얻지 못했다. 대체로 명백해 보이는 부정행위 증거들에 대해 너무 억지 주장을 했기 때문에 나름대로 억울함이 있었음에도 불구하고 그 억울함이 거짓에 가려버린 셈이다.

그 정도 증거가 법정에 제출되었으면 신청인 A가 차라리 불륜사실을 인정하는 편이 낫지 않았을까? 부인 C에게 미안하다고 하면서 '그래도 이젠 법적 절차로만 해결하자'고 했으면 설득력이 있었을 수도 있다. 실제로 이런 종류의 사건은 본인이 직접 나와 그런 말을 하기 힘들어 소송대리인을 통해 비슷한 의사를 밝히는 경우가 많다. 이 사건처럼 법관의 면전에서 거짓말하면서 자신에게 유리한 판결을 해달라고 하는데 그 주장대로 인정해주는 판사는 많지 않을 것 같다.

그에 반해 부인 C는 외도로 인한 피해자가 분명한데, 어떻게 하다 보니 훨씬 더 억울하고 처량한 신세가 되어버렸다. 이혼소송을 냈다가 취하했음에도 불구하고 남편 B가 동의하지 않고 이혼을 요구하는 상황이고, 간통이 형사처벌은 되지 않는 반면 자신은 폭행과 명예훼손으로 처벌받을 입장에 놓였다.

법리적으로 가능하기만 하다면 누구의 손을 들어줄 것인지
는 명백해진 셈이다. 결국 이 사건은 부인 C가 비록 사건 초기
에 격앙된 심정에 A의 집과 직장을 찾아가 폭행과 명예훼손
등의 행위를 한 점은 인정되지만, 현재 상태에서는 그에 대한
형사고소 및 부정행위에 대한 손해배상 소송 등을 통해 상호
간에 정당한 법적 절차에 따른 사건의 해결을 도모하고 있는
만큼 C가 이와 같은 행위를 다시 할 것으로 우려되지 않는다
고 판단했다. 가처분으로 보전해야 할 시급한 필요성이 없다
고 해서 A의 신청을 기각한 것이다.

　두 번째, 감금죄 사건 역시 마찬가지였다. 법정에서 피고인
의 태도가 지나치게 완고하고 비타협적이어서 사건 당시의
분위기가 어느 정도였는지 짐작할 수 있었다. 피고인이 미혼
여성인 피해자에게 자꾸 인신공격을 하는 느낌이 들어 눈살
을 찌푸리게 했다. 종교인에게 통상적으로 기대하는 온화한
표정과 남을 배려하는 태도가 아니었다.

　좀 더 사려 깊은 피고인이라면 이런 식으로 답할 것이다.
'내가 피해자와 상담해보니 정신적으로 많은 고통을 받고 있
는 것으로 느꼈고, 영적인 치료가 필요하다고 생각했다. 직업
적인 양심과 종교적인 신념, 그리고 피해자의 인생을 위해 꼭
도움을 주고 싶었다. 그런데 피해자가 그런 식으로 느꼈다면
내 의도가 잘못 전달된 것이니 미안하게 생각한다.' 이것이 인

격적으로 옳은 태도이고 법정에서도 유리한 판결을 받는 방법이다.

피해자의 정신감정을 해달라는 피고인의 신청을 받아들이지 않고 판결을 선고했다. 다음과 같은 이유를 들어 유죄로 판단하고 애초의 약식 명령대로 벌금 50만 원을 유지했다.

"감금죄에서의 고의는 신체의 자유를 제한하는 행위를 한다는 인식으로 충분하고 주관적으로 죄가 된다고 생각했는지 여부에 좌우되는 것이 아니다. 비록 10여 분의 길지 않은 시간 동안 벌어진 일이지만 그 당시의 분위기나 피고인 및 피해자의 행동에 비추어 보았을 때 감금죄의 구성요건에 해당한다. 피해자가 애초에 피고인을 찾아간 것도 취직을 위한 것이었지 종교적인 상담을 위한 것이 아니었고, 치료를 받아야 할 만한 심각한 정신질환이 있는 것으로 보이지도 않는다. 설령 다소의 정신적 문제가 있다고 하더라도 종교인이 본인의 의사에 반하여 영적인 치료행위를 할 법령상의 권한은 없다. 따라서 본인이 명백히 거부함에도 불구하고 상당 시간 동안 그 의사에 반하여 신체적 자유를 구속한 것은 종교인으로서 정당한 업무상의 행위 또는 사회상규에 어긋나지 않는 행위라고 할 수 없다."

그런데 피고인이 갑자기 "나는 이 판결 받아들일 수 없어. 이런 나라에서 살 수 없어. 이민 갈 거야!" 하고 큰 소리로 외쳤다.

법정에서 폭언, 소란 등으로 심리를 방해하거나 재판의 위신을 현저히 훼손한 사람에게는 20일 이내의 감치(監置)를 하거나 100만 원 이하의 과태료를 부과하도록 되어 있다(법원조직법 제61조). 그의 신병을 확보하게 하고 1시간 후에 감치재판을 열었다. 이 경우 보통은 대기하는 동안 감정을 누그러뜨리고 잘못했다고 하면 그냥 돌려보낸다. 그런데 그 사람은 계속 격앙된 태도로 자기 주장만 이야기했다.

이쯤 되면 어쩔 수 없다. 감치 7일에 처하는 결정을 했다. 벌금 50만 원 사건을 다투다가 법정에서 잘못 행동해서 7일간 구금까지 당한 것이다.

그는 판결에 대해 항소했다. 항소심에서도 피해자에 대한 정신감정은 하지 않았고, 다만 국민건강보험공단에 치료받은 전력이 있는지 여부만 확인한 후 같은 이유로 유죄로 판단했다. 다만 초범이고 경위에 참작할 만한 점이 있다고 해서 형의 선고를 유예했다.

선고유예란 1년 이하의 징역이나 금고, 자격정지, 벌금형을 선고할 경우 개전의 정상이 현저한 때에 정해진 형의 선고를 유예하는 것이다(형법 제59조). 주로 별다른 전과가 없는 사람에 대하여 죄는 되지만 신분상의 불이익이 없도록 가볍게 처벌해주고자 하는 것으로, 징역형에 대하여 흔히 붙이는 집행유예보다도 가벼운 처벌이다. 그 요건인 '개전의 정상이 현저하다'는 것은 범행에 대해 깊이 뉘우친다는 것인데, 아마도 피고인이 항소심에서는 1심 재판 때와는 많이 다른 태도를 보인 모양이다. 이 판결에 대하여는 쌍방이 상고하지 않아 그대로 확정되었다.

위의 두 사례는 민·형사재판에서 결론을 내리기가 쉽지 않은 사건 중 비교적 가볍고 쟁점이 단순한 경우이다. 이런 경우만 살펴보아도, 판단이 쉽지 않은 사건일수록 당사자들이 얼마나 성의 있고 진실한 태도를 보이는지가 중요하다는 것을 충분히 알 수 있다.

그런데 가끔 당사자 중에는 정작 법으로 정해진 절차 내에서는 성의 없이 소극적으로 대응하거나 불리한 결과를 지레짐작하고 재판부에 냉소적인 태도를 보이고는 법정 밖에 나가서야 소리를 높이는 사람들이 있다. 이러한 태도로는 자신의 억울함을 구제받을 수 없을 뿐만 아니라, 나아가 더 큰 문제 요인을 만들고, 스스로도 그 억울함의 함정에 빠져 한동안 벗어날 수 없게 된다.

재판에서 최선을 다한다는 것은, 첫째 자신의 억울한 사정을 판단하는 사람의 마음에 가닿게 설득하고, 둘째 논리적으로 모순이나 비약이 없어야 하고, 셋째 사안과 맞아떨어지는 법조문이나 이론, 기존의 판례를 제시하는 것이라고 생각한다.

이 점에 초점을 맞추어 생각해보면 당사자를 대변하는 법률가의 실력이란 무엇을 말하는 것인지도 자연스럽게 나온다. 일단 당사자들이 말하는 일련의 사실관계 중에서 법률적으로 의미 있고 본인이 생각하는 권리를 침해받은 점이나 억울한 점을 요령 있게 간추려야 한다. 사실관계에는 거짓이 없어야 하고, 스스로 잘못된 부분이나 도덕적으로 비난받을 만한 부분이 일부 포함되어 있다면 솔직히 고백하고 그럼에도 불구하고 자신의 주장이 받아들여져야 하는 이유를 설명하는 편이 낫다. 견해가 다른 부분에 대하여는 당당하게 자신의 입장을 밝혀야 오히려 설득력이 있다.

그리고 주장은 논리적으로 생략이나 비약 없이 자연스러워야 한다. 앞뒤가 맞아떨어지지 않는 무리한 주장이 일부라도 포함되면 오히려 자신의 선의가 가려져 쟁점이 엉뚱한 곳으로 흘러가기도 한다. 간혹 당사자가 주관적인 입장에서 생각하다 보면 궤변에 가까운 주장을 하기도 하는데, 소송대리인이나 변호인이 이것을 법정에서 그대로 노출시키는 것은 법률가로서 당사자를 위하는 태도가 아니다.

한번은 이런 일이 있었다. 국선변호인이 피고인 신문을 하는데 도저히 듣고 있기 민망할 정도로 사실관계를 왜곡하고 상식에 어긋나는 주장을 했다. 변호인의 경우 피고인으로부터 자신의 입장을 충분히 대변하지 않는다는 오해를 받을까 봐 피고인이 말한 핑계나 변명을 그대로 법정에 옮기는 경우가 가끔 있다. 그때도 그런 것 같았다.

변호인의 신문사항이 적힌 서류를 달라고 해서 피고인에게 그대로 건네주었다. "이 신문사항에 모두 '예'라고 대답하셨죠? 구치소에 돌아가서 다시 한번 생각해보든가 동료들과 상의해보고 오세요"라고 조용히 말하고선 2주 후에 재판을 속행하겠다고 했다.

다음 재판기일에 피고인이 먼저 입을 열었다. "옆 사람들이 턱도 없는 소리라고 그냥 자백하라고 그러더라고요" 하면서 범행을 모두 자백하겠다고 했다. 태도를 바꾸어 범행을 인정하는 이유를 굳이 물을 필요는 없었다. 국선변호인은 혼자서 멋쩍은 표정을 짓고 있다가 피고인이 자백하니 선처를 바란다고만 말했다.

재판에서 어떤 당사자가 이겨야 하는 이유가 분명하고 논리가 정연하다면, 그것을 뒷받침하는 법조문이나 이론은 찾으면 다 있어야 한다. 왜냐하면 법은 순리이고 상식이기 때문이다. 당사자가 분명히 억울해 보임에도 불구하고 그것을 해결해줄 법조문이나 이론을 찾지 못했다면 그것은 법률 실력이 부족하거나, 논리에 오류가 있거나, 전제로 하는 사실관계 자체를 잘못 파악한 것이다. 특히 논리가 잘못되면 구제받아야 할 억울함이 분명히 있는데도 뭔가 억지 주장을 하는 듯하고 엉뚱한 법조문이나 이론을 내세우게 되므로 재판이 어려워진다. 그래서 법리보다 더 중요하고 우선 고민해야 하는 것이 논리이다.

반대로 법률가들이 가끔은 선입견에 빠져 중요한 법조문이나 판례를 먼저 찾아놓고 거기에 논리나 사실관계를 왜곡해서 짜맞추려고 하는 경우가 있다. 기존 판례의 인정사실과 해당 사건의 사실관계가 본질적으로 다른 부분이 있는데도 전제 사실이 같다고 오해하는 것이다. 법관들도 가끔 빠지곤 하는 이 함정을 '거꾸로 선 삼단논법'[2]이라는 식으로 부르기도 한다.

마지막으로, 아주 가끔 발생하는 경우이지만, 분명히 구제받아야 할 억울함이 있는데도 불구하고 논리적으로 이를 뒷받침할 법조문이나 이론이 없을 수 있다. 그것이야말로 법을 고치고 판례를 바꾸어서 해결할 문제이다. 이것은 법률가에게 최고 난이도의 문제이고, 만약 그런 식으로 문제를 해결했다면 대단히 찬사받을 만한 성과이다.

2 칼 마르크스가 헤겔의 변증법을 비판하면서 관념론과 결합되어 '거꾸로 선 변증법'이 되었다고 표현한 것에 빗댄 말이다.

상식에
시대정신을 불어넣은 판결

　법은 기본적으로 순리이고 상식에 기반한다. 그런데 법률적인 판단이 꼭 상식대로만 이루어지는 것은 아니다. 상식에 맞지 않는 판단은 통상 잘못된 것이지만 꼭 그렇지 않은 경우도 있다. 상식보다 앞서 시대정신을 반영한 입법이나 판결이 가끔 나온다.

　먼저 법이 상식보다 앞서가는 경우이다. 예전에 "그런 일이 있다면 내가 성(姓)을 간다"라고 말하곤 했다. 절대 있을 수 없는 일이라고 믿을 때 아버지로부터 물려받은 성을 바꿀 만큼 불가능한 것이라고 장담하는 의미이다. 죽을 때까지 물려받은 성을 바꿀 수 없다는 것은 우리나라 사람들이 성이라는 제도를 받아들여 가계(家系)를 이어가면서부터 지속되어온 상식

중의 상식이었다.

그러나 2008년부터 어머니의 성을 따를 수 있게 되었고, 자식의 복리를 위하여 성과 본을 변경할 필요가 있을 때에는 법원의 허가를 받아 변경할 수 있게 되었다.[3] 가정 내에서 남녀평등을 실현하고, 재혼가정이 많아지는 추세를 반영하여 민법이 개정된 것이다.

이 제도 시행 이후 어머니의 성으로 변경하기를 원하는 사건보다 재혼 후 새아버지의 성으로 변경하고, 친양자[4] 입양 신청을 함께 하는 예가 많다. 아무래도 우리나라에서 어머니의 성을 따르자면 아직은 많은 편견과 싸워야 하기 때문인 것 같다. 이로써 어머니가 재혼하게 되면 자식들의 성이 각기 다른 경우는 많이 사라지게 되었지만, 아이들 입장에서 성이 달라지는 정체성의 혼란을 겪을 수는 있겠다. 어쨌든 요즘은 남자들이 이혼하면서 가장 우려하는 점이 자식의 성이 바뀌면 어쩌나 하는 점이라고 한다.

3 민법 제781조(자의 성과 본) ① 자는 부의 성과 본을 따른다. 다만, 부모가 혼인신고 시 모의 성과 본을 따르기로 협의한 경우에는 모의 성과 본을 따른다. ⑥ 자의 복리를 위하여 자의 성과 본을 변경할 필요가 있을 때에는 부, 모 또는 자의 청구에 의하여 법원의 허가를 받아 이를 변경할 수 있다.
4 친양자는 양친과 양자를 친생자관계로 보아 종전의 친족관계를 종료시키고 양친과의 친족관계만을 인정하며, 양친의 성과 본을 따르게 하는 특수한 입양제도이다. 가정법원의 재판으로만 입양이 가능하다(민법 제908조의2, 제908조의3).

이보다 더 심한 것은 '성(性)이 달라지는 세상'이 된 것이다. 남자가 여자로, 여자가 남자로 바뀌는 것이다. 기존에 성 정체성에 혼란을 겪던 사람들이 성형수술로 외양을 바꾸고 성기의 모양마저 바꾸는 경우가 있었지만, 일반인들은 이것을 단지 인위적인 조작에 불과한 것으로 생각했다.

그러나 법원은 1990년경부터 하급심에서 호적상 성별 정정을 간간이 허용해오다가, 2006년 6월에 이르러 대법원에서도 성을 결정하는 데 있어 생물학적 요소와 정신적·사회적 요소를 종합적으로 고려해야 한다는 이유를 들어 호적 정정을 허가했다(2004스42 전원합의체 결정).

기존 상식으로는 쉽게 받아들이기 어려운 이런 일이 심지어 법률도 바뀌지 않고 법원의 판단만으로 이루어진 것이다. 이런 신청이 종종 있다 보니 대법원은 그 후 예규로 '성 전환자의 성별 정정허가 신청사건 등 사무처리 지침'을 제정하여 신청절차와 첨부서류, 허가기준 등 내부 기준을 정하기까지 했다.[5]

성 전환자가 이제 명실상부하게 법적 지위에 있어서도 다른 성으로 인정받게 된 것이다. 이건 동성 간에 결혼을 허용할 것인가 하고는 다른 차원의 문제이다. 성 자체가 달라졌기 때문에 기존의 동성이었던 사람과 결혼하는 것은 법적으로 당

---

5 대법원 사법사편찬위원회, 『역사 속의 사법부』, 465쪽.

연히 허용되는 것이다.

　우리 입에 너무 익숙한 용어인 '호적(戶籍)'도 없어졌다. 자식이 도저히 받아들일 수 없는 행위를 했을 때 부모가 자식에게 "호적에서 파버리겠다"라고 말하곤 했다. 그런데 이제는 파버릴 호적 자체가 존재하지 않는다. 호적은 남계혈통 위주의 호주(戶主)를 중심으로 가(家)를 형성하고, 호주에게 가족과 신분관계 형성에 일정한 권한을 주고 가계(家系)를 이어가는 호주제도에 기반하여 개인의 신분을 기재한 공적 장부이다. 한국, 일본, 중국 등 동아시아에서 전통적으로 이어온 신분과 인구등록제도이다.[6]

　그런데 헌법재판소는 2005년 호주제도에 관한 민법 조항들에 대하여 헌법 불합치 결정을 했다.[7] 호주제는 성 역할에

---

6 우리나라에서는 율령(律令)이 반포된 삼국시대부터 시행되었을 것으로 추정된다. 고려시대의 공문서에도 호적이라는 명칭과 호구조사를 한 기록이 나오고, 조선시대에도 이어져 1909년에 민적법(民籍法)이 시행되기도 했다. 일본이 민적법을 폐지하고, 1923년 7월 1일부터 일본식 호적제도를 시행하면서 한국에서 자리 잡게 되었다. 일본은 1948년 호주제가 양성평등에 기초한 새 헌법에 맞지 않는다며 민법에서 관련 규정을 모두 삭제했지만, 한국에서는 1954년 민법안을 국회에 제출하면서 일본 민법의 호주제 규정을 대부분 수용했다. 1960년 제정된 호적법(2008년 폐지되기 전의 것)은 그러한 민법의 규정에 기초한 것이었다. 중국에는 아직도 호적제도가 존재한다.
7 헌법재판소 2005. 2. 3. 2001헌가9 등 결정.
헌법 불합치 결정은 해당 법률이 사실상 위헌이기는 하지만 즉각적인 무효화에 따르는 법의 공백과 사회적 혼란을 피하기 위해 법을 개정할 때까지 한시적으로 그 법을 존속시키는 결정을 말한다.

관한 고정관념에 기초하여 호주승계 순위, 혼인·자녀 등 신분 관계 형성에서 정당한 이유 없이 남녀를 차별하는 것으로, 개인의 존엄과 남녀평등을 규정한 헌법에 위배된다는 것이다. 물론 호주제도에 관하여는 기존부터 많은 비판이 있었지만, 그래도 1,000년 이상 이어온 전통적인 제도가 시대에 맞지 않다고 하여 헌법재판소의 결정 하나로 폐지된 것이다.

이에 따라 2008년 1월 1일, 민법상 호주제도가 폐지되었고, 호적법상의 호적은 "가족관계의 등록 등에 관한 법률"에 의해 가족관계등록부로 대체되었다. 원래 호적이 있는 곳을 말하는 '본적(本籍)'도 함께 없어졌고, 자유롭게 선택할 수 있는 '등록기준지' 제도가 시행되고 있다.

상당한 기간이 지났건만 아직도 일반인들 사이에서 호적이나 본적이라는 말 대신 가족관계등록부, 등록기준지라는 말을 쓰는 사람은 많지 않은 것 같다. 만약 누군가 "가족관계등록부에서 파버리겠다"고 말한다면 유머감각이 대단한 사람일 것 같다.

또한 기존의 낡은 관습법이 법원의 판단에 의해 깨지기도 한다. 우리나라에서 전통적으로 이어온 '종중(宗中)'은 공동 선조의 제사를 모시고, 분묘를 수호하고, 후손 상호 간의 친목 도모를 목적으로 하는 단체를 말한다. 대법원이 그 관습법을 확인한 1958년 이래 종중원은 공동 선조의 후손 중 성년 이상의 남자만으로 구성되는 것으로 인정했다. 일반적으로 받아들여지는 종중의 구성과 운영 방식을 받아들인 것이다.

그러나 대법원은 2005년에 이르러 전혀 다른 판단을 했다. 여성은 종중의 구성원이 될 수 없다는 종래의 관습은, 개인의 존엄과 양성의 평등을 기초로 한 가족생활을 보장하는 헌법과 정치·경제·사회·문화 등 모든 영역에서 여성에 대한 차별을 철폐하는 변화된 우리의 전체 법질서에 부합하지 않는다고 했다. 결국 종중 구성원의 자격을 성년 남자로만 제한하는 종래의 관습법은 이제는 정당성과 합리성이 없으므로 더 이상 법적 효력을 가질 수 없다는 것이다.[8]

언론에서는 이 사건을 '딸들의 반란'이라고 불렀고, 그간 상식으로 받아들여지던 남성 중심적 가족관을 재평가하는 계기가 되었고, 적어도 법 영역에 있어 양성의 불평등은 허용될 수 없음을 선언한 획기적인 판결로 평가받았다.[9]

사족을 하나 붙이자면, 민사재판에서 일선 판사들이 가장 골치 아파하는 사건을 들라고 하면 단연 종중사건이 꼽힌다. 기록이 두껍고, 오래되고, 뚜렷한 해결책이 없는 사건 중에 종

8 대법원 2005. 7. 21. 선고 2002다1178 전원합의체 판결. 용인에 있는 한 종중이 그 소유 임야를 350억 원에 아파트 건설업체에 판 뒤 성년 남자에게는 1억 5,000만 원씩을 나눠준 반면 미성년자와 출가한 여성에게는 증여 형태로 1,650만 원에서 5,500만 원씩만을 차등 지급하자 5명의 여자 후손들이 종중회원확인 등 청구소송을 제기했다.
9 대법원 사법사편찬위원회 『역사 속의 사법부』, 355쪽.

중 관련 사건이 많다. 특히 개발 등으로 부동산 시가가 많이 올라 종중의 재산이 많아지면 분쟁이 끊이질 않는다. 구성원은 많은데 연락이 잘 안 되니 총회가 적법하게 개최되기 어렵고, 소수의 관심 있는 사람이 주먹구구로 운영하며 전횡을 해온 경우도 많다. 파벌이 나뉘어 서로 주도권을 놓고 경쟁하는데, 각기 정당성과 취약점이 있어 어느 한쪽 손을 들어주기가 쉽지 않다.

간통죄에 대한 위헌 결정도 일종의 시대정신을 반영한 것이라 할 수 있다. 간통죄[10]는 전통적으로 처벌해왔을 뿐만 아니라, 1905년 대한제국의 형법대전, 일제강점기 조선형사령을 거쳐 1953년 형법 제정 이후 줄곧 존속해왔다. 지금도 법감정으로는 간통한 사람에 대하여 형사처벌을 하는 것이 마땅하다고 생각하는 사람이 많다. 그러나 2015년에 이르러 헌법재판소에서 위헌 결정[11]을 했고, 이에 따라 2016년 1월 6일 형법에서 삭제되었다.

간통죄 조항에 대하여는 여러 차례 위헌 여부가 다투어졌다. 헌법재판소는 1990년, 1993년, 2001년, 2008년 등 네 차

---

10 구 형법(2016. 1. 6. 개정되어 삭제되기 전의 것) 제241조(간통) ① 배우자 있는 자가 간통한 때에는 2년 이하의 징역에 처한다. 그와 상간한 자도 같다.
11 2015. 2. 26. 2009헌바17 등(병합) 결정

례에 걸쳐 합헌 결정[12]을 했다. 그러나 2015년에 다섯 번째 심판에 이르러 위헌의견 7명, 합헌의견 2명으로 위헌 결정을 내렸다. 이에 따라 2008년 최종 합헌 결정이 있었던 이후 간통죄로 유죄판결을 받은 사람들은 재심 판결을 받을 수 있게 되었다.

헌법재판소가 위헌 결정을 내린 이유의 요지는, 간통죄로 보호하고자 하는 혼인제도 및 부부 간 정조의무 보호라는 공익이 더 이상 그 조항을 통하여 달성될 수 없다고 본 반면, 간통죄가 국민의 성적 자기결정권 등의 기본권을 지나치게 제한하고 있으므로 법익 균형성을 상실했다는 것이다. 결국 간통죄 조항은 과잉금지 원칙에 위배되어 국민의 성적 자기결정권 및 사생활의 비밀과 자유를 침해하는 것으로서 헌법에 위반된다고 했다.

간통죄가 폐지됨으로 인해 재판 등에서 곤란한 경우가 많이 발생한다. 부정행위를 한 남녀는 형사처벌을 받지 않는 반면, 불륜 남녀를 찾아가 따지는 배우자는 폭행이나 명예훼손, 업무방해 등으로 처벌받는 예가 자주 있기 때문이다. 배우자는 단지 이혼소송에서 위자료를 주장하거나 민사상의 손해배상을 청구할 수밖에 없다. 이것이 과연 정의로운가 하고 고개

---

12 앞의 세 차례에서는 헌법재판관 9인 중 위헌의견이 1~3명에 불과했고, 2008년의 경우 위헌의견이 5명으로 과반수를 차지했으나 위헌 정족수 6명에 미달하여 합헌으로 결정되었다.

를 갸우뚱할 때도 있지만, 어쨌든 이런 결정은 지금의 시대상을 반영한 것이다. 앞으로 불륜행위는 사생활의 영역 또는 민사상의 문제일 뿐 형사처벌 대상은 아니라는 인식이 점차 확산되어 상식이 되어갈 것이다.

그보다 앞서 있었던 2009년 혼인빙자간음죄[13]에 대한 위헌 결정도 간통죄와 거의 같은 맥락이다. 다만 그때는 헌법재판소법상 위헌 결정이 되면 법 조항이 제한 없이 소급하여 효력을 상실했기 때문에 형법이 생긴 이래로 혼인빙자간음죄로 처벌받은 모든 사람이 다 재심 대상이 되었다. 이에 대하여는 기존에 매우 질 나쁜 범죄로 인식되었고 이전에는 합헌 결정도 있었던 죄를 지금의 법 감정으로 판단해 소급하여 무죄로 돌리는 것은 부당하다는 비판이 제기되었다. 그 이후로 헌법재판소법이 개정되어 기존에 합헌 결정이 있었던 조항에 대하여 위헌 결정이 나면 합헌 결정 다음 날까지만 소급하여 효력을 상실하는 것으로 바뀌었다.

종교적 신념을 이유로 군 입대를 거부하는 이른바 '양심적 병역거부'에 대하여 전통적으로 병역법 위반으로 처벌해왔다. 판사들은 여호와의 증인 신도들에게 대체로 군 복무와 유

---

13 구 형법(2012. 12. 18 삭제되기 전의 것) 제304조(혼인빙자 등에 의한 간음) 혼인을 빙자하거나 기타 위계로써 음행의 상습 없는 부녀를 기망하여 간음한 자는 2년 이하의 징역 또는 500만 원 이하의 벌금에 처한다.

사한 기간의 실형을 선고했고, 대법원에서도 여러 차례 유죄 라는 판단을 유지해왔다.[14] 2000년대 들어 양심적 병역거부자 들에 대하여 별다른 대안 없이 형사벌만을 가하는 방식에 대 하여 비판이 거세졌고, 하급심 판사들이 대법원 판례에 반하 여 무죄판결을 하는 사례들까지 생겼다. 대법원은 2018년에 이르러 양심적 병역거부도 병역법 제88조 1항[15]이 규정하는 입영의 기피 등 처벌 조항 중 제외되는 '정당한 사유'에 해당 한다는 이유로 무죄 취지로 판단하면서 그에 반하는 기존 판 례를 모두 변경했다.[16]

---

14 대법원 2004. 7. 15. 선고 2004도2965 전원합의체 판결, 대법원 2007. 12. 27. 선 고 2007도7941 판결 등 다수
   "병역의무는 궁극적으로는 국민 전체의 인간으로서의 존엄과 가치를 보장하기 위한 것이라 할 것이고, 양심적 병역거부자의 양심의 자유가 위와 같은 헌법적 법 익보다 우월한 가치라고는 할 수 없으니, 위와 같은 헌법적 법익을 위하여 헌법 제37조 제2항에 따라 피고인의 양심의 자유를 제한한다 하더라도 이는 헌법상 허용된 정당한 제한이다."
15 병역법(2019. 12. 31. 개정되기 전의 것) 제88조(입영의 기피 등) : ① 현역 입영 또는 소집 통지서를 받은 사람이 정당한 사유 없이 입영일이나 소집일부터 다음 각 호의 기간이 지나도 입영하지 아니하거나 소집에 응하지 아니한 경우에는 3 년 이하의 징역에 처한다. 1.현역입영은 3일
16 대법원 2018. 11. 1. 선고 2016도10912 전원합의체 판결
   "병역법 제88조 1항의 '정당한 사유'가 있는지를 판단할 때에는 병역법의 목적과 기능, 병역의무의 이행이 헌법을 비롯한 전체 법질서에서 가지는 위치, 사회적 현실과 시대적 상황의 변화 등은 물론 피고인이 처한 구체적이고 개별적인 사정 도 고려할 수 있다.
   헌법 제19조는 '모든 국민은 양심의 자유를 가진다'고 규정해 인간의 존엄성을 유지하는 기본조건이자 민주주의 존립의 불가결한 전제로서 양심의 자유를 보 장하고 있는데, 개인이 스스로 자신의 양심을 적극적으로 표출한 것이 아니라, 국가가 그 사람의 양심에 반하는 작위의무를 부과한 것에 대해 소극적으로 응하 지 않은 경우, 국가가 그 사람에게 형사처벌 등 제재를 가함으로써 의무이행을

입법부나 행정부의 아무런 조치 없이 대법원이 법 조항의 '정당한 사유'에 포함되는지 여부만을 달리 판단함으로써 가장 뜨거운 사회과학적 쟁점 중 하나였던 양심적 병역거부자 처벌 논란에 종지부를 찍은 것이다. 그 후 양심적 병역거부를 주장하는 사례에서는 기존의 행적 등 몇 가지 기준에 의하여 실제로 양심적 병역거부자에 해당하는지 여부만 주로 다투어지고 있다.

이 대법원 판결 직전에 헌법재판소에서도 양심적 병역거부자에 대한 대체복무제를 규정하지 않은 병역법 제5조 제1항의 병역종류조항은 과잉금지원칙에 위배하여 그들의 양심의 자유를 침해한다는 취지의 헌법불합치결정을 하였다.[17] 이에 따라 2019년 12월 31일에 병역법이 개정되어 '대체역'이라는 새로운 병역 종류 조항이 생기게 되었다.[18]

지금도 상식에 머물지 말고 시대정신을 불어넣은 판결을 해달라고 아우성인 사건들이 많다. 법적으로 접근해야 하는

강제하는 소극적 양심실현의 자유에 대한 제한은 기본권에 과도한 제한이 되거나 기본권의 본질적 내용에 대한 위협이 될 수 있다."
17 헌법재판소 2018. 6. 28. 2011헌바379 전원재판부 결정
18 병역법(2019. 12. 31. 법률 제16852호로 개정된 것) 제5조(병역의 종류) ① 병역은 다음 각 호와 같이 구분한다. 1.현역... 6.대체역: 병역의무자 중 「대한민국헌법」이 보장하는 양심의 자유를 이유로 현역, 보충역 또는 예비역의 복무를 대신하여 병역을 이행하고 있거나 이행할 의무가 있는 사람으로서 「대체역의 편입 및 복무 등에 관한 법률」에 따라 대체역에 편입된 사람

사회적 쟁점 중 대표적인 것들로 안락사와 존엄사, 학교나 부모의 체벌과 아동학대, 인간배아복제 등 생명공학 관련 쟁점들, 정보통신의 발전과 표현의 자유, 사형제도 존폐론, 동성애·양성애 등 성적 소수자의 인권, 낙태와 여성의 자기결정권, 난민의 인권과 불법체류, 뇌사와 장기이식, 과거사 문제와 손해배상, 동물과 환경, 시민불복종과 테러리즘 등이 거론된다.[19]

모두 쉽지 않은 주제들이고, 목청을 높이는 사람들의 주장이 받아들여지기에는 아직 국민적인 공감대가 형성되지 않은 것들도 많다. 하지만 법률가들은 지금 이 시점에도 계속 그러한 쟁점들에 대해 결론을 내려줄 것을 요구받고 있다.

위에서 예를 든 대표적인 사례들처럼 법률가들이 개별 사건을 판단하면서 일반인들이 상식으로 받아들이는 것들을 그대로 수용하기만 해서는 안 된다. 인습(因習)에 젖어 기존의 법리를 별다른 비판의식 없이 받아들이기만 해서는 법 이론이 발전하지 못할 뿐만 아니라 시대상을 구현하지도 못한다. 좀 더 깊이 있게 따져보면 구제받을 수 있는 사람들인데 법률가들이 외면하거나 간과함으로써 억울하게 뒤돌아서고, 별다른 주목을 받지도 못하고 그냥 묻히게 되는 것이다.

19 홍완식, 『법과 사회 – 사회적 쟁점과 법적 접근』(법문사, 2016)과 피터 싱어, 『실천윤리학』(연암서가, 2018)에서 주로 다루고 있는 쟁점들이다.

이런 것들을 보면 법률가란 결코 쉬운 일을 하는 사람들이 아니다. 하지만 쉽지 않은 만큼 그 무게감에 어울리는 보람 있는 일을 하는 것이라고 할 수도 있다.

국민주권과
성숙한 시민의식

앞서 본 것처럼 억울함이란 뭔가 불공정하거나 불합리한
상황과 이에 대한 주관적인 느낌 내지 감정이다. 그리고 구제
받아야 할 억울한 상황인지 여부는 그 집단 내에서 권력을 가
진 사람이 판단한다. 당연히 권력을 가진 자가 올바른 판단을
해야만 억울한 상황인지 여부가 바르게 가려지고, 합리적인
대책을 내놓아야만 그 억울함이 적절하게 구제될 수 있다.

권력(權力)은 '남을 내 뜻대로 할 수 있도록 공적으로 주어
진 힘'을 말한다. 가장 중요한 요소는 타인의 의사에 반하여
강제력을 동원할 수 있는 권한이다.[20] 헌법 제1조 제2항에는

20 권력의 개념과 속성에 관하여는 막스 베버(Max Weber), 로버트 달(Robert A.

"대한민국의 주권은 국민에게 있고, 모든 권력은 국민으로부터 나온다"고 되어 있다. 주권(主權)이란 국가의 의사를 결정하는 최고 권력이다.[21] 민주주의 사회에서 국가의 주권이 국민에게 있다는 것은 상식 중에 상식이고, 국민주권을 빼면 주권이라는 독립된 개념 자체가 있을 수 없다고 말하기도 한다.

그럼에도 불구하고 일단 권력을 획득한 사람은 자신이 국민으로부터 잠시 위임받은 것이라는 사실을 망각하곤 한다. 그 막강한 힘을 단지 편의적으로 운영하려고 하거나, 자신이나 자신이 속한 세력의 이익을 위해 사용해 그 권력을 계속 키워가려고 하는 경향이 있다. 마땅히 사회질서 유지와 공동체의 이익을 위해 사용되어야 할 권력이 이러한 속성 때문에 게으르게 행사되거나 방향이 왜곡되면 억울한 사람들이 많이 생긴다. 이건 아무리 인격이 훌륭하고 존경받는 도덕군자가 권력을 잡아도 절대로 피해갈 수 없는 함정이다. 따라서 민주사회에서는 누가 권력을 잡았는지도 중요하지만, 그 권력에 대해 철저한 감시가 이루어지고, 권력 상호 간에 견제와 균형이 이루어지고 있는지가 훨씬 더 중요하다.

이러한 권력에 대한 감시, 그리고 견제와 균형은 법과 제도로 정착되는 데서 나아가 자질 있는 사람들에 의해 실질적이

Dahl), 한스 모겐소(Hans J. Morgenthau) 등의 이론을 참조하였다.
21 대외적으로 어떠한 세력으로부터 제한을 받지 않고(대외적 독립), 대내적으로 어떤 권력보다 우위에 있는 것(대내적 최고권력)을 말한다.

고 유기적으로 작동해야 한다. 동시에 언론과 출판의 자유, 표현의 자유로써 권력에 대한 비판이 보장되어야 한다. 미국의 수정 헌법 제1조[22]의 주요 내용이 언론, 출판의 자유인 것에서 보듯 견해의 대립은 민주주의 사회를 이끌어가는 힘이고, 비판과 표현의 자유는 양보할 수 없는 가치를 가진 국민의 기본권이다.

민주사회에서 권력자 또는 지도자의 최고 자질은 여러 가지 대립된 견해를 수용하고, 그중 불공정하고 불합리한 것을 가릴 수 있는 균형감각, 그리고 결론을 설득하고 실천에 옮길 수 있는 수행능력이다. 이것을 바꿔 말하면 사회 구성원 개개인 또는 집단이 호소하는 억울함을 귀 기울여 듣고, 바르게 판단하여 구제하고, 나아가 그 심정마저도 치유할 수 있는 여건과 환경을 만들어주는 것이라고 말하고 싶다.

우리 국민은 자신이 원하는 지도자를 몇 해에 한 번씩 뽑을

---

22 미국 수정 헌법 제1조(The First Amendment 또는 Amendment I)에서는 종교의 설립을 주선하거나, 자유로운 종교활동을 방해하거나, 언론의 자유를 막거나, 출판의 자유를 침해하거나, 평화로운 집회의 자유를 방해하거나, 정부에 대한 탄원의 권리를 막는 어떠한 법 제정도 금지하고 있다.
권리장전을 구성하는 10개의 개정안 중 하나로 1791년 12월 15일 채택되었다. 원문은 "Congress shall make no law respecting an establishment of religion, or prohibiting the free exercise thereof; or abridging the freedom of speech, or of the press; or the right of the people peaceably to assemble, and to petition the Government for a redress of grievances."이다.

수 있는 선거제도와 경쟁을 통해 비교적 나은 권력자를 고를 수 있는 여러 가지 제도적 장치들을 가지고 있다. 그럼에도 불구하고 국민들이 보기에 권력을 행사하는 사람들은 늘 못마땅하다. 하지만 국민과 지도자가 따로 움직이는 것이 아니다. 우리 국민이 어느 정도 수준의 시민의식을 갖추었는지는 쉽사리 가늠하기 어렵다. 신문이나 뉴스에 나는 몇 가지 이례적인 사례들만 가지고 대한민국 사람들이 평균적으로 생각하고 행동하는 방식이라고 판단해서도 안 된다. 그렇지만 다소 서운한 지적 하나는 받아들이지 않을 수 없다. 우리 국민들이 국내총생산(GDP) 기준 세계 10위, 수출 순위 세계 7위의 경제대국[23]에 걸맞은 성숙한 시민의식까지는 아직 갖추지 못했다는 것이다.

이와 관련하여 영국의 기자 출신으로 한국에서 30년 이상 생활한 마이클 브린(Michael Breen)이 2018년에 쓴 〈한국, 한국인〉이라는 책에 뼈아픈 지적이 있어서 그대로 옮겨본다.

한국에서는 국민정서라는 개념이 이례적인 힘을 갖고 있다. 국민정서는 여론과 국민보다 상위에 있다. 독재자를 몰아내고 그 자리를 차지한, 민주주의의 생명력이라고까지 말할 수 있다. 국민정서

---

23 2020년 기준 우리나라의 국내총생산(GDP)은 1조 6,240억 달러로 세계 10위이고(OECD 기준), 수출액은 5,124억 달러로 세계 7위를 차지했다(WTO 기준).

는 도전을 불허하기 때문에 대통령도 복종해야 하며, 정치인, 관료, 검찰, 세무당국, '재벌'이 유의해야 하는 힘이다. 끝나기를 기다릴 수는 있어도 맞서 싸울 수는 없다. 국민정서는 민주 한국의 신이기 때문이다. …… 한국인이 생각하는 국민정서는(그들은 "국민정서라는 법은 법보다 상위에 있다"고 말한다) 폭민정치를 피하기 위해서 우리에 가둬 놓아야 할 짐승이다. …… '국민에 의한, 국민을 위한'이라는 말이 거리시위나 온라인 항의에 의해서 의사결정이 이루어진다는 의미가 아니며, 안정된 민주주의는 대의제도와 법치에 기반을 둔다는 것을 이해하는 지도자가 필요하다. 한국의 민주주의가 저항과 국민정서의 로맨스에서 벗어나는 것을 보려면 새로운 세대를 기다려야 할지도 모른다. …… 필자가 보기에 남한의 민주주의는 진정한 법치보다는 국민의 뜻이라면 법 적용에 융통성을 부여할 수 있다는 것을 강조한다는 의미에서 미숙한 상태에 머물러 있다.[24]

국민은 자기 수준만큼의 지도자를 갖는다는 말이 있다. 앞에서 서운한 평가 하나를 받아들였지만, 우리 국민의 한 사람으로서 이 말에는 동의하기 어렵다. 우리나라의 이른바 지도층으로 분류되는 사람들이 어느 정도의 수준으로 행동하고, 정책을 결정하고, 미래에 대한 비전을 제시하고 있는지는 대

24 마이클 브린, 〈한국, 한국인〉, 2018. 실레북스, 481~483쪽, 487쪽에서 인용

부분의 국민들이 다 알고 있다.

그런데 우리 국민의 평균적인 시민의식이 권력을 차지한 사람들이 말하고 행동하고 다투는 방식과 꼭 그대로라고 하면 너무 억울하다. 그리고 그들이 언론에 보도되는 것처럼 말을 바꾸고, 예상과 다른 행동을 하고, 앞뒤가 맞지 않는 변명을 하고, 공정하지 않은 대안을 제시하고, 결과에 승복하지 않는 것이 꼭 우리 국민의 수준을 반영하는 것이라면 그건 말의 기본 전제가 잘못된 것이라고 믿고 싶다.

법조 패러다임의 전환,
중요한 것은 무엇인가?

"당신은 어느 쪽 판사냐?"

최근 들어 가장 많이 받는 질문이다. 은근히 떠보는 사람이 더 많지만, 노골적으로 묻는 경우도 더러 있다. 몇 년 전 이 책을 처음 낼 때만 해도 많이 듣는 말은 "유전무죄, 무전유죄가 맞느냐?", "전관예우가 실제로 있느냐?" 같은 것들이었는데, 언제부터인가 달라졌다. 왜 달라졌을까?

이유는 간명하다. 판사들에 대한 사람들의 주요 관심사가 달라졌기 때문이다. 전에는 판사들이 돈과 힘이 있는 자들의 편을 들어 재판한다고 의심하는 사람들이 많았다면, 지금은 판사들이 정치적 성향에 따라 판단을 달리하고, 향후 진로도 달라진다고 생각하는 사람들이 많은 것이다.

6장 억울함의 구제와 누부

329

그래서인지 요즘은 다소라도 여론의 주목을 받는 사건이라면 판사의 이력이나 성향을 파악해 결론을 예측하는 것이 유행하고, 대법관이나 헌법재판관을 임명할 때도 정치적 성향이 가장 중요한 이슈로 부각된다. 실제로 언론, 정치권, 인터넷 게시글 할 것 없이 주요 사건 때마다 판사를 이쪽저쪽 하는 식으로 나누고 있다. 하지만 판사들 중에서 자신이 어느 쪽에 속한다고 생각하는 사람은 아주 드물다.

"왜 그런 판결을 했느냐?"

요즘에 이 질문도 자주 받는다. 전에는 논란의 여지가 있는 사건이라도 법원에서 판결이 나면 대체로 마무리 단계에 접어들었다. 그런데 요즘은 판결이 나도 사건이 매듭지어지지 않고, 오히려 새로운 논란이 시작되는 경우가 많다. 판결이 마음에 들지 않으면 당사자는 물론 언론, 정치권까지 일제히 나서 비판의 십자포화를 퍼부어댄다. 그 과녁에는 판사의 개인적 신상까지 포함되곤 한다.

당혹스러울 정도로 많은 사람들이 재판이 시작되기도 전에 결론을 먼저 내린다. 그리고 재판은 정해진 답을 찾아가는 과정, 일종의 당위(當爲)라고 생각한다. 당위란 '마땅히 그래야 하거나, 또는 마땅히 그렇게 행하여야 하는 것으로 요구되는 것'을 말한다. 그러나 제대로 교육받고 훈련받은 판사들이라면 재판에서 예를 들면 '정의(正義)의 실현' 같은 추상적인 당위가 아니라 개별 사건에서 구체적인 결론에 있어 당위란 존재할 수 없다고 생각한다. 옳고 그름을 따져보기도 전에 답을 미리 내는 사람들을 도무지 이해할 수 없다는 것이다. 그래서인지 어느 정도의 경험을 가진 판사라면 여론으로부터의 독립이 권력으로부터의 독립보다 더 어렵다는 것도 안다.

그런데 앞의 질문들을 자세히 살펴보면 놀라운 변화를 느낄 수 있다. 판사가 어느 쪽의 편을 들어 불공정한 판단을 할 수 있다고 생각하는 것은 예나 지금이나 마찬가지이지만, 전에는 주로 판사들의 불법이나 비도덕을 의심했다면, 지금은 꼭 그렇진 않은 것 같다. 오히려 판사들의 출신이나 이력, 평소의 정치적 성향 같은 것들이 판단을 좌우한다고 믿는다. 아울러 정치적 힘이 판결에 영향을 미친다고 생각하기 때문에 견해가 갈릴 수 있는 사건에서는 여론을 형성해 원하는 결론을 유도하려 하고, 그 기대에 미치지 못하면 강하게 비판하곤 한다.

이런 현상 역시 바람직한지 논란의 대상이지만, 적어도 판사들이 기득권층에 속하는 권력자라는 의식이 상당 부분 희석되고, 국민 내지 대중에게 법률서비스를 제공하는 사람들이라는 인식이 확산되고 있음은 분명해 보인다. 모든 권력이 주권자인 국민으로부터 나온다는 것은 헌법에도 기재된 상식이지만, 개별적인 권력의 행사가 실제로 공급자 중심에서 수

요자 중심으로 바뀌는 것은 다소 과장해서 말하자면 법조에 관한 패러다임의 전환이라고 할 수 있다.

 "인공지능(Artificial Intelligence, AI)에게 재판을 맡기면 더 효율적이고 공정하지 않을까요?"
 실제로 이런 시도가 있고, 옥스퍼드 마틴스쿨은 판사라는 직업이 20년 안에 사라질 가능성이 40% 정도 된다고 예측했다. 나는 '사라질 가능성'이라는 말에는 동의하지 않지만, 판사의 업무 중 '인공지능으로 대체 가능한 부분'이 40% 정도에 이를 수 있다고 돌려 해석한다면 그 예측은 맞을 것이라고 생각한다.
 인공지능 컴퓨터는 스스로 기존의 모든 판결문을 수집해 판단의 기준을 좀 더 구체적으로 체계화하고 수치화해서 특정 사건에 대해 가능한 결론의 범위를 내놓을 것이다. 그리고 기존의 유사 사건들 중에서 같은 점과 차이점을 구분해 결론이 달라지는 이유를 분석해내고, 여러 가지 요인을 종합해 판결의 주문뿐만 아니라 이유의 초안까지도 제시해줄 수 있을 것이다. 이런 작업만으로도 법률가들에 대한 부정적인 이미지를 개선하는 데 상당 부분 기여할 수 있다고 생각한다.
 하지만 아무리 세상이 발전해도 일상에서 살아 움직이는 사건을 법률적으로 간추리고 요건에 맞추어 체계화하는 것은 여전히 법률가가 해야 할 역할이다. 컴퓨터로 대체 불가능한 가치판단의 영역은 분명히 존재하고, 인간에게만 고유한 순수한 고뇌와 합리적인 재량의 여지도 남아 있다. 심정적인 호소와 억울함에 공감하는 능력, 시대정신을 구현하고 미래를 향해 결단할 수 있는 용기 역시 인간만이 가지고 있는 것이다. 재판은 결국 사람이 하는 것이고, 결론은 인간이 내려야 한다. 이 세상 모든 억울함도 사람만이 느끼는 것이고, 그 구제와 극복 역시 사람만이 할 수 있는 것이다.

세상은 이미 변했거나 아니면 심하게 바뀌는 중이다. 법률가들의 세계와 그에 대한 대중의 인식도 예외가 아니다. 그런데 아직도 우리 사회에는 법조에 대한 시각과 법률가들이 사용하는 잣대가 예전에 머물러 있는 경우가 너무나 많다. 그로 인하여 발생하는 온갖 편견과 선입견, 불신과 오해, 분열과 대립, 겹겹이 쌓이는 억울함 등은 사회 전체가 치러야 하는 비용이다.

군이 법률가들이 속한 세계가 아니라도 지금 우리 사회에서 생기는 대부분의 갈등 현상과 논란이 되는 사건 사고에서 이러한 경향은 공통적인 것이다. 혼란스러운 상황을 못마땅한 시선으로 바라보는 사람들은 우리나라에 법치보다 우선하는 '민심(民心)'이 존재하고, 권위가 무너진 자리를 대중의 눈높이가 대체했다고 비아냥거리기도 한다.

이러한 상황에서 사회에 대하여 다소라도 책임감을 가진

사람이라면 마땅히 보여야 할 태도는 걱정스러움이다. 하나의 사건을 두고도 사회적 진영에 따라 비분강개(悲憤慷慨)하는 사람이 있는가 하면, 안타까움을 금치 못하는 사람도 있고, 온갖 독설을 퍼붓거나 해학과 조롱의 대상으로 삼는 사람도 있다. 그러나 국가권력에 대한 인식이 바뀌고 과거의 권력자 중 일부가 몰락했다고 해서 제도화된 권위와 엄연한 사실관계, 그리고 정당한 법적 절차를 모두 상대적인 것으로 치부할 수 있는가?

일방적으로 부풀어 오르는 여론과 편향된 정서에 편승해 사실을 왜곡하고 논리를 비틀어 모든 가치를 상대적인 것으로 폄하하고자 하는 사람들을 단호히 거부한다. 심지어 국민으로부터 권력을 위임받은 자들까지 나서 이에 동조하는 현실은 개탄스러운 일이다.

절대 잊지 말아야 할 것이자 정작 중요한 것은 사실이고, 그 다음이 논리와 상식이다. 사건을 바라보는 사람의 성향은 순위로 따지자면 맨 마지막이다. 그리고 법 기술과 과학 기술은 억울함을 가리는 데 있어 보조 자료일 뿐이지 중요함의 순위를 매길 만한 것이 아니다.

| 에필로그 |

맨 앞에서 언급한 탈주범들의 '유전무죄, 무전유죄' 이야기로 돌아가 보자. 권력자와 법률가들은 당시 그들이 인질극까지 벌여가며 반항하는 이유를 애써 외면했지만, 시간이 흐른 후 그들의 지적이 실제로 법에 반영되었다. 그들이 억울해할 만한 이유가 있었던 셈이다.

절도 상습범을 형법과 별개로 가중처벌한 '특정범죄 가중처벌 등에 관한 법률' 규정(제5조의4 제1항)은 헌법재판소에서 위헌으로 선언[1]되어 삭제되었다. 전과자들의 원성의 대상이 었던 사회보호법상 10년의 보호감호처분은 그 사건 이듬해에 7년을 초과할 수 없는 것으로 개정되었다가, 2005년에 이르러 사회보호법 자체가 폐지되기에 이르렀다. 17년간 감옥살이가 예정되었던 탈주범이 그 이후에 재판을 받았다면 징역 5년 이상 나오기 어려웠을 것이다.

이처럼 반드시 선량하고 무고한 사람들이 느끼는 억울함만이 정당성을 갖는 것은 아니고, 세상의 손가락질을 받는 사

[1] 헌법재판소 2015. 2. 26. 2014헌가16 등 결정

람에게도 깊이 살펴보면 공감할 만한 억울한 구석이 있다. 남의 일을 판단할 권한을 가진 사람에게는 사건 하나하나를 가볍게 여기지 않고 사회 전체와 역사의 틀 속에서 바라보는 성찰적 자세가 필요하다. 특권에는 비리가 따르고, 권한에는 책임이 따른다. 그들이 특권을 누리던 시절에는 '법을 지배한 자들의 역사'라는 꼬리표가 붙었고, 권한이 부담스럽고 책임만 강조되는 시대에는 '바람직한 시절'이라는 고달픈 영예가 따른다.

자유의 나무는 피를 먹고 자란다고 했다. 지금은 당연하다고 여기는 민주주의, 국민주권, 권력분립, 그리고 사상과 의견에 대한 표현의 자유, 평등의 원칙, 인권의 보장 같은 정치적·사회적 권리가 사실은 어마어마한 피를 흘리며 인류가 쌓아온 것들이다. 선조들이 목숨을 바쳐가면서 소중한 권리를 쟁취했음에도 불구하고, 아직도 세상에 억울해하는 사람은 많고, 억울함을 인간 사회에서 당연하게 발생하는 현상으로 여기면서 살아가는 사람들도 있다.

그들의 억울함이 사회적인 틀 속에서 받아들여질 수 있는지 최종적인 판단은 권력을 가진 자들이 한다. 사람들은 국민으로부터 권력을 위임받은 자들이 자신들의 절박한 호소를 외면하거나 간과하지 않을 것으로 믿고 있다. 권력은 국민으로부터 나오고, 국민으로부터 사랑과 신뢰를 받지 못하는 권력은 어느 때라도 대체 가능하다.

우리나라가 객관적으로 받아들여지는 억울함과 개인이 느끼는 억울함의 간극이 유난히 큰 나라라는 것은 앞에서 인정했다. 정말로 억울한 상황이 왜 발생하고, 그 경우 개인이 어떤 조치를 취해야 하고, 시민이 어떻게 행동해야 하는지도 설명했다. 문제는 억울해할 만한 상황이 아닌데도 억울하다고 생각하는 사람들과 억울한 상황에서 구제받을 방법을 잘못 찾고 있는 사람들이다.

앞에서 권력을 가진 자들에 대한 욕도 많이 했지만, 부인할 수 없는 사실은 이제 그들이 작은 잘못을 하더라도 가혹하게 비판받고 범죄에 해당하는 행위가 발각되는 경우 엄히 처벌받는 나라가 되었다는 것이다. 권력자들이 자질이나 능력 면에서 비판받는 것은 사실이지만, 적어도 권력이 유한하다는 것을 알고 국민의 눈치를 보는 시절이 된 것은 분명하다.

그리고 지난 탄핵 사태 이후 몇 년 동안 벌어진 일련의 정치적 사건들을 보면서 국민들 앞에는 어떠한 성역도 존재할 수 없다는 것을 실감할 수 있었다. 그럼에도 불구하고 많은 사람들이 유독 자신의 사건에는 성역이 있고, 부정과 비리가 난무하고, 구조적인 문제점이 얽혀 있다고 의심한다. 개인이 느끼는 억울함의 폭이 이제는 상당히 좁아질 법도 한데, 여전히 그 폭을 형성하는 내심의 기준은 개발도상국 시대에 머물러 있다.

서초동 법원 앞에는 억울하다고 소리 높여 외치는 사람들이 많다. 가끔은 그 말을 곰곰이 듣거나 안타까움을 참지 못하고 몇 마디 물어보기도 한다. 그렇게 억울한데도 잘 받아들여지지 않는 이유가 뭘까 하고 자세히 살펴보면, "번지 수가 틀렸어요"라고 말해주고 싶은 경우가 많다. 실제로 어떤 분께는 그런 취지로 말해준 적도 있다. 같은 말을 많이 들었겠지만, 그는 그 후로도 1년 넘게 자기가 하던 말만 허공에 대고 계속 외쳤다. 그런 식으로는 자신의 억울함을 구제받을 길은 점점 멀어지기만 할 뿐이다.

이제 억울함을 느낄 때 한번쯤은 되돌아보자. 나에게 발생한 좋지 않은 일이 진정 남에게 탓을 돌릴 만한 것인가, 내 잘못이 있긴 하지만 그래도 특별한 대우나 예외적인 경우를 기대하는 것은 아닌가, 나의 억울함이 공동체의 가치를 훼손하지 않고 받아들여질 수 있는 범위 내에 있는가? 나는 마땅히 그 정도의 고민은 할 수 있어야 오늘날 우리나라의 경제적 위상에 맞는 민주시민의 자격이 있다고 생각한다. 그리고 진정 억울한 상황이라면 내가 찾는 방법이 과연 실효성이 있고, 가장 시의적절한 방법인가 진지하게 고민하자.

우리나라 사람들이 이성도 아니고 감정도 아닌 오묘한 영역인 심정에 대한 감수성이 남다르다는 점은 앞에서 살펴보았다. 억울함도 그 중 하나이다. 이런 뛰어난 심정적 감수성이 그동안 우리 국민이 이룬 극적인 민주화와 기적적인 경제발전, 그리고 문화강대국으로서의 놀라운 성취를 뒷받침해왔다고 생각한다. 억울함이 자칫 부정적으로만 인식되기 쉽지만, 나는 우리 국민이 남다르게 느끼는 억울함이 개인의 권리구제에 대한 적극적인 태도와 사회적 정의 구현에 대한 높은 열망으로 표출되어 왔다고 생각한다. 그런 측면에서 나는 감히 '억울함은 우리의 힘'이라고 말하고 싶다.

참고문헌

강신주, 『강신주의 감정수업』, 민음사, 2013.

김상준 등 편저, 『법관의 의사결정 이론과 실무』, 사법발전재단, 2010.

김영평 등, 『민주주의는 만능인가?』, 가갸날, 2019.

김용옥, 『중용, 인간의 맛』, 통나무, 2019.

김홍중, 『마음의 사회학』, 문학동네, 2009.

대법원 사법사편찬위원회, 『역사 속의 사법부』, 사법발전재단, 2009.

로버트 치알디니, 『설득의 심리학』, 황혜숙 옮김, 21세기북스, 2016.

마이클 브린, 『한국, 한국인』, 장영재 옮김, 실레북스, 2018.

마이클 샌델, 『정의란 무엇인가』, 이창신 옮김, 김영사, 2010.

민성길(대표저자), 『최신 정신의학』(제6판), 일조각, 2015.

송호근, 『나는 시민인가』, 문학동네, 2015.

앤서니 기든스, 『현대사회학』, 박길성 등 옮김, 을유문화사, 2014.

에릭 홉스봄, 『혁명의 시대』, 정도영 옮김, 한길사, 1998.

에밀 뒤르켐, 『자살론』, 황보종우 옮김, 청아출판사, 2008.

유시민, 『역사의 역사』, 돌베개. 2018.

이재승, 『국가범죄』, 앨피, 2014.

임마누엘 칸트, 『순수이성비판 1, 2』, 백종현 옮김, 아카넷, 2006.

자크 데리다, 『거짓말의 역사』, 배지선 옮김, 이숲, 2019.

정구선, 『조선왕들, 금주령을 내리다』, 팬덤북스, 2014.

정영화, 『헌법사회학』, 전북대학교출판문화원, 2015.

존 롤스, 『정의론』, 황경식 옮김, 이학사, 2003.

존 스튜어트 밀, 『자유론』, 서병훈 옮김, 책세상, 2005.

최상진, 『한국인의 심리학』, 학지사, 2012.

칼 포퍼,『열린사회와 그 적들 1, 2』, 이한구 옮김, 민음사, 2006.

티모시 스나이더,『폭정, 20세기의 스무가지 교훈』, 조행복 옮김, 열린책들, 2017.

프랑소아 줄리앙,『맹자와 계몽철학자의 대화』, 허영 옮김, 한울, 2019.

피터 싱어,『실천윤리학』, 황경식, 김성동 옮김, 연암서가, 2018.

한나 아렌트,『예루살렘의 아이히만』, 김선욱 옮김, 한길사, 2017.

한스 요하임 슈퇴리히,『세계 철학사』, 박민수 옮김, 자음과 모음, 2008.

한승헌,『재판으로 본 한국현대사』, 창비, 2016.

한홍구,『사법부 - 법을 지배한 자들의 역사』, 돌베개, 2015.

홍완식,『법과 사회』, 법문사, 2021.

C. 라이트 밀즈,『사회학적 상상력』, 강희경 외 옮김, 돌베개, 2004.

E. H. 카,『역사란 무엇인가』, 김택현 옮김, 까치, 2021.

L. 레너드 케스터, 사이먼 정,『세계를 발칵 뒤집은 판결31 』, 현암사, 2014.

Jeremy Black, Encyclopedia of World History , Paragon Plus, 2002.

John Haywood etc, Cassell's Atlas of World History, Cassell Reference, 2001.

Will Buckingham etc, 『The Philosophy Book』, DK Publishing, 2011.

우리는 왜 억울한가

초판 1쇄 발행 2016년 9월 19일
개정판 1쇄 발행 2022년 1월 7일
개정판 2쇄 발행 2022년 9월 21일

지은이_유영근

발행인_양수빈
펴낸곳_타커스

등록번호_2012년 3월 2일 제313-2008-63호
주소_서울시 종로구 대학로14길 21(혜화동) 민재빌딩 4층
전화_02-3142-2887   팩스_02-3142-4006
이메일_yhtak@clema.co.kr

ⓒ 유영근

ISBN 978-89-98658-73-1 (03360)